中国金融市场发展报告

2020

中国人民银行上海总部《中国金融市场发展报告》编写组

中国金融出版社

责任编辑：黄海清　童祎薇
责任校对：李俊英
责任印制：程　颖

图书在版编目(CIP)数据

中国金融市场发展报告. 2020 / 中国人民银行上海总部《中国金融市场发展报告》编写组编. —北京：中国金融出版社，2021. 8

ISBN 978 – 7 – 5220 – 1275 – 9

I.①中…　II.①中…　III.①金融市场—研究报告—中国—2020　IV.①F832. 5

中国版本图书馆CIP数据核字（2021）第161622号

中国金融市场发展报告2020
ZHONGGUO JINRONG SHICHANG FAZHAN BAOGAO 2020

出版发行　中国金融出版社
社址　北京市丰台区益泽路2号
市场开发部　（010）66024766，63805472，63439533（传真）
网上书店　www.cfph.cn
（010）66024766，63372837（传真）
读者服务部　（010）66070833，62568380
邮编　100071
经销　新华书店
印刷　北京市松源印刷有限公司
尺寸　210毫米 × 285毫米
印张　10. 75
字数　225千
版次　2021年8月第1版
印次　2021年8月第1次印刷
定价　106.00元
ISBN 978 – 7 – 5220 – 1275 – 9

Committee 编写委员会

主　任： 刘国强

副主任： 邹　澜　金鹏辉

执行副主任： 马贱阳　高　飞　郑五福

成　员：

谢　众　王振营　孔　燕　刘　凡　刘　逖　李　辉
何海峰　张晓刚　荣艺华　唐　瑞　曹媛媛　崔　嵬
康　蕾

编写小组：

审稿： 黄　宁　王丽明　王浩年　江会芬　邢莹莹　郑玉玲
侯玘松　邝希聪

执笔： 第一章　王家辉　童浩翔　孙文欣　佟　珺
第二章　胡迎春　周庆武　邵　明　郭文超　邬自正
刘楚白
第三章　胡迎春　杨　婕　毛雅宁　郭宏坚　许文涛
第四章　童小军　崔林菁　侯海婷　张亚双　吴　韵
陈　珊　吴彦彬　王　琼　黄稚渊　刘楚白
第五章　郑如斯　张　超　马若楠　杨宗杭　吴思思
第六章　樊星星　柴天仪　邬自正
第七章　张一铮　唐　烈　谢国晨　鞠成鑫
第八章　许蕾琪　黄铄珺　向立力

第九章　刘　彦　蹇　芮　柴天仪　邬自正　蔡向辉
　　　　冯　波　郭辉铭　杜　宸　李彩云

附　录一、二　许蕾琪

专题一　许文涛

专题二　谢　斐　李　源

专题三　周　舟　何　瑾

专题四　张　超　马若楠

专题五　周　杨

专题六　谢国晨

专题七　常　明

专题八　葛婉婉　陈　洁

专题九　蔡向辉　冯　波

专题十　蹇　芮

Contents 目录

中国金融市场发展报告 2020
CHINA FINANCIAL MARKET DEVELOPMENT REPORT 2020

第一章 总 论

受新冠肺炎疫情全球蔓延的影响，2020年世界经济陷入衰退，国际金融环境进一步宽松，国际金融市场波动加剧。中国成功克服新冠肺炎疫情冲击等不利因素影响，成为唯一实现经济正增长的主要经济体，也是少数实行正常货币政策的经济体之一。中国金融市场运行总体平稳，金融基础设施稳健经营，金融服务实体经济功能显著增强，市场改革持续深化，产品创新不断涌现，对外开放力度加大，市场化、法治化处置金融风险的成效有效显现。

一、2020年中国金融市场发展的宏观环境

（一）国际经济与金融环境

国际货币基金组织于2021年1月预估，2020年全球经济萎缩3.5%，远低于2019年2.8%的全球经济增长率，新冠肺炎疫情对全球经济冲击影响的范围和程度，可与1929年大危机相提并论[①]。为应对疫情冲击，2020年全球金融环境进一步宽松，金融市场波动加剧。

1. 全球经济陷入衰退

（1）全球经济增速明显下滑

2020年全球经济陷入衰退，发达经济体和发展中经济体增速均明显下滑。美国实际GDP增长率为-3.5%，低于2019年的2.3%，各季度GDP增长率分别为0.3%、-9.0%、-2.9%和-2.5%。欧元区实际GDP增长率为-7.2%，低于2019年的1.2%，各季度GDP增长率分别为-3.2%、-14.7%、-4.3%和-5.1%。日本实际GDP增长率为-5.1%，低于2019年的0.7%，各季度GDP增长率分别为-2.0%、-10.3%、-5.8%和-1.2%。英国实际GDP增长率-9.9%，低于2019年的0.7%，各季度GDP增长率分别为-2.2%、-20.9%、-8.6%和-7.8%。在新兴市场和发展中经济体方面，2020年东盟GDP增长率为-3.7%，南非GDP增长率为-8.2%，巴西GDP增长率为-4.6%，俄罗斯GDP增长率为-3.1%，印度GDP增长率为-7%。

（2）全球贸易显著萎缩

世界贸易组织（WTO）预测，2020年全球货物贸易将同比萎缩5.3%。分经济体看，美国各季度商品贸易出口经季节调整的同比增长率分别为-3.7%、-29.5%、-12.9%和-5.5%，进口同比增长率分别为-6%、-19.6%、-4.3%和4.5%，2020年全年商品进

① 资料来源：IMF 2021年1月《世界经济展望》。

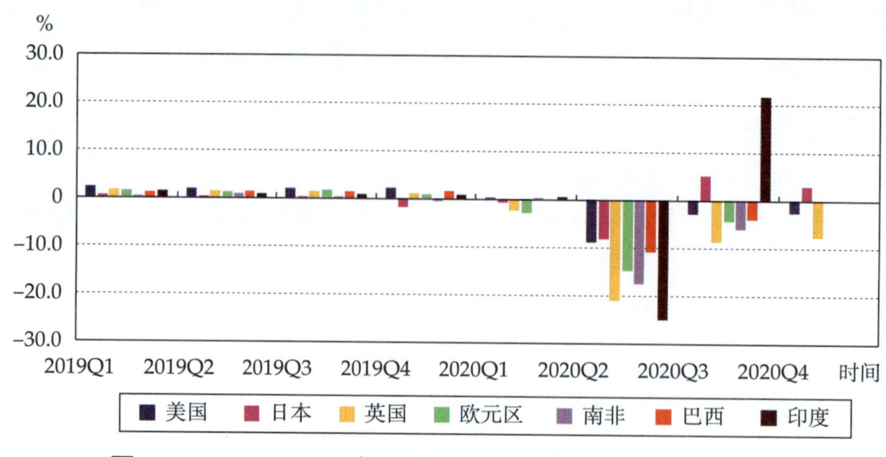

图1-1 2019—2020年世界主要经济体经济增速（季度）

（数据来源：Wind，IMF《世界经济展望》）

口总额约为2 405亿美元，出口总额约为1 430亿美元。英国各季度商品出口额增长率分别为-13%、-30%、-12.4%和-3.3%，商品贸易进口增长率分别为-17.8%、-31.3%、-9.6%和6.5%，全年商品进口总额约为631亿美元，出口总额约为399亿美元。欧盟27国各季度商品贸易出口增长率分别为-5.4%、-24.3%、-2.1%和4.8%，进口增长率分别为-6.8%、-23.4%、-3.8%和3.1%，欧盟27国的进口总额约为1 776亿美元，出口总额约为2 097亿美元。日本各季度商品出口增长率分别为-5.7%、-23%、-12.3%和2.5%，进口增长率分别为-8.4%、-14.3%、-18.7%和-8.8%，全年商品进口总额约为634亿美元，出口总额约为640亿美元[①]。2020年前三季度，G20集团以美元计算的商品出口贸易额经季节调整分别下降了7.1%、21.7%和4.3%。在新兴市场和发展中经济体方面，东盟、南非、巴西、俄罗斯和印度出口分别下降2.8%、4.7%、6.9%、21%和14.8%，进口分别下降8.9%、21.8%、9.8%、5.8%和23.5%。

（3）国际直接投资大幅回落

联合国贸易发展会议估计，全球对外直接投资（FDI）从2019年的1.5万亿美元急剧下降至2020年的8 590亿美元，下降幅度达42%。其中，对发达国家的外国直接投资约为2 290亿美元，下降幅度为69%，是此次全球FDI下降的主要原因。2020年，流入美国的金额为1 340亿美元，比2019年下降49%；流入欧洲的金额为1 100亿美元，仅相当于2019年的三分之一。对发展中国家和新兴经济体的外国直接投资约为6 160亿美元，同比降幅为12%。发展中国家和新兴经济体在全球外国直接投资中的份额达到72%，创有数据记录以来的最高位。在发展中国家内部，对外直接投资的下降水平也不均衡，拉丁美洲和加勒比地区为-37%，非洲为-18%，而亚洲为-4%[②]。报告还指出，2021年全球外国直接投资将持续疲软，有明显的下行压力。

① 资料来源：OECD官方统计数据计算。

② 资料来源：第38期《全球投资趋势检测》。

2. 国际金融环境更趋宽松

（1）主要发达经济体实行宽松的货币政策

为应对新冠肺炎疫情冲击，欧美主要经济体均采取宽松的货币政策，试图刺激经济复苏。2020年，美联储将联邦基金利率维持在目标区间0~0.25%之内，三次下调存款准备金利率，从年初的1.60%下调到1.1%，3月中旬后又大幅下调至0.1%，向市场注入了大量流动性。英国的基准利率从年初的0.75%下调至0.1%。欧元区1年期银行同业拆借利率从年初的-0.25%下调至-0.5%。美联储、加拿大央行和日本央行增加回购协议规模，延长期限。欧央行对定向长期再融资工具增量、降价。美联储、日本央行承诺无限量购买国债，欧央行扩大资产购买操作，新设“紧急抗疫购债计划”，澳大利亚、加拿大、印度、韩国等国央行也启动债券购买计划。

（2）欧美主要经济体国债收益率持续下行

2020年欧美主要经济体国债收益率出现不同幅度的下跌。美国10年期国债收益率从年初的1.88%下降至年末的0.93%；英国10年期国债收益率从年初的0.85%下跌至年末的0.25%；法国国债收益率从年初的0.11%震荡下跌，到年末跌至-0.34%；德国国债收益率从年初的-0.16%下跌至年末的-0.57%。仅日本国债收益率实现了上升，从年初的-0.025%升至年末的0.035%。2020年末，1年期伦敦同业拆借市场美元Libor为0.34%，比上年末下降166个基点；1年期欧元区同业拆借利率Euribor为-0.50%，比上年末下降25个基点。

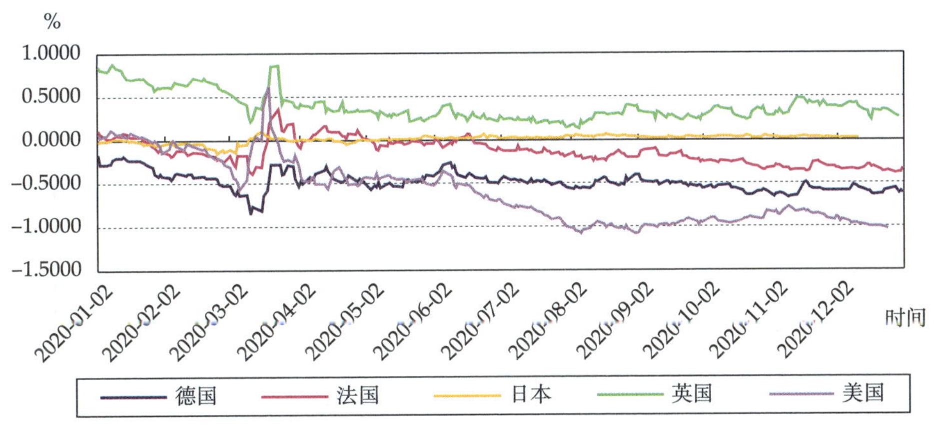

图1-2 各主要经济体10年期的国债收益率

（数据来源：Wind）

3. 金融市场剧烈波动

（1）全球股票市场走出V形曲线

2020年第一季度，主要发达经济体金融市场一度陷入恐慌，多国股市数次熔断，第二季度后市场情绪趋于缓和，金融市场明显修复。MSCI全球指数从年初的566.39点，小幅波动至2月中旬，从2月下旬开始剧烈下降——最低点跌至3月下旬的434.40点，随后震荡上升，到2020年末收于623.69点，较年初上涨了10.1%。在发达国家中，美国标普500指数从年初的3 257.85点经历上半年下跌后又上涨至年末的3 756.07点，较年初上涨了15.3%；日本、英国、德国、法国股市分别较年初上涨了18.3%、-15.0%、2.5%和-8.1%。

在新兴经济体中，阿根廷从年初的41 106.96点骤降至3月中旬的22 087.13点，2020年末上升到51 226.49点，较年初上涨24.6%；巴西、俄罗斯和以色列股市分别上涨0.4%、−11.3%和−0.3%。

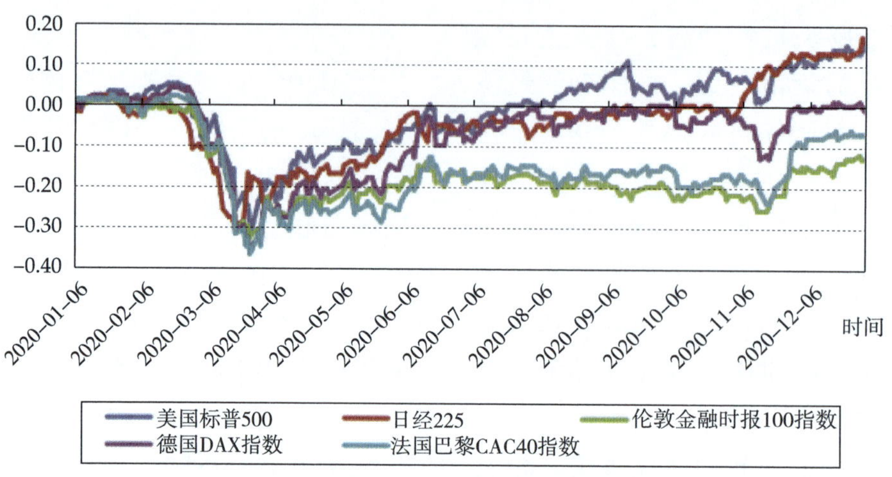

图1-3　2020年主要经济体股票指数涨幅走势

（数据来源：Wind）

（2）主要货币汇率走势分化

2020年末，美元指数收于89.96，较年初的96.52下降了6.8%。全球主要货币对美元汇率有升有降。其中，日元、瑞士法郎、加拿大元、港元、欧元、英镑、澳大利亚元等对美元汇率上涨，分别较年初上涨5%、8.5%、2%、1%、8.5%和4%；南非兰特、墨西哥比索对美元汇率下降，跌幅分别为4%和5%。

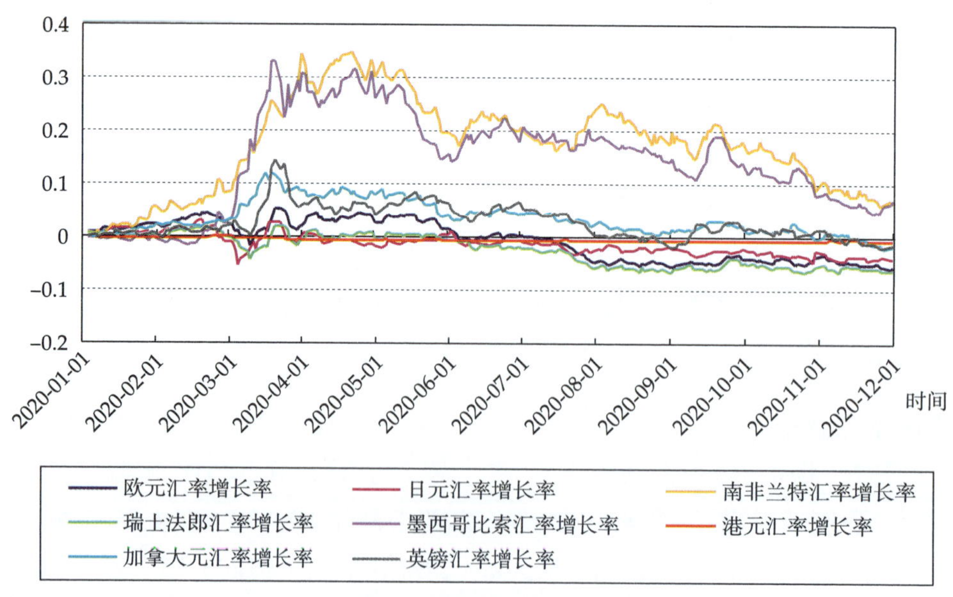

图1-4　各主要货币汇率波动率（直接标价法）

（数据来源：Wind）

（注：以2020年初为基准。）

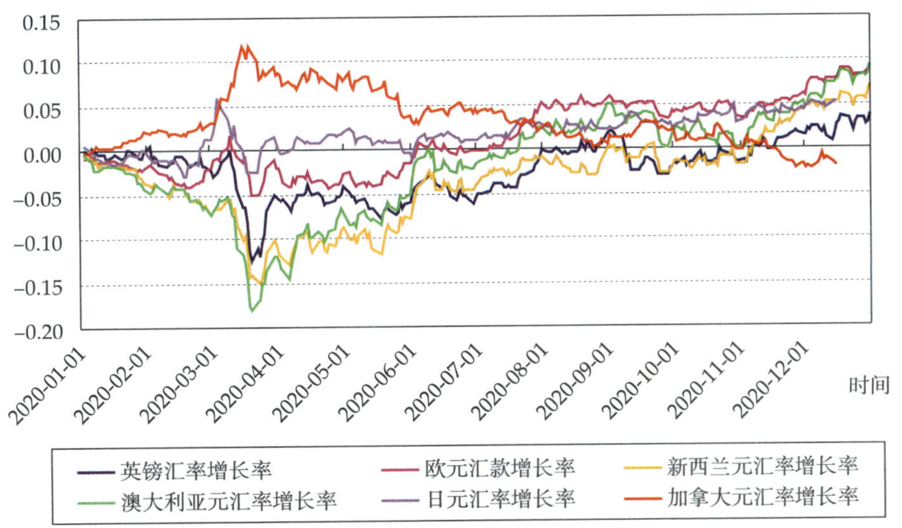

图1–5 各主要货币汇率波动率（间接标价法）

（数据来源：Wind）

（注：以2020年初为基准。）

（3）国际大宗商品价格剧烈波动

在原油市场方面，为应对新冠肺炎疫情而实施的封锁抑制了经济活动，俄罗斯与OPEC的谈判未能达成一致意见，沙特发动“原油战争”等事件加剧了市场价格的波动。2020年上半年，国际油价下跌，2020年4月21日，美国5月WTI原油期货价格一度触及每桶–40.3美元，收于–37.6美元。2020年下半年，国际油价集体上涨，12月末，布伦特原油收于每桶50.7美元，WTI原油收于每桶48.5美元，IPE轻质原油每桶48.5美元。在贵金属方面，2020年金银期货震荡上涨，伦敦现货黄金从2020年开年的1 527.1美元/盎司，波动上升，最高在2020年8月上升至2 067.15美元/盎司，截至2020年末收于1 887.6美元/盎司，较2019年上涨23.9%。据上海黄金交易所黄金现价收盘价显示，中国黄金开年价为341.57元/ 克，到8月最高上涨至432元/克，2020年末收于392.4元/克。在有色金属方面，2020年末，LME有色金属期货价三个月锌报价为2 745美元/吨，铅报价1 982.5美元/吨，铜报价7 757美元/吨，铝报价1 980.5美元/吨[①]。

（二）国内经济与金融环境

2020年，在党中央、国务院的坚强领导下，全国上下齐心协力，统筹疫情防控和经济社会发展取得重大战略成果，“十二五”规划圆满收官，全国经济运行平稳恢复，成为2020年全球唯一实现经济正增长的主要经济体。全国GDP同比增长2.3%，就业形势总体稳定，进出口贸易逆势增长，居民消费价格指数同比增长2.5%。中国也是少数实施正常货币政策的主要经济体之一，稳健的货币政策灵活适度，灵活把握货币政策调控的力

① 资料来源：Wind。

度、节奏和重点，为确保全面建成小康社会营造了良好的金融环境。

1. 国内经济克服下行压力，实现正增长

（1）国内经济稳定恢复

据初步核算，2020年国内GDP总量突破100万亿元，达101.6万亿元①，比2019年增加约2.5万亿元。分季度看，第一季度GDP同比下降-6.8%，第二、第三、第四季度同比分别增长3.2%、4.9%和6.5%，经济稳定恢复。就业形势总体稳定，全年城镇新增就业1 186万人，明显高于900万人以上的预期目标，完成了全年目标的131.8%。2020年年均城镇调查失业率为5.6%，低于6%左右的预期目标。全国居民人均可支配收入32 189元，比上年名义增长4.7%，扣除价格因素实际增长2.1%，与经济增长基本同步。其中，城镇居民人均可支配收入43 834元，增长3.5%，实际增长1.2%；农村居民人均可支配收入17 131元，增长6.9%，实际增长3.8%②。全国居民消费价格指数（CPI）比上年增长2.5%，低于上年的2.9%，实现了全年物价调控目标。其中，食品价格上涨10.6%，涨幅比上年提高1.4个百分点；非食品价格上涨0.4%，涨幅比上年回落1个百分点。据海关总署统计③，2020年我国货物贸易进出口金额为32.2万亿元，比上年增长1.9%，成为全球唯一实现货物贸易正增长的国家。其中，出口金额17.9万亿元，增长4%，进口金额14.2万亿元，下降0.7%，贸易顺差3.7万亿元，增长27.4%。2020年，我国使用外资规模创历史新高，全年实际使用外资达1万亿元人民币，同比增长6.2%。其中，服务业实际使用外资7 767.7亿元人民币，同比增长13.9%，占比77.7%。高新技术产业吸收外资增长11.4%，高技术服务业增长28.5%。

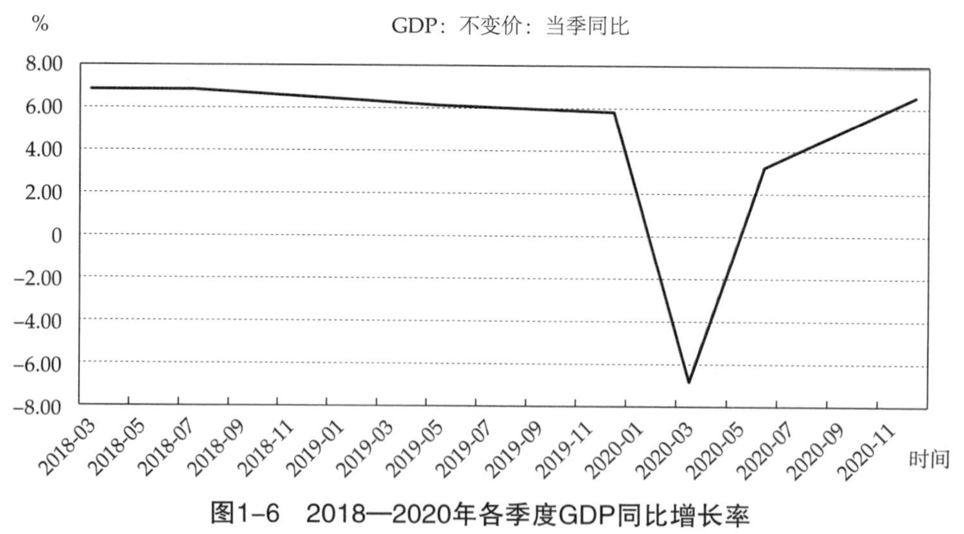

图1-6　2018—2020年各季度GDP同比增长率

（数据来源：Wind）

① 资料来源：国家统计局2021年2月28日发布的《中华人民共和国2020年国民经济和社会发展统计公报》。

② 资料来源：国家统计局、Wind、《2020年政府工作报告》、政府网。

③ 发布日期：2021年1月14日。

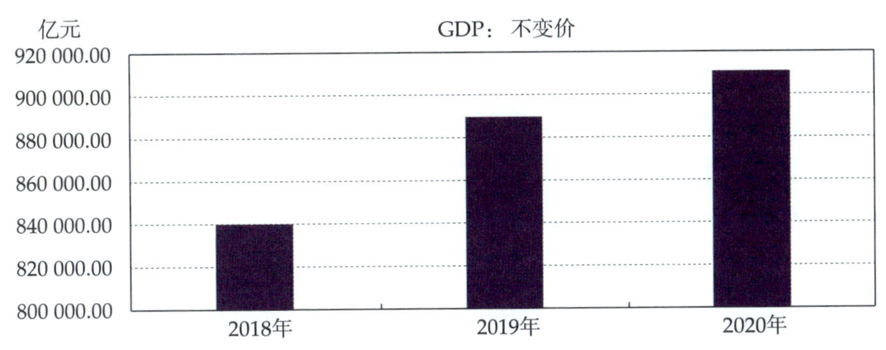

图1-7 2018—2020年GDP总量

（数据来源：Wind）

（2）经济结构逐季优化

2020年，全国社会消费品零售总额39.2万亿元，同比下降3.9%。其中第四季度同比增长4.6%，比第三季度加快3.7个百分点，逐渐恢复至正常水平。网上零售持续健康增长，2020年全国网上零售额为11.8万亿元，同比增长10.9%。2020年最终消费支出超过55万亿元，占GDP比重达54.3%，消费作为经济增长主动力作用依然巩固。全国固定资产投资（不含农户）51.9万亿元，同比增长2.9%。分领域看，基础设施投资同比增长0.9%，制造业投资同比下降2.2%，房地产开发投资同比增长7.0%。高技术产业投资同比增长10.6%，快于全部投资7.7个百分点，其中高技术制造业、高技术服务业投资同比分别增长11.5%、9.1%。分产业看，三次产业投资增速全部转正，其中第一产业投资增长19.5%，第二产业投资增长0.1%，第三产业投资增长3.6%。工业生产逐季稳步回升，企业效益持续改善。全国规模以上工业增加值比上年增长2.8%，其中第四季度同比增长7.1%。高技术制造业和装备制造业增加值分别比上年增长7.1%和6.6%，对经济增长起到了重要的支撑作用。我国220多种工业产品产量居世界第一位，制造业增加值预计连续11年居世界第一位。第三产业增加值55.4万亿元，增长2.1%。第一产业对GDP增长贡献率为9.5%，远高于上年的3.9%；第二产业对GDP增长贡献率为43.3%；受疫情冲击，第三产业贡献率明显下降为47.3%，显著低于2019年的63.5%。

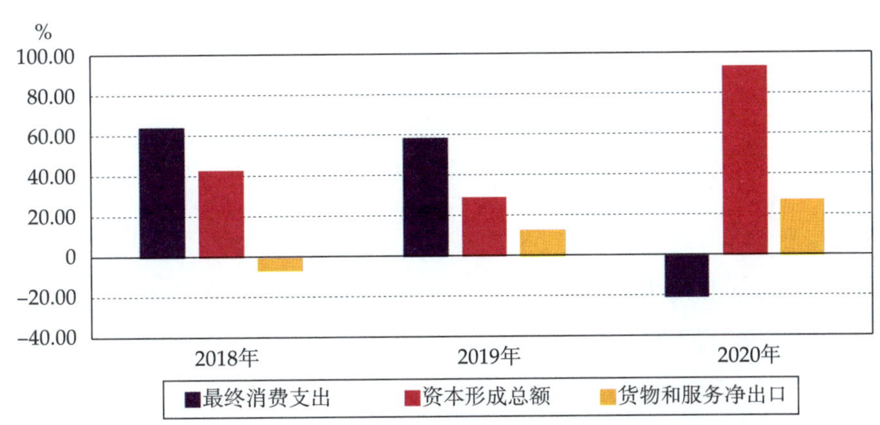

图1-8 2018—2020年三大需求的经济增长的贡献率

（数据来源：Wind）

2. 金融环境总体优化

（1）金融宏观政策稳健灵活

2020年，中国是少数实施正常货币政策的主要经济体之一。中国人民银行坚决贯彻党中央、国务院的决策部署，主动作为，加大宏观政策的应对力度。稳健的货币政策灵活适度、精准导向，灵活把握货币政策调控的力度、节奏和重点，营造了适宜的货币金融环境。一是坚持科学决策，货币政策响应及时有力。总量上通过降准、中期借贷便利、再贷款、再贴现等工具，共推出9万多亿元的货币支持措施。二是坚持创造性应对，精准直达支持稳企业保就业。分层次、有梯度出台三批次合计1.8万亿元再贷款、再贴现政策，创新了两项直达实体经济的货币政策工具。三是坚持以改革开放为动力，深化利率汇率市场化改革。启动并完成了存量浮动利率贷款定价基准转换，积极推广运用LPR，完善人民币汇率形成机制。四是坚持主动作为，稳定市场预期。五是坚持市场化法治化原则，有效防控金融风险，牢牢守住不发生系统性金融风险的底线。在宏观审慎政策框架方面，发挥好MPA在优化信贷结构和促进金融供给侧结构性改革中的作用；调整跨境融资宏观审慎调节参数；调整外汇风险准备金率等。总体而言，金融宏观调控政策取得积极成效。2020年末，广义货币（M2）余额218.68万亿元，同比增长10.1%。社会融资规模余额为284.83万亿元，同比增长13.3%[①]。2020年，社会融资规模增量为34.86万亿元，比上年多增9.19万亿元。其中，对实体经济发放的人民币贷款增加20.03万亿元，同比多增3.15万亿元；对实体经济发放的外币贷款折合人民币增加1 450亿元，同比多增2 725亿元。

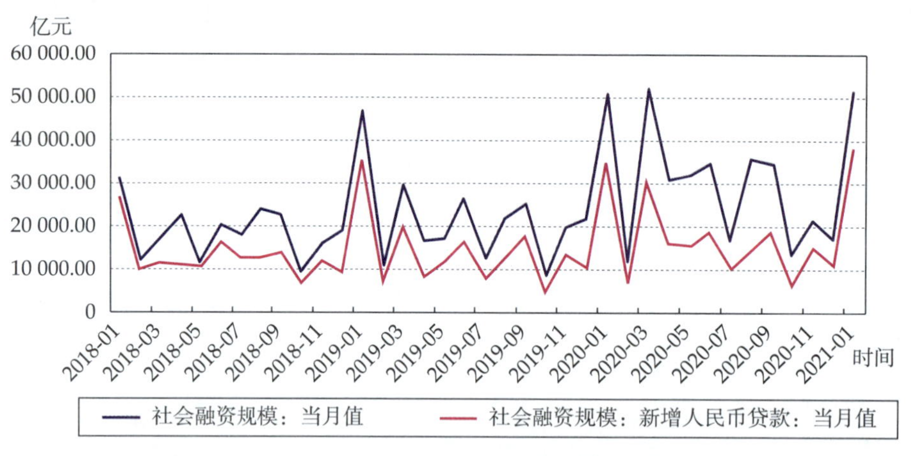

图1-9 2018—2020年社会融资规模增量统计

（数据来源：Wind）

（2）金融监管筑牢安全底线

国务院金融委坚持稳中求进工作基调，强调依法将金融活动全面纳入监管，有效防范风险，稳妥处理促发展与防风险的关系，采取多种方式有效补充中小银行资本，增强抵御风险和综合经营能力；重视国际疫情和

① 资料来源：Wind。

经济金融形势研判，防范境外风险向境内传递；推动修订完善《证券法》，完善资本市场制度。人民银行推动高风险中小金融机构处置取得关键进展和重要阶段性结果，恒丰银行、锦州银行等重点金融机构的改革重组方案顺利实施。稳妥有序推进包商银行风险处置，并以包商银行名义提交破产申请。完善系统重要性金融机构监管框架，发布《系统重要性银行评估办法》，明确我国系统重要性银行评估指标。建立银行业金融机构房地产贷款集中度管理制度，设置了银行业金融机构房地产贷款、个人住房贷款占全部贷款比重的上限要求。全面治理互联网金融，严厉打击非法集资等活动，平稳推进实施防范化解金融风险制度建设①。初步构建金融控股公司监管制度框架，防止金融风险跨市场、跨行业、跨机构传递。证监系统落实新《证券法》以加强行业监管，全年开出255张罚单，同比增长59.4%。其中，行政监管措施函233张，行政处罚决定书22张。8家券商被暂停一项或多项业务。加大对保荐人个人处罚力度，全年投行业务共有38人被罚，涉及10家证券公司②。银保监系统发布《商业银行小微企业金融服务监管评价办法（试行）》，建立精细化、系统化、长效化的小微企业金融服务监管机制；出台《商业银行互联网贷款管理暂行办法（征求意见稿）》，补齐制度短板，促进互联网贷款业务规范发展；制定《保险资产管理产品管理暂行办法》，强化业务监管，促进保险资管产品业务持续健康发展。银保监系统全年共向银行业各类机构和个人开出2 607张罚单，合计罚没金额约13.09亿元，罚单数量和罚没金额均创新高。

（3）金融支持疫情防控精准有力

疫情暴发后，人民银行第一时间牵头制定出台金融支持抗疫30条政策措施，并根据形势变化适时推出后续措施。分三批次安排3 000亿元专项再贷款，5 000亿元再贷款、再贴现额度，1万亿元再贷款、再贴现额度，共计1.8万亿元，支持抗疫保供、复工复产和中小微企业等实体经济发展。春节开市后，向金融市场提供了1.7万亿元的短期流动性，有效稳定了市场预期，并三次降低存款准备金率，提供1.75万亿元长期流动性。多措并举引导金融系统向实体经济让利1.5万亿元，实体部门获得感明显增强。出台《关于进一步强化中小微企业金融服务的指导意见》，促进中小微企业融资实现“增量、降价、扩面”，创新普惠小微企业贷款延期支持工具和信用贷款支持计划两项直达实体经济的货币政策工具，引导银行对普惠小微贷款应延尽延，激励加大信用贷款投放。金融市场基础设施建立债券注册发行的“绿色通道”，简化优化注册的发行流程，对疫情严重地区进一步实行会费减免措施；出台规范供应链金融发展政策措施，支持供应链产业链稳定循环和优化升级，建立供应链票据平台，提升供应链中小企业融资可得性，降低融资成本。

（4）金融业资产总量持续增长

2020年末，我国银行业金融机构本外币资产319.7万亿元，同比增长10.1%。其中，

① 资料来源：《中国金融稳定报告（2020）》。
② 南财智库-21资管研究院，2021年2月28日。

大型商业银行本外币资产128.4万亿元，占比40.2%，资产总额同比增长10%；股份制商业银行本外币资产57.8万亿元，占比18.1%，资产总额同比增长11.7%。2020年，我国商业银行实现净利润1.9万亿元，同比下降2.7%。2020年末，保险公司总资产23.3万亿元，较年初增加2.7万亿元，增长13.3%。其中，财产险公司总资产2.3万亿元，较年初增长2.1%；人身险公司总资产20万亿元，较年初增长17.8%；再保险公司总资产4 956亿元，较年初增长16.3%；保险资产管理公司总资产761亿元，较年初增长18.7%。2020年末，证券行业总资产为8.9万亿元，同比增长22.5%，净资产为2.31万亿元，同比增长14.1%；客户交易结算资金余额（含信用交易资金）1.7万亿元，受托管理资金本金总额10.5万亿元。证券行业2020年度实现营业收入4 484.8亿元，同比增长24.4%；实现净利润1 575.3亿元，同比增长28.0%[①]。

二、2020年中国金融市场运行的主要特点

2020年，中国金融市场运行总体平稳，金融市场规模稳步扩大，金融市场利率总体下行，金融支持疫情防控精准有力，金融市场改革创新深入推进，全方位对外开放有序扩大，金融基础设施稳健经营，运用市场化法治化手段防范化解金融市场重大风险取得良好成效。

（一）金融市场稳健运行

2020年，沪深两市主要股指全线上行。其中，上证综指稳中有升，两年连涨。深证成指、中小板指和创业板指震荡上行，分别上涨38.73%、43.91%和64.96%。人民币对美元汇率波动率有所上升，全年波动率为5.46%，较上年增长0.51个百分点。人民币对一篮子货币汇率双向波动特征明显，1—3月震荡上行，3月20日达到高点；4—7月震荡下行；8—12月震荡上行，11月20日CFETS人民币汇率指数、参考BIS货币篮子和参考SDR货币篮子的人民币汇率指数，达到年内最高点。国债收益率全年走势先下后上，第一季度，受疫情影响，各期限国债收益率大幅下行；第二季度，国内疫情逐步得到控制，经济基本面平稳复苏，国债收益率逐步回升；第三、第四季度持续上行，但年末略微下行。存单发行利率先降后升，波幅扩大，3个月期同业存单加权利率由年初的2.60%降至4月底1.40%的低位，年末回升至2.60%，全年加权平均利率为2.60%，较上年下降37个基点，为历年来最低值。上海黄金交易所Au99.99合约年初开盘价341.95元/克，年末收盘价390.00元/克，较2019年末上涨14.4%。上海期货交易所黄金期货主力合约年初开盘价346.00元/克，年末收盘价397.60元/克，较上年末收盘价347.48元/克上涨50.12元/克，涨幅14.4%。

（二）市场规模稳步扩大

2020年末，债券市场托管余额为117万亿元，居世界第二位，同比增长18.1%，其中银行间债券市场托管余额为100.7万亿元，同比增长16.5%。沪深股票市场共有上市公司4 154家，同比增长10.0%，总市值79.7万亿

① 资料来源：中国证券业协会2021年2月23日发布的证券公司2020年度经营数据。

元，居世界第二位，同比增长34.5%。其中，沪市上市公司1 800家，市值45.5万亿元；深市上市公司2 354家，市值34.2万亿元。2020年，票据各类业务总量148.2万亿元，同比增长12.8%。债券市场现券交易量253万亿元，同比增长16.5%。银行间债券市场现券交易量232.8万亿元，同比增长12%；交易所债券市场现券成交20.2万亿元，同比增长142.6%。银行间市场信用拆借、回购交易总成交量1 106.9万亿元，同比增长14%。银行间人民币利率衍生品市场累计成交19.9万亿元，同比增长6.8%。A股筹资额达4 707亿元，同比增长86%，创2010年以来新高。外汇市场累计成交250.9万亿元，同比增长2.0%。商品期货与期权市场成交61.5亿手和437.5万亿元，同比分别增长55.3%和50.6%。上海黄金交易所总成交额43.3万亿元，同比增长50.7%。其中，黄金总成交额22.6万亿元，同比增长4.9%。自2007年以来，上海黄金交易所现货黄金交易量稳居世界第一。上海期货交易所全部黄金品种累计成交额41.47万亿元，同比增长38.26%。国内黄金ETF基金由4只增加至11只，年末持仓量约60.9吨，较上年末增持16.1吨，增长约36%。中国期货市场单边成交61.5亿手和437.5万亿元，同比分别增长55.3%和50.6%。中国期货市场成交量占全球期货市场总成交量的13.2%，较2019年提升1.7个百分点。保险业累计实现保费收入4.5万亿元，同比增长6.1%。

（三）利率总体下行

2020年，同业拆借全年加权平均利率为1.64%，较上年下行63个基点。2020年末，隔夜、7天拆借加权成交利率分别收于1.34%和2.55%，较年初分别下降了16个和66个基点。银行间质押式回购加权平均利率为1.72%，同比下降58个基点；买断式回购加权平均利率为1.78%，同比下降57个基点。上海证券交易所1天回购定盘平均利率为2.35%，同比下降34个基点，7天回购定盘平均利率为2.42%，同比下降35个基点；深圳证券交易所1天回购加权平均利率为2.32%，同比下降32个基点，7天回购加权平均利率为2.46%，同比下降34个基点。债券市场国债收益率第一季度受疫情影响大幅下行，此后逐步回升。3个月、1年、3年、5年和7年期国债收益率分别为2.28%、2.47%、2.82%、2.95%和3.17%，分别较年初上升27.3个、5.8个、7.2个、3.6个和10.4个基点，10年期国债收益率为3.14%，较年初下降0.6个基点。同业存单全年加权平均利率为2.60%，较上年下降37个基点。票据市场全年转贴现、质押式回购加权平均利率分别为2.71%和1.87%，同比分别下降60个和64个基点。

（四）改革创新不断深化

2020年，国务院金融委宣布11条金融改革措施，不断深化金融市场改革。资本市场继续推进注册制落地，从科创板“试验田”迈向“深水区”，改革从增量迈向存量。2020年6月12日，证监会发布《创业板首次公开发行股票注册管理办法（试行）》《创业板上市公司证券发行注册管理办法（试行）》《创业板上市公司持续监管办法（试行）》。2020年8月24日，创业板改革并试点注册制正式落地。截至2021年2月底，深圳证券交易所正式受理546家首发、288家再融资、16家重大资产重组。目前，已有86家企业在创业板注册上市，市值合计1.2万亿元。新三板转板上市制度成功落地，丰富挂牌公司上市路径，加强多层次资本市场的有机联系。加大金融产品创新力度，人民银行创设普惠小微企业贷款延期支持工具和信用贷款支持计划两项直达工具，向中小微企业贷款实施阶段性延期还本付息，推动加快恢复正常生产生活秩序。债券市场发行抗疫特别国债、抗疫主题金融债券和公司债、脱贫攻坚专题债券，企业债券和公司债券发行实行注册制；金融机构积极发行绿色债券，持续创新发展绿色债务融资工具。发布《标准化票据管理办法》，为标准化票据业务开展定好规制，截至2020年末，成功创设标准化票据57只，金额61.2亿元。银行间外汇市场推出挂钩SOFR等新基准利率的外汇衍生产品。境内基础设施领域公募REITs试点正式起步，有效盘活存量资产，丰富投资品种。实施车险综合改革，规范保险资产管理业务，深化保险中介市场改革，促进互联网保险业务高质量发展。9月28日，国内首家农业再保险公司——中国农业再保险股份有限公司成立，推动建立并统筹管理国家农业保险大灾基金。

（五）对外开放有序推进

2020年，国务院金融委办公室推动出台26条金融改革开放措施，扩大金融业对外开放。发布《参与国际基准利率改革和健全中国基准利率体系》白皮书，签署遵守《全球外汇市场准则》的承诺声明，与新西兰等10国央行签署本币互换展期与修订协议。更新境外央行类机构入市政策问答，允许结算代理人或相关开户行为境外央行类机构提供日间或隔夜账户透支等流动性管理服务。淡化中间价报价“逆周期因子”，将远期售汇业务的外汇风险准备金率从20%下调为0。取消证券公司、基金管理公司、期货公司外资股占比限制，取消境外机构投资者额度限制，取消投资收益汇出限制，整合QFII/RQFII有关制度与配套规则。完善债券市场交易和结算机制，优化银行间债券市场投资配套服务，为境外投资者配置人民币债券资产提供更加友好、便捷的投资环境。2020年末，共有905家境外机构参与银行间债券市场，较上年末增长17.7%，累计开立3 417个账户，较上年末增长30.9%；共有209家境外机构持有境内市场股份；参与上海黄金交易所市场、银行间外汇市场、上海国际能源交易中心的境外主体数量分别达到117家、158家和398家，较上年末分别增长14.7%、10.3%和65.8%。境外机构持债总量为3.3万亿元，同比增长47.9%，通过陆股通渠道持有A股市值达2.3万亿元，同比增长46.4%。全年，境外机构开展股票、债券、黄金、外汇、原油期货交易量分别达到21.1万亿元、9.3万亿元、1.7万亿元、4.7万亿美元和790.1万手，同比分别增长116.1%、74.4%、119.3%、91.2%和52.0%。

（六）金融基础设施稳健经营

2020年3月，人民银行等六部门联合印发《统筹监管金融基础设施工作方案》，促进金融基础设施稳健经营，提升服务实体经济水平和防控风险能力。加强金融基础设施间互联互通，推进银行间债券市场与交易所债券市场加强监管与协调，促进债券市场要素自由顺畅流动。债券市场基础设施建立发行“绿色通道”，简化优化注册的发行流程，延长现券交易时间，推出特殊结算周期和循环结算服务。黄金市场基础设施优化清算违约处置流程，强化保证金账户分类管理，增加实时预清算功能，加强存管银行管理，创新白名单资金流向监控模式，把好资金出入关口。股票市场基础设施以贯彻落实新《证券法》为契机，加强科学监管、分类监管、专业监管、持续监管。持续完善监管规则，深入开展上市公司监管服务，进一步优化交易监管和会员监管，持续提升科技监管能力。保险市场基础设施联合保险业机构，成立保险区块链创新中心，从技术研发、场景应用、标准制定三个方面入手探索赋能保险业数字化转型。

（七）风险防控成效显著

稳健推进存款保险制度，投保机构增加至4 024家，99%以上的存款人可获得全额保护。在全国统一启用存款保险标识，公众对存款保险制度的认知程度明显提升。依法使用存款保险基金采取收购承接方式处置包商银行风险，较好实现了保护存款人利益和维护稳定的政策目标。顺利接管“明天系”旗下9家主要金融机构，妥善应对债券市场违约风险。锦州银行风险处置和改革重组方案落地，重回正常经营轨道。出台《标准化债权类资产认定规则》，推动出台《保险资产管理产品管理暂行办法》及其配套实施细则，持续推动资管新规配套制度体系建设。平稳有序推进资管业务整改转型工作，适当延长资管新规过渡期至2021年底。优化资管业务结构、持续压降非标资产、提升净值化产品占比。健全市场化、法治化债券违约处置机制，完善公司信用类债券违约处置机制有关通知，丰富市场化债券违约处置机制，提高债券违约处置效率。互联网金融风险专项整治深入推进，网贷机构全部停业。继续完善互联网金融领域监管制度，建设互联网金融监管长效机制，持续健全征信、风险监测、统计分析等行业基础设施。经过集中攻坚，系统性金融风险上升势头得到有效遏制，金融脱实向虚、盲目扩张得到根本扭转。

三、2021年中国金融市场发展展望

2021年是中国共产党成立100周年，是“十四五”规划开局之年。我国金融市场发展将以习近平新时代中国特色社会主义思想为指导，全面贯彻党的十九大、十九届五中全会精神和中央经济工作会议精神，坚持稳中求进工作总基调，落实“碳达峰、碳中和”决策部署，深化金融体制机制改革，推动金融市场创新和对外开放，更好地服务社会经济高质量发展。

一是不断深化金融市场改革，完善金融要素市场，发挥好金融支持绿色发展三大功能，促进金融基础设施的互联互通，持续加强债券发行制度建设，稳步推进全市场注册制改革，发挥市场配置资源的决定性作用。

二是进一步提升金融服务实体经济水平，加大对科技创新、绿色环保、先进制造业、“三农”、小微和民营企业等国民经济重点领域和薄弱环节的支持力度。完善金融科技体制机制，推进金融业数据能力建设，助力金融服务提质增效。

三是持续深入推进金融市场监管能力和水平，健全风险应对体制机制，完善风险防范处置长效机制。持续贯彻落实新证券法和刑法修正案，依法从严打击证券违法活动，提高对欺诈发行、财务造假、市场操纵等恶性违法违规的打击力度。健全金融科技监管基本规则和行业标准，统筹平衡金融科技创新和金融风险防范。

四是继续建设高水平开放型金融市场，

服务建设更高水平开放型经济新体制。发展更高能级总部经济，统筹发展在岸业务和离岸业务。丰富境外投资者类型和数量，推动熊猫债产品创新，做好债券通“南向通”工作。推进外币同业存单发行，丰富银行外币融资渠道。深化外汇市场对外开放，通过交易机制创新、综合信息整合服务和互联互通业务合作等举措，为境内外参与主体的资金汇兑和汇率风险管理提供更全面、更完善的服务。拓展上海黄金交易所与国际黄金基础设施的合作，丰富“黄金之路”的项目内涵，推动国际化综合性黄金市场建设再上台阶。资本市场持续推进双向开放，持续提升市场对外连通程度，进一步扩大沪深港通股票范围。

第二章　货币市场

2020年，中国人民银行继续实施稳健的货币政策，银行体系流动性保持合理充裕，货币市场总体运行平稳。货币市场交易总量稳步扩大，同业存单发行规模同比增长，市场利率整体有所下行，融资期限分布进一步优化，市场交易主体呈现多元化，货币市场传导货币政策功能增强，为金融支持疫情防控及服务实体经济提供有效支撑。

一、同业拆借市场

2020年，同业拆借市场运行总体平稳，市场参与主体继续增加，交易规模稳中略降，利率中枢下行，交易结构仍以短期限品种为主。

（一）运行情况

2020年，银行间同业拆借市场累计成交量为147.14万亿元，同比减少2.96%，日均成交量为5 909.34亿元。同业拆借全年加权平均利率为1.64%，同比下行63个基点。截至2020年末，市场成员共2 278家，较上年增加88家，其中银行1 432家、证券公司102家、保险公司53家、信托公司66家、财务公司238家、租赁公司66家、农联社266家、资产管理公司9家、汽车金融公司24家、消费金融公司20家、其他机构2家。

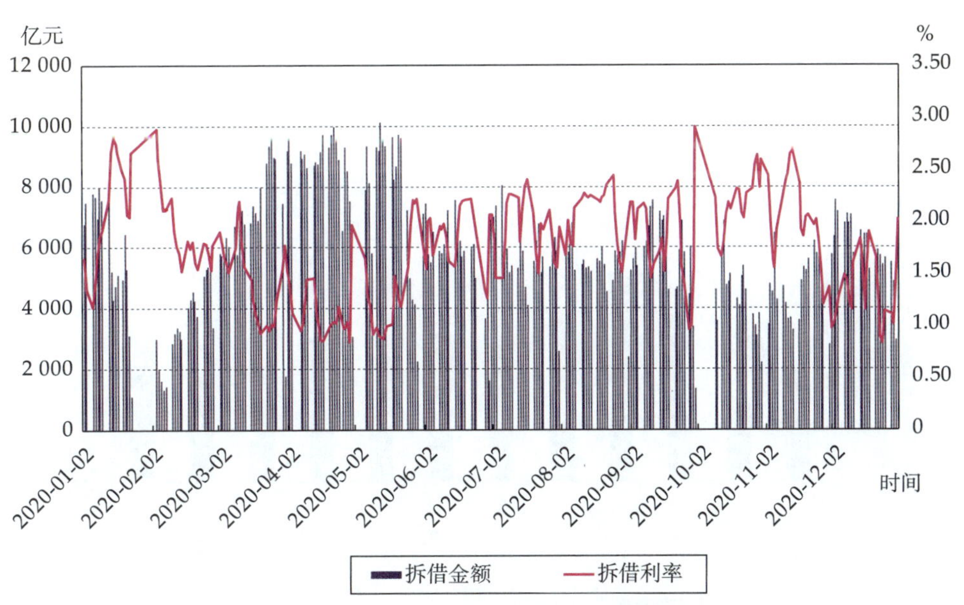

图2-1　2020年同业拆借日成交规模和利率走势

（数据来源：中国外汇交易中心）

（二）主要特点

1. 交易规模稳中略降

2020年，同业拆借市场成交规模略有减少，交易量同比增速由上年的8.86%转为-2.96%。其中3月、4月、9月、12月交易量较上年同期呈增长态势，4月交易量同比增长26.11%，为全年最高。其余各月交易量较上年同期均呈下降态势，2月交易量同比下降38.57%，降幅最大。2020年，受新冠肺炎疫情、春节假期延长影响，1—2月同业拆借交易量明显减少。在中国人民银行实施普惠金融定向降准、持续开展公开市场操作等举措下，3—4月同业拆借交易大幅回升，之后总体保持平稳运行。10—11月，受流动性收紧及国庆假期影响，金融机构拆借交易趋于谨慎，同业拆借市场交易量有所下降。年末，金融机构融资需求及流动性需求增加，12月同业拆借交易量明显增加，环比增长37.42%。

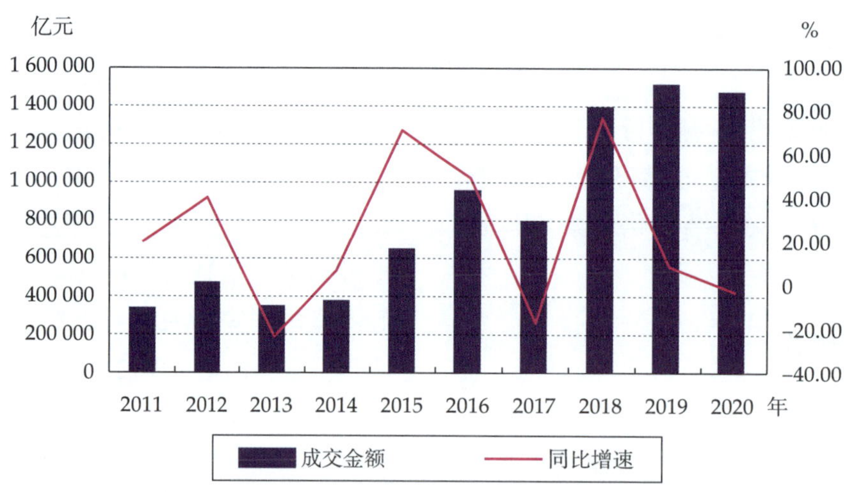

图2-2　2011—2020年同业拆借交易规模和增长率

（数据来源：中国外汇交易中心）

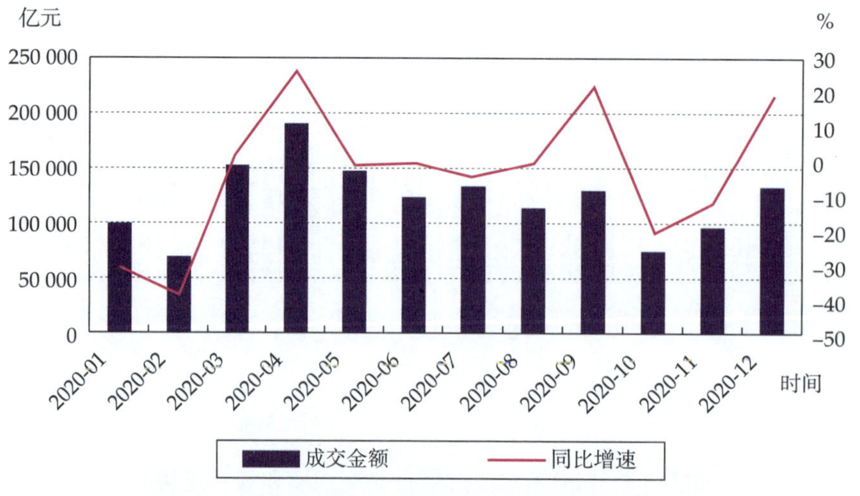

图2-3　2020年同业拆借月度交易规模和同比增速

（数据来源：中国外汇交易中心）

2. 市场利率整体下行

2020年，为应对疫情冲击，中国人民银行三次下调金融机构存款准备金率，并将超额存款准备金利率从0.72%下调至0.35%，累计下调公开市场逆回购中标利率、中期借贷便利（MLF）利率30个基点，同业拆借市场利率整体呈现下行趋势。同业拆借全年加权平均利率较上年下行63个基点。年末，隔夜、7天拆借加权成交利率分别收于1.34%和2.55%，较年初分别下降了16个和66个基点。全年日加权成交利率极差为207个基点，较上年减少3个基点。

3. 隔夜交易占比略有减少

2020年，同业拆借交易结构仍以短期交易品种为主，但隔夜交易占比略有下降。隔夜拆借交易占比为90.20%，较上年下降1.21个百分点，较2018年上升0.08个百分点。7天期拆借交易占比为7.69%，较上年上升1.05个百分点。14天至3个月期限拆借交易占比为1.98%，较上年上升0.15个百分点。3个月以上期限拆借交易占比为0.13%，较上年上升0.01个百分点。

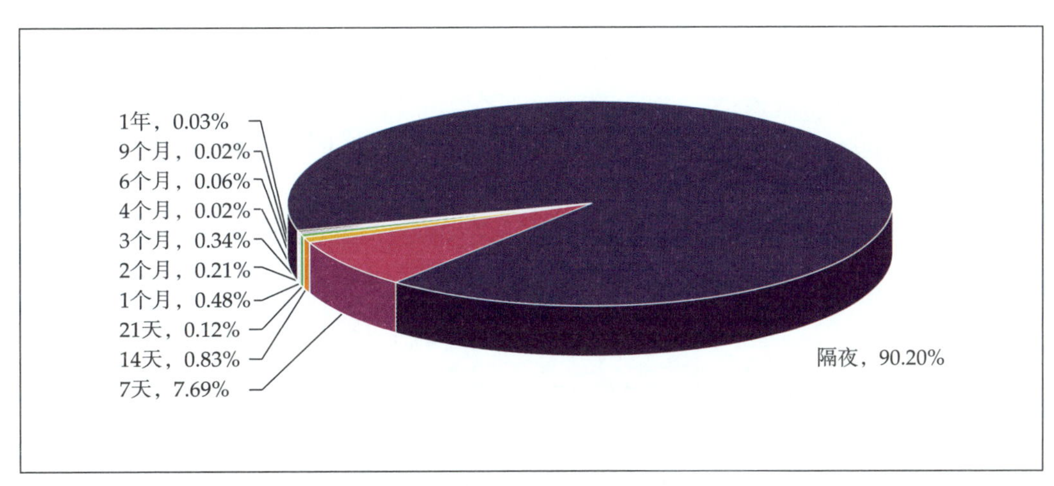

图2-4 2020年同业拆借交易期限结构

（数据来源：中国外汇交易中心）

4. 股份制商业银行交易量减少，大型商业银行交易量有所增加

2020年，同业拆借市场交易主体仍以银行类机构为主，占交易总量的85.92%。其中股份制商业银行、大型商业银行、城市商业银行的交易量分别为96.98万亿元、59.49万亿元和44.12万亿元，占比分别为32.95%、20.21%和14.99%，交易量较上年分别减少31.47万亿元、增加20.96万亿元和减少3.36万亿元。股份制商业银行通过活跃的拆入拆出交易，在同业拆借市场中起到了资金融通中介的作用。

全年，同业拆借市场的主要资金净拆出方是大型商业银行、政策性银行和股份制商业银行，净拆出量分别为37.94万亿元、10.55万亿元和8.08万亿元，分别占净拆出总量的62.45%、17.36%和13.29%；主要资金净拆入方是证券公司、城市商业银行和财务公司，净拆入量分别为26.17万亿元、20.32万亿元和9.24万亿元，分别占净拆入总量的43.08%、33.44%和15.21%。

（三）发展展望

2021年，我国银行体系流动性整体将继续保持合理充裕，同业拆借市场将保持平稳健康运行，市场利率在合理区间波动。同业拆借市场将进一步优化参与者结构，丰富交易机制，完善市场管理机制，进一步推动拆借市场高效、平稳、有序、健康发展，不断强化货币政策传导和流动性管理功能。

二、债券回购市场

2020年，银行体系流动性合理充裕，债券回购市场总体运行平稳；回购交易规模持续扩大，回购利率中枢稳中有降，利率波动率有所上升；各期限结构保持稳定，短期期限品种占主导；利率债运用占比稳定，非银金融机构及其产品仍是资金的主要融入方。

（一）运行情况

2020年，债券回购市场累计成交1 247.17万亿元，同比增长17.81%。其中，银行间回购市场累计成交占比76.95%，较2019年下降0.47个百分点；交易所回购市场累计成交占比23.05%，较2019年增加0.47个百分点。

1. 银行间市场债券回购运行情况

2020年，银行间市场债券回购累计成交959.76万亿元，同比增长17.1%，增速较上年回升3.7个百分点。其中，质押式回购成交952.72万亿元，同比增长17.6%；买断式回购成交7.04万亿元，同比减少26.2%；质押式回购交易量在回购市场中的占比进一步提升至99.3%。

2020年，银行间市场回购利率中枢在合理区间波动，波动幅度较上年小幅走阔。其中，质押式回购加权平均利率为1.72%，同比下降58个基点，极差222个基点，同比走阔22个基点；买断式回购加权平均利率为1.78%，同比下降57个基点，极差212个基点，同比走阔1个基点；两类回购利率的价差为6个基点，较2019年小幅增加1个基点。

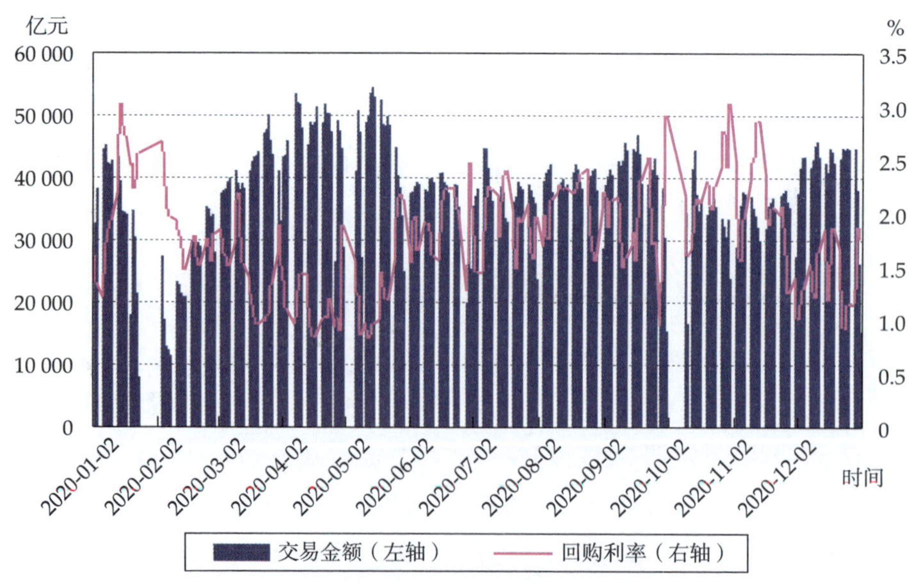

图2-5　2020年银行间市场质押式回购成交量价

（数据来源：中国外汇交易中心）

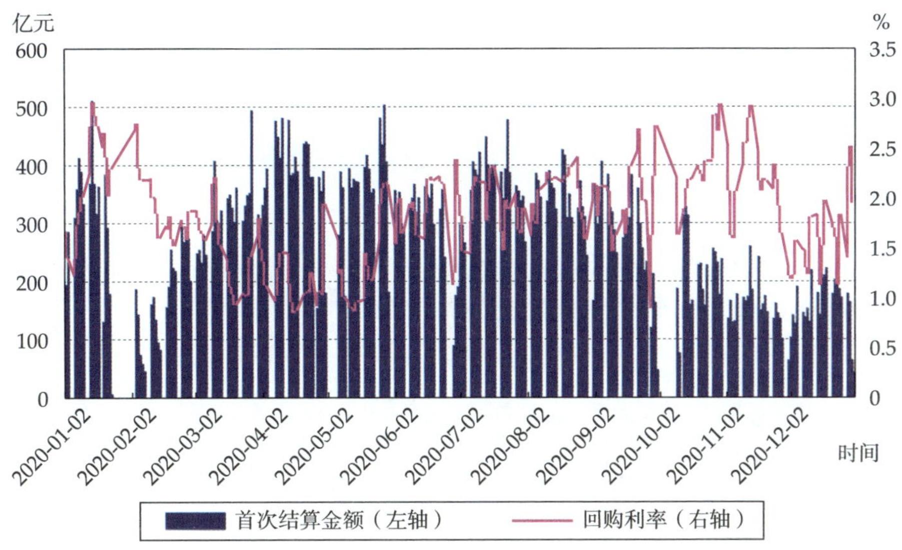

图2-6 2020年银行间市场买断式回购成交量价

（数据来源：中国外汇交易中心）

2. 交易所债券市场回购运行情况

2020年，交易所市场债券回购累计成交287.42万亿元，同比增长20.25%。按交易场所统计，上交所债券回购累计成交259.60万亿元，同比增长20.5%；深交所债券回购累计成交27.82万亿元，同比增长17.68%。按产品类型统计质押式回购累计成交280.56万亿元，同比增长20.27%，质押式协议回购累计成交2.19万亿元，同比减少9.97%。

交易所市场质押式回购利率总体下行。其中，上交所1天回购定盘平均利率为2.35%，同比下降34个基点，7天回购定盘平均利率为2.42%，同比下降35个基点；深交所1天回购加权平均利率为2.32%，同比下降32个基点，7天回购加权平均利率为2.46%，同比下降34个基点。

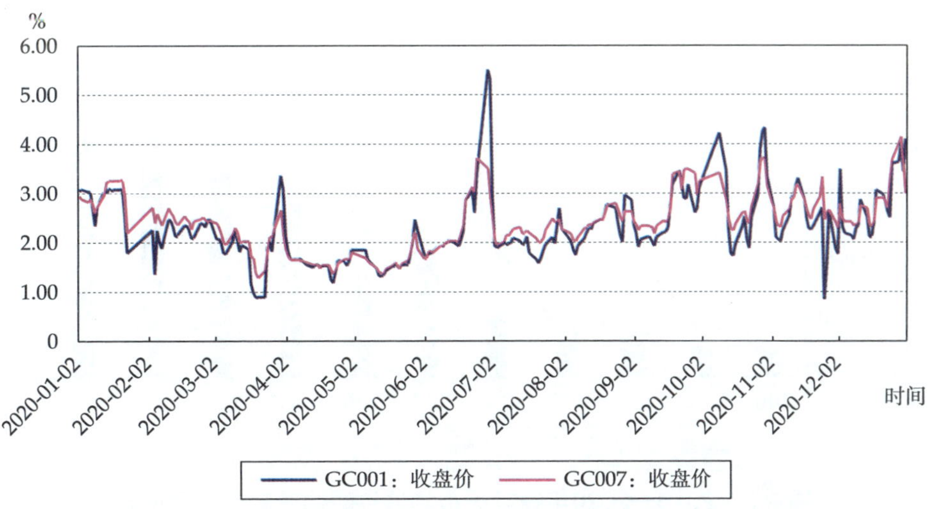

图2-7 2020年上海证券交易所质押式回购定盘利率走势

（数据来源：上海证券交易所）

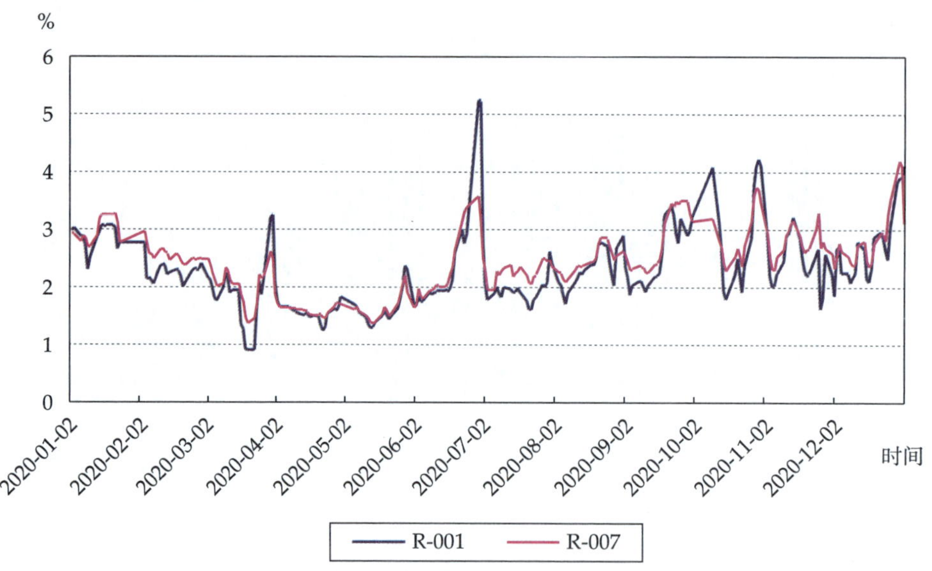

图2-8 2020年深圳证券交易所质押式回购利率走势

（数据来源：深圳证券交易所）

（二）主要特点

1. 债券回购交易规模平稳增长

近三年，银行间市场债券回购交易规模同比增长分别为17%、13% 和17.1%，增速平稳。从结构上看，2020年银行间质押式回购成交量增长明显，同比增长17.6%；买断式回购成交量有所下滑，同比减少26.2%。由于我国银行间回购市场买断式回购占比极小，因此2020年银行间债券回购交易规模整体继续平稳增长。2020年，交易所市场债券回购交易规模同比增长20.25%，略高于银行间市场。

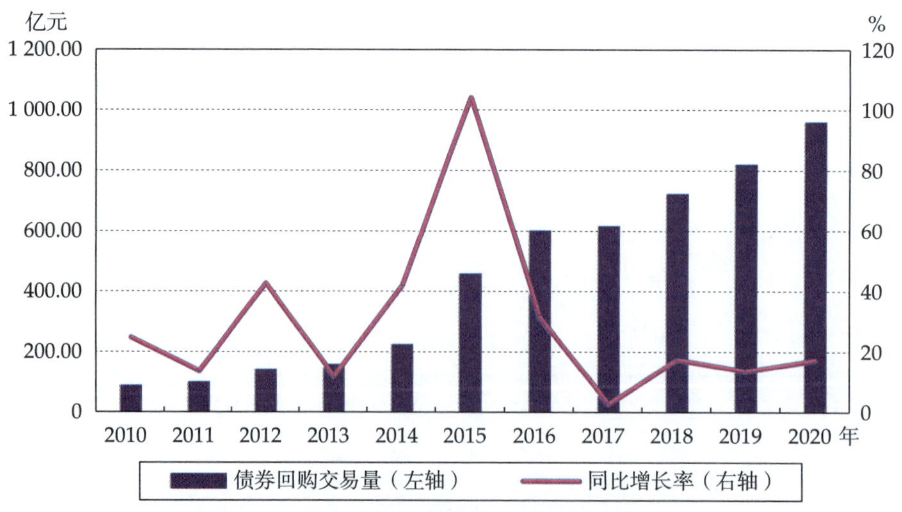

图2-9 2010—2020年银行间市场债券回购交易规模及增长率

（数据来源：中国外汇交易中心）

2. 期限结构基本稳定且以短期限为主

银行间市场方面，交易期限结构总体稳定，短期限品种占主导且占比有所增加。质押式回购全年加权平均回购期限为2.4天，较上年微降0.1天；7天（含）以内的质押式回购交易占比为95.25%，较上年增加0.37个百分点。交易所市场方面，沪深两市7天（含）以内的质押式回购交易占比分别为97.1%和99.0%，较上年分别增加了1.1个和0.1个百分点。

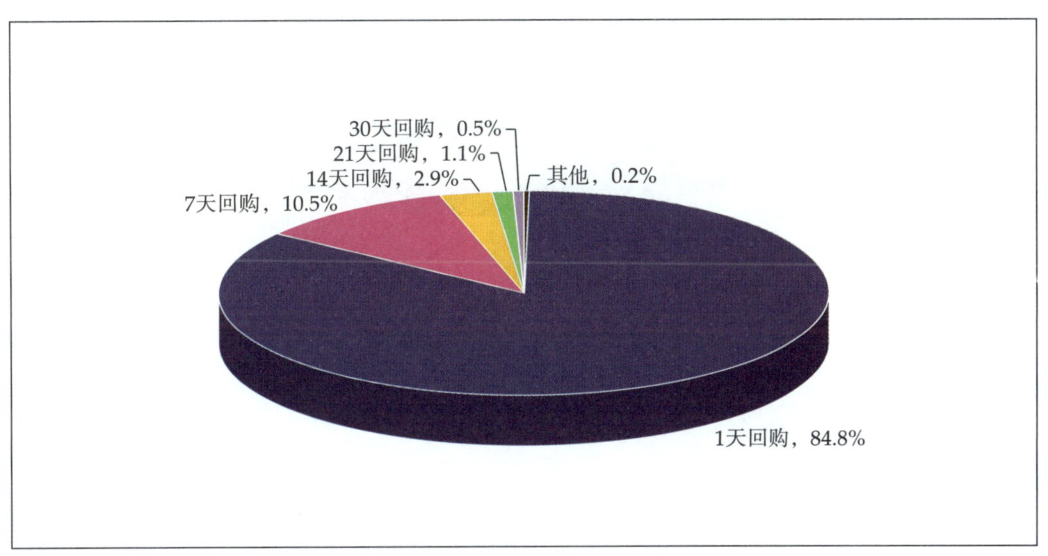

图2-10　2020年银行间市场质押式回购交易期限结构

（数据来源：中国外汇交易中心）

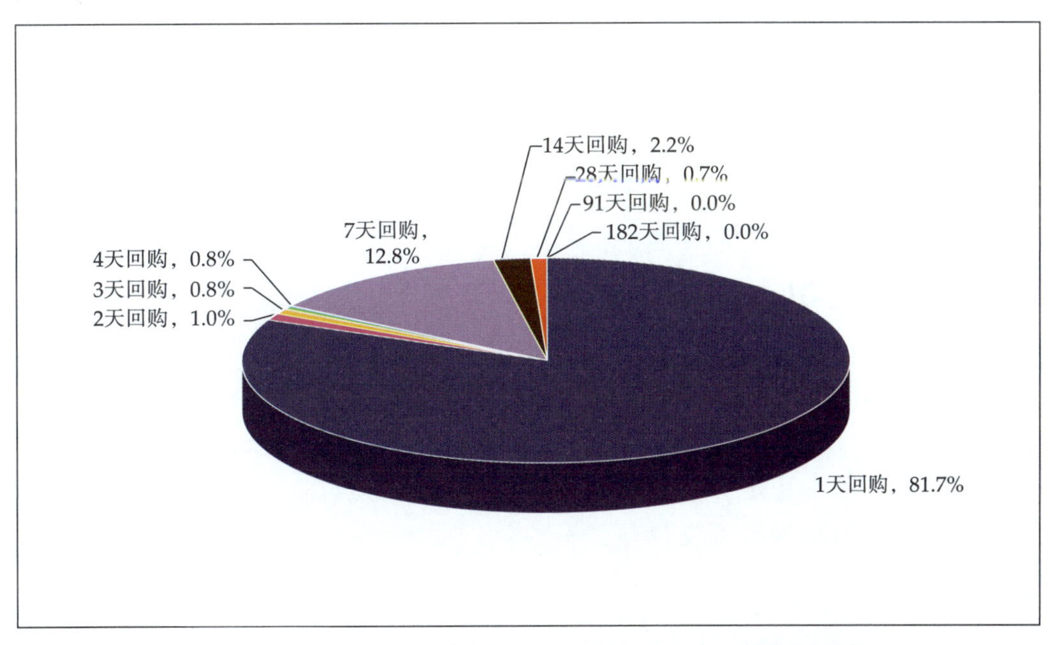

图2-11　2020年上海证券交易所质押式回购交易期限结构

（数据来源：上海证券交易所）

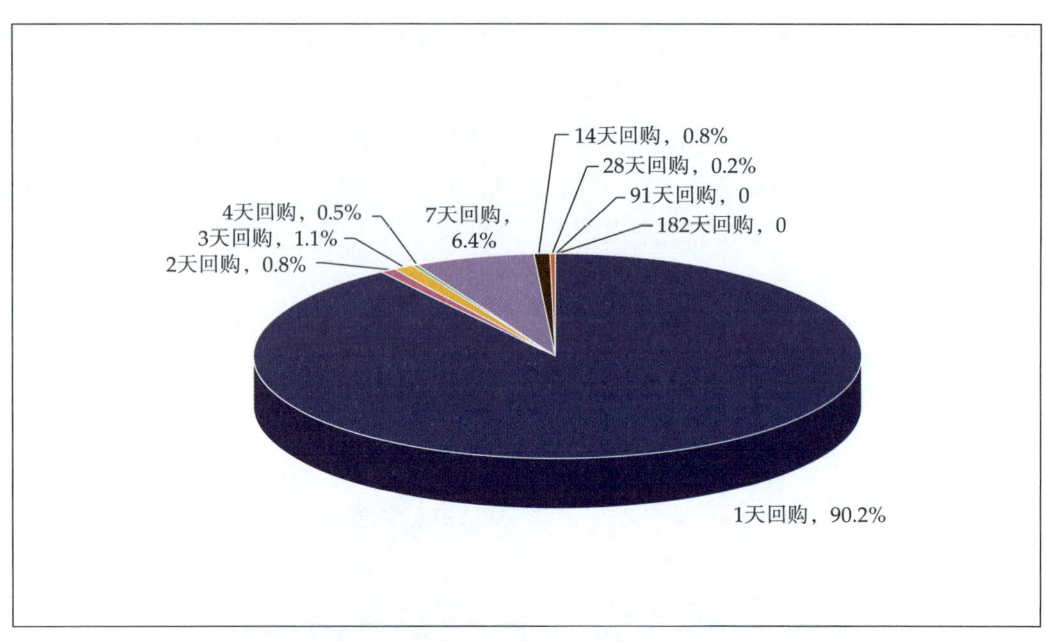

图2-12　2020年深圳证券交易所质押式回购交易期限结构

（数据来源：深圳证券交易所）

3. 利率波动率有所上升

银行间债券回购市场方面，2020年，全年存款类机构1天质押式回购加权利率的波动标准差为0.51，同比增加0.02；全年存款类机构7天质押式回购加权利率的波动标准差为0.34，同比增加0.14。

交易所回购市场方面，上交所1天质押式回购定盘利率的标准差为0.69，同比增加0.22；7天质押式回购定盘利率的标准差为0.58，同比增加0.23。深交所质押式回购利率日加权平均利率标准差为0.57，同比增加0.23。

4. 高信用等级债券运用结构基本稳定

银行间回购市场中以高信用等级债券作为质押品的交易占比基本稳定。在质押式回购市场中，以利率债为质押品的交易量约占交易总量的72%，同比降低1个百分点；以信用债为质押品的交易中，以AAA级为质押品的交易量约占总交易量的70%，同比降低2个百分点。买断式回购大体呈现同样趋势。

交易所回购市场质押券结构持续优化。在上交所的质押券中，利率债占比为14.7%，同比下降1.8个百分点；AAA级信用债占比为68.2%，同比提高0.4个百分点；利率债和AAA级信用债合计占比82.9%，同比下降1.4个百分点。在深交所的质押券中，利率债占比11.9%，同比下降3.5个百分点；AAA级信用债占比77.7%，同比增加2.6个百分点；利率债和AAA级信用债合计占比89.5%，同比下降0.9个百分点。

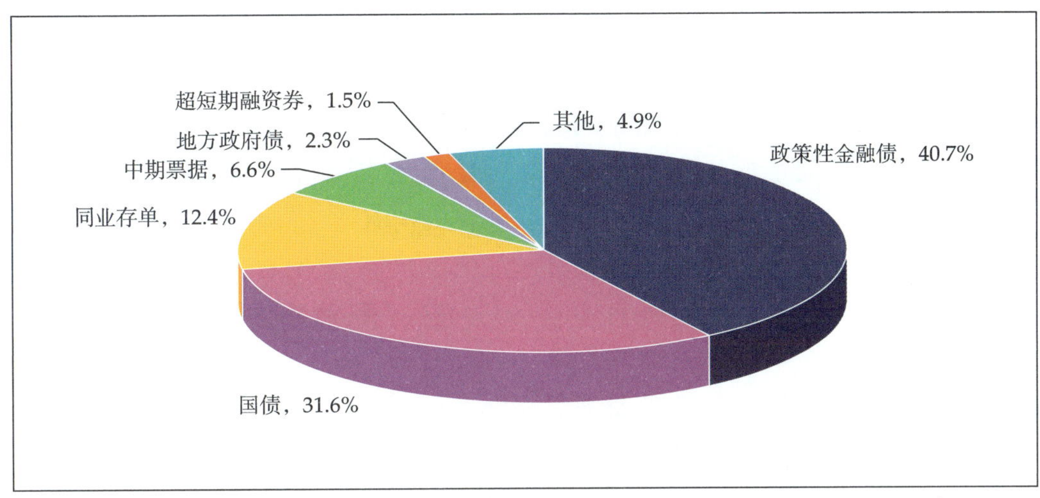

图2-13 2020年银行间市场质押式回购质押券结构

（数据来源：中国外汇交易中心）

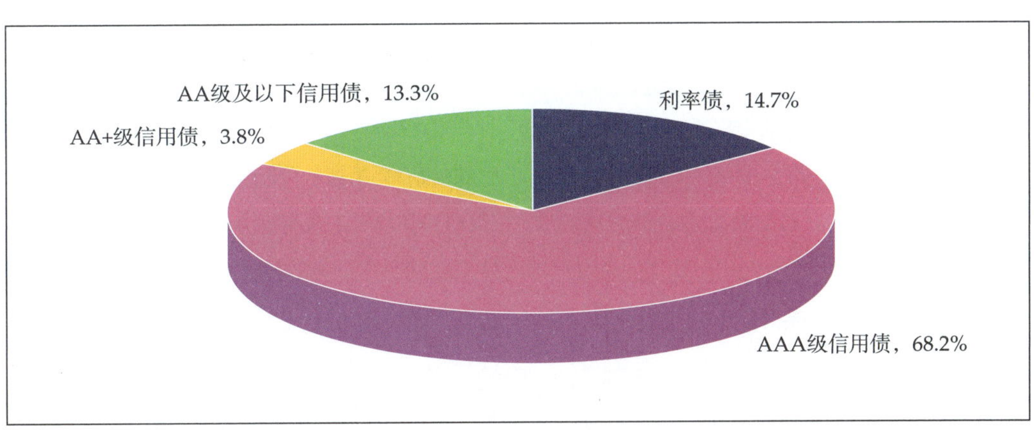

图2-14 2020年上海证券交易所质押式回购质押券结构

（数据来源：上海证券交易所）

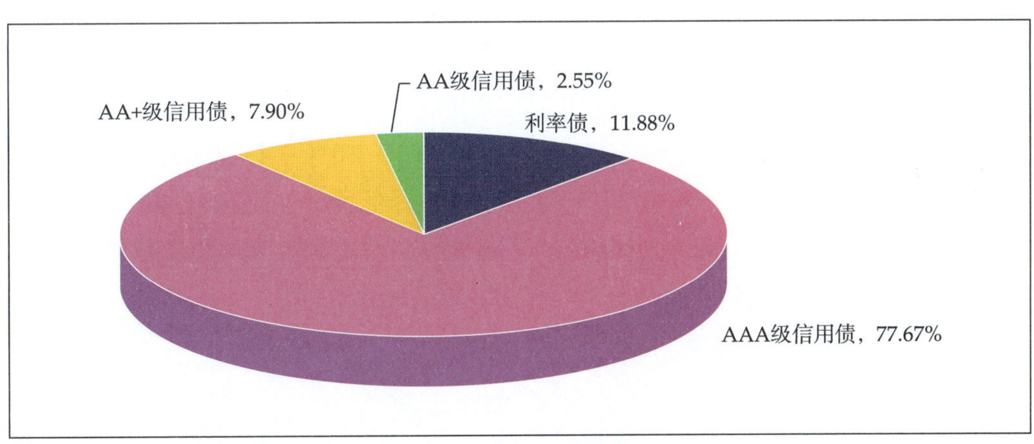

图2-15 2020年深圳证券交易所质押式回购质押券结构

（数据来源：深圳证券交易所）

5. 非银行金融机构及其产品是主要资金融入方

资金融入方面。2020年银行间质押式回购市场净融入资金位列前三的为基金及其资管产品、证券公司和理财产品，净融入资金量分别为155.17万亿元、107.42万亿元和20.90万亿元。截至2020年末，上交所回购市场的净融入资金未到期余额前三名为券商自营、资管产品和公募基金，占比分别为23.7%、18.0%和16.4%；2020年，深交所回购市场的资金融入量前三名为券商自营、基金和企业年金，融入量占比分别为31.48%、21.48%和13.05%。

资金融出方面。2020年银行间质押式回购市场净融出资金位列前三的为大型商业银行、政策性银行和股份制商业银行，净融出资金量分别为203.89万亿元、104.25万亿元和70.21万亿元。此外，中小型银行在质押式回购交易中的资金枢纽作用进一步加强，全年累计成交602万亿元，同比增长10.7%。截至2020年末，上交所回购市场的净融出资金未到期余额前三名为公募基金、个人和一般法人，占比分别为34.0%、20.2%和18.6%；2020年，深交所回购市场的资金融出量前三名为基金、一般机构和其他专业机构，融出量占比分别为25.42%、19.73%和18.30%。

（三）发展展望

在稳健的货币政策要灵活精准、合理适度的背景下，2021年我国银行体系流动性将保持合理充裕，预计债券回购市场将持续平稳健康发展。一是市场利率将在合理区间波动；二是期限分布仍将以短期限为主；三是市场参与者将有序增加，结构进一步优化；四是市场定价机制和制度建设将更加完善，金融机构流动性管理效率进一步提升。

三、同业存单市场

2020年，同业存单市场发行规模有所增长，发行利率先降后升、总体下行，发行期限结构逐步由向长端倾斜转为向短端倾斜，二级市场成交规模有所上升，市场参与主体呈现多元化。

（一）运行情况

2020年，共364家机构发行同业存单，较上年减少54家；发行数量2.87万只，较上年增加0.09万只；发行金额18.99万亿元，同比上升5.93%；认购主体数量3 862家，较上年增加479家，涉及40种机构类型；年末余额11.18万亿元，同比增长4.10%。

2020年，同业存单二级市场累计成交67.36万笔，成交金额167.33万亿元，同比增长15.34%。其中，以质押式回购交易方式成交118.18万亿元，同比增长25.20%，占总成交金额的70.63%；以现券买卖方式达成交易48.96万亿元，同比减少2.87%，占总成交量金额的29.26%；以买断式回购方式达成交易0.18万亿元，同比减少32.65%，占总成交量金额的0.11%；以债券借贷方式达成交易62.90亿元。

专栏　路演功能推动同业存单发行行稳致远

2020年3月9日，中国外汇交易中心在新本币交易系统中推出同业存单路演平台，为市场参与者提供了同业存单发行前环节的综合服务方案，涵盖发行意向发布、投资人搜寻、询价交互、达成认购意向等多个核心环节，通过归集和披露发行前询价信息，提高定价透明度。借助iDeal在金融科技与合规监管方面的优势，路演对询价过程全程留痕，使发行流程更加透明高效，进一步完善了同业存单发行前、中、后全周期闭环服务，推动市场行稳致远。

经过持续调研和推介，主要同业存单发行人迅速掌握了路演平台使用技巧，常态化地发布路演报价，有关市场信息已成为中长端货币市场松紧度的风向标，为银行资产负债管理和金融市场业务开展提供重要参考，也有利于传导货币政策信号。截至2020年底，在路演平台发布报价的发行人有81家，每日报价数量在110只至150只之间，进行预申购的机构达到486家，日均近60亿元，单日最高611亿元。

（二）主要特点

1. 发行规模增长，股份制商业银行和大型商业银行发行占比上升

2020年，同业存单发行规模增长，同比增幅为5.93%，全年季度平均发行金额为4.83万亿元，第二季度存单发行量较第一季度略降，随后在第三季度大幅上升。第一至第四季度发行金额分别为4.07万亿元、3.78万亿元、5.44万亿元和5.70万亿元。

2020年，同业存单余额基本保持在11万亿元左右的水平，仅在5到6月出现较为明显的负增长，年末存单余额达到11.18万亿元，较2019年末增加0.44万亿元。从发行机构看，国有大型商业银行、股份制商业银行存单余额稳中有升，城市商业银行存单余额略降，农村商业银行存单余额基本保持稳定，低评级存单余额有较为明显的下降。

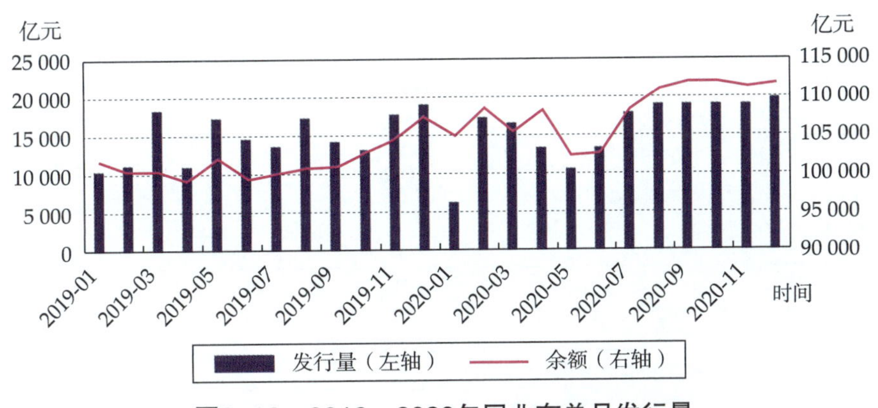

图2-16　2019—2020年同业存单月发行量

（数据来源：中国外汇交易中心）

2020年，同业存单发行量排名前三位的分别为股份制商业银行、城市商业银行和大型商业银行，占比分别为36.99%、36.19%和15.77%，较上年分别上升2.76个、下降4.48个和上升2.86个百分点。农村商业银行和合作银行占比为10.14%，较上年下降1.07个百分点。

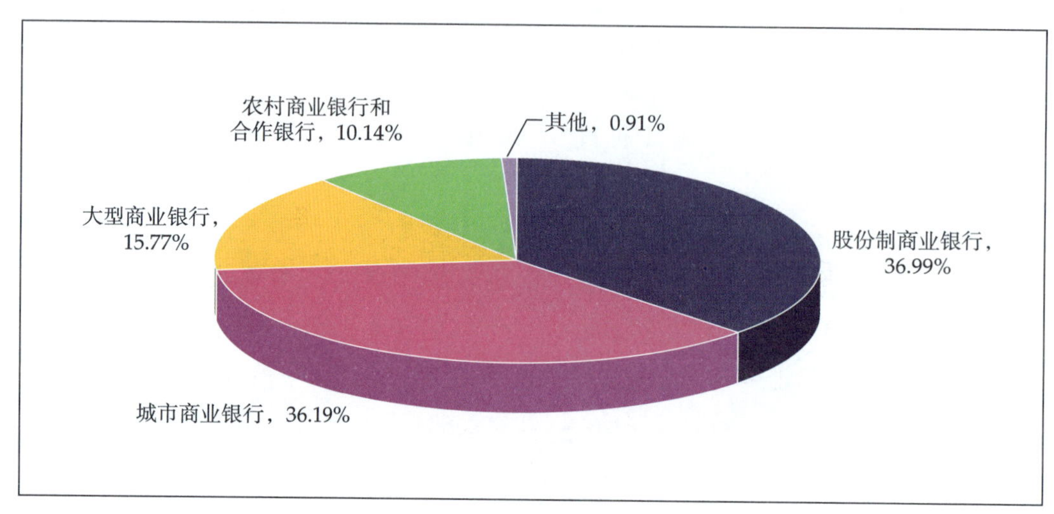

图2-17 2020年同业存单发行主体结构

（数据来源：中国外汇交易中心）

2. 存单发行利率先降后升，波幅扩大

2020年，同业存单加权平均融资成本由年初的3.20%下降至2.87%。3个月期同业存单加权利率由年初的2.60%降至4月底1.40%的低位，年末回升至2.60%，全年加权平均利率为2.60%，较上年下降37个基点，为历年来最低值。股份制商业银行3个月期同业存单发行利率波动区间为1.21%～3.29%，较上年波动区间2.45%～3.20%扩大，波幅较上年扩大133个基点。

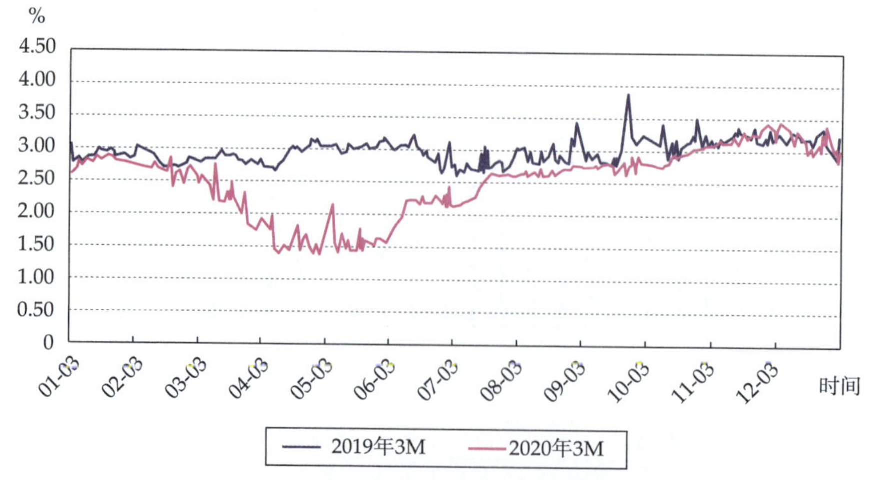

图2-18 2019年与2020年3M同业存单利率走势

（数据来源：中国外汇交易中心）

3. 1年期存单发行占比下降，6个月和9个月存单发行占比上升

2020年，同业存单发行期限以1年、3个月和6个月为主，发行量占总发行规模的占比分别为29.65%、26.79%和18.38%。1个月、3个月和1年期同业存单的发行量占比较上年分别下降1.77个、2.17个和9.47个百分点。6个月和9个月存单发行量占比较上年分别上升7.05个和4.70个百分点。

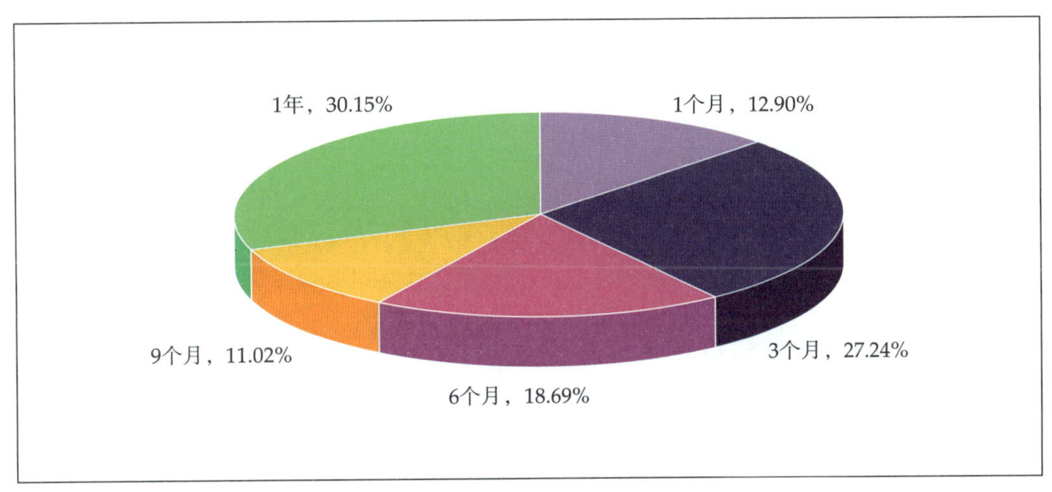

图2-19 2020年同业存单发行期限结构

（数据来源：中国外汇交易中心）

4. 农村商业银行、农村合作银行和政策性银行是同业存单二级市场最大的净买入方

2020年，同业存单二级市场全年季度平均成交金额为41.83万亿元，在现券市场中交易占比为21.54%，排名第二。从机构类型看，净买入最多的是农村商业银行和农村合作银行，金额达1.37万亿元，占净买入总量的27.95%；其次是政策性银行和理财产品，占比分别为21.24%和13.04%。净卖出最多的是股份制商业银行，金额达1.81万亿元，占净卖出总量的36.96%；其次是证券公司和城市商业银行，占比分别为29.80%和29.63%。

（三）发展展望

2021年，我国银行体系流动性将继续保持合理充裕，同业存单市场将继续平稳有序发展。同业存单发行利率将有所回升，发行期限配置更趋合理，市场参与主体多元化趋势将持续。同业存单的线上化、电子化、透明化优势，将促进货币政策信号传导，提升金融机构主动负债能力。同业存单路演功能将进一步提升价格发现功能，提高发行利率形成的合规性和有效性。

第三章　票据市场

2020年，面对新冠肺炎疫情的影响和冲击，票据市场总体运行平稳，承兑、贴现业务量稳步增长，票据交易市场活跃，再贴现规模保持增长，市场利率整体下行，充分发挥了货币政策传导、支持实体经济的市场功能，为宏观经济的企稳回升和支持民营、中小微企业发展发挥了积极作用。

一、运行情况

（一）票据市场业务总量稳步增长

全年票据各类业务总量148.24万亿元，同比增长12.77%。全年承兑发生额22.09万亿元，同比增长8.41%；背书发生额47.19万亿元，同比增长1.55%；贴现发生额13.41万亿元，同比增长7.67%；交易发生额64.09万亿元，同比增长25.81%，其中转贴现发生额44.11万亿元，同比增长13.61，质押式回购发生额19.54万亿元，同比增长64.26%，买断式回购发生额4 444.7亿元，同比增长462.91%。年末，商业汇票承兑余额14.09万亿元，较年初增长10.69%；贴现余额8.78万亿元，较年初增长7.29%；再贴现余额5 783.7亿元，较年初增长22.7%。

（二）票据市场主要利率总体下行

票据市场转贴现利率和回购利率先降后升，与货币市场主要利率走势一致。全年转贴现、质押式回购加权平均利率分别为

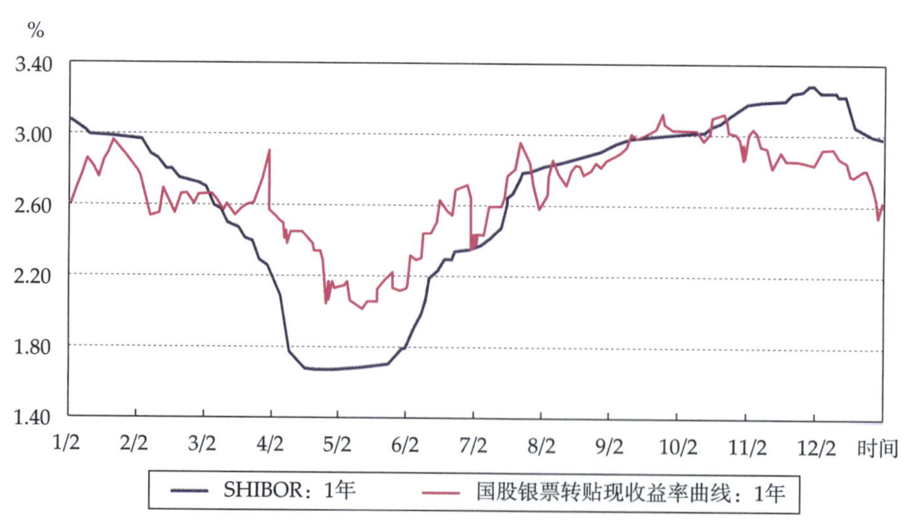

图3-1　2020年每日票据转贴现与Shibor利率走势对比

（数据来源：上海票据交易所）

2.71%和1.87%，同比分别下降60个和64个基点。转贴现加权利率自5月降至2.29%的历史低位后，跟随货币市场其他利率品种持续抬升至10月的2.91%，年末有所回落。3M、6M和12M转贴现利率与同期限的Shibor相关系数分别为0.68、0.80和0.89；1天期票据回购利率与存款类机构质押式回购利率（DR001）相关系数达0.98，7天期票据回购利率与DR007相关系数达0.80。全年贴现加权平均利率2.98%，同比下降47个基点，较LPR（1年期）平均低92个基点，充分体现了票据服务实体经济、降低企业融资成本的市场优势。

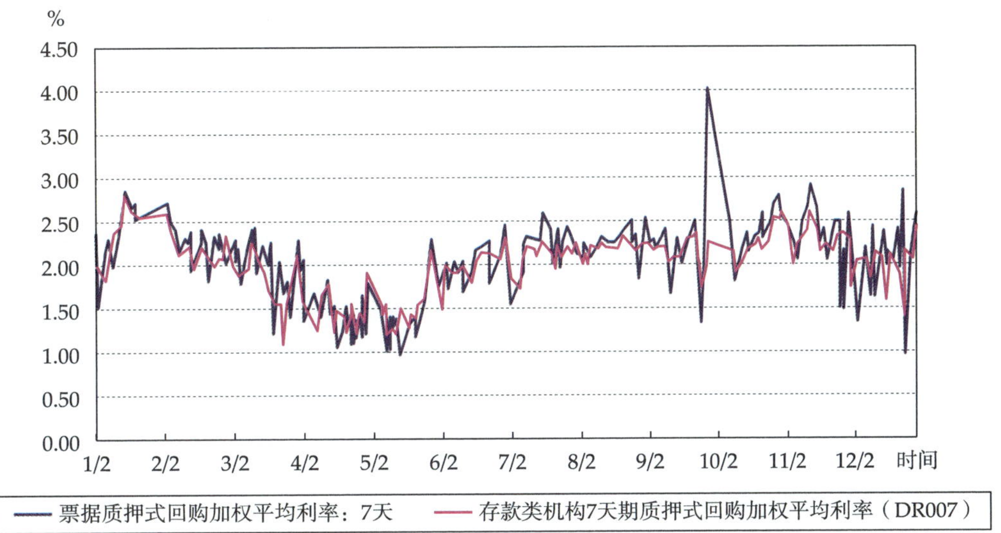

图3-2　2020年每日票据质押式回购与存款类机构质押式回购利率走势对比

（数据来源：上海票据交易所）

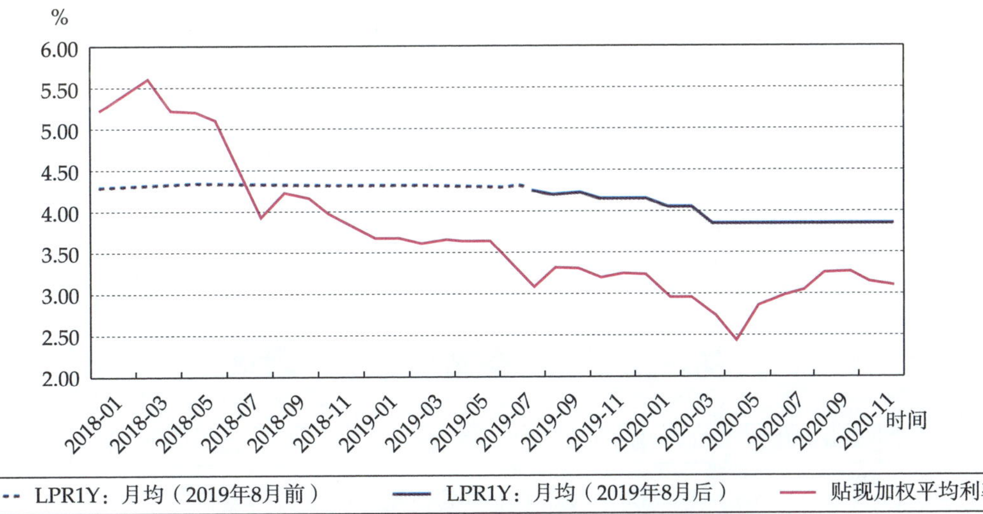

图3-3　2018—2020年票据贴现利率与LPR走势对比

（数据来源：上海票据交易所）

二、主要特点

（一）市场快速恢复正常运行，有力支持企业复工复产

年初新冠肺炎疫情发生后，根据中国人民银行统一部署，上海票据交易所迅速出台《关于进一步加强票据业务对新冠肺炎疫情防控工作支持服务的通知》（票交所发〔2020〕14号），通过提供特殊服务、启动应急机制、减免相关费用等，全力支持抗疫工作，助推企业复工复产。在企业各类融资方式当中，票据融资较快恢复到正常水平。3月承兑、贴现业务量分别达2.47万亿元和1.81万亿元，较2月疫情严重期分别增长91.26%和71.14%，快速恢复至往年同期水平。第一季度全市场票据承兑金额和贴现金额同比分别增长12.12%和22.26%；3月末票据承兑余额和贴现余额分别增长10.58%和13.19%。

（二）票据业务创新服务提升，有效支持实体经济和中小微企业发展

2020年，上海票据交易所上线供应链票据平台、持续推广标准化票据、“贴现通”和“票付通”等创新产品，深入推进商业汇票信息披露有关工作，并联合会员单位加强市场宣讲和业务拓展，进一步扩大票据市场服务半径，提升了票据市场对企业的覆盖面，增强了支持经济发展和稳企业保就业力度。全年企业承兑、背书、贴现金额合计82.7万亿元，同比增长4.27%；用票企业家数①合计270.58万家，同比增长11.22%。其中，小微企业用票金额44.03万亿元，占比53.24%；小微企业用票家数250.31万家，占比92.5%。

（三）商业承兑汇票签发占比明显提高，商业信用环境有所改善

2020年，商业承兑汇票（以下简称商票）签发金额3.62万亿元，同比增长19.77%；商票签发金额占比16.39%，较上年提升1.55个百分点；商票签发平均面额为124.7万元，同比下降11.08%。在金融政策进一步向小微企业倾斜的情况下，商业银行通过“核心企业签发商票、产业链上企业商票贴现”的形式扩大对小微企业的融资覆盖，推动了商票业务的快速发展。同时，票据市场电子化、透

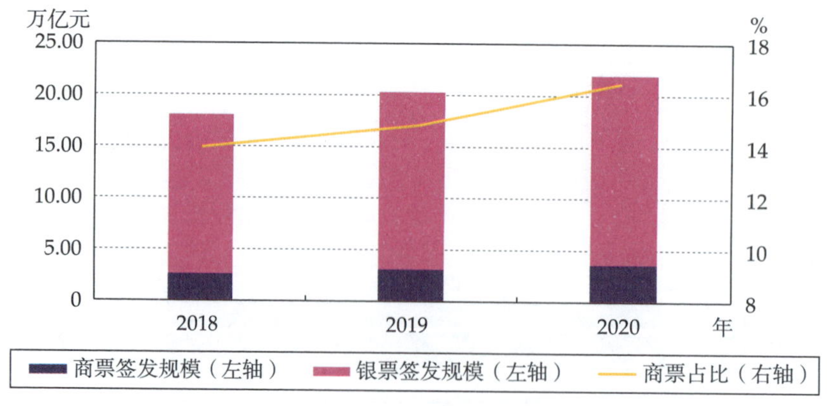

图3-4 2018—2020年票据签发规模及占比变化

（数据来源：上海票据交易所）

① 用票企业家数指承兑、背书和贴现发生额对应的企业家数合计数。

明度不断提高，也为商票活跃度提升、票面金额小额化创造了良好的条件。

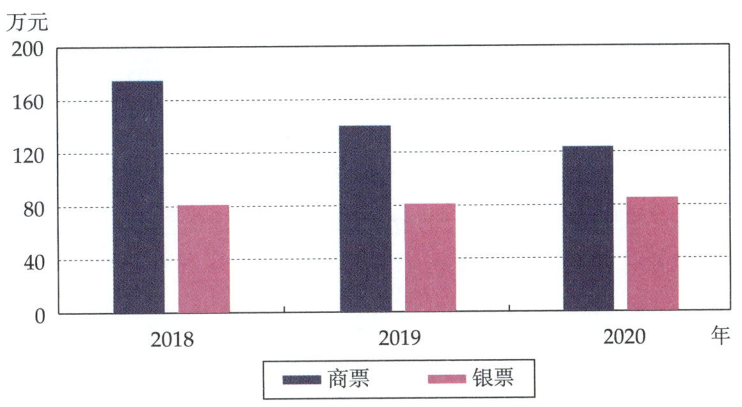

图3-5 2018—2020年票据签发平均面额变化

（数据来源：上海票据交易所）

（四）商业银行票据业务稳步增长，市场结构更趋均衡

一是银行承兑汇票承兑规模稳中有升，不同类型机构市场占比有所分化。2020年，全市场银行承兑汇票（以下简称银票）累计签发金额18.47万亿元，同比增长6.43%。其中，国有商业银行和股份制商业银行承兑占比分别为17.17%和44.87%，市场份额均稳中有升；城商行和农村金融机构承兑占比分别为26.63%和5.08%，同比分别下降1.19个和0.78个百分点。

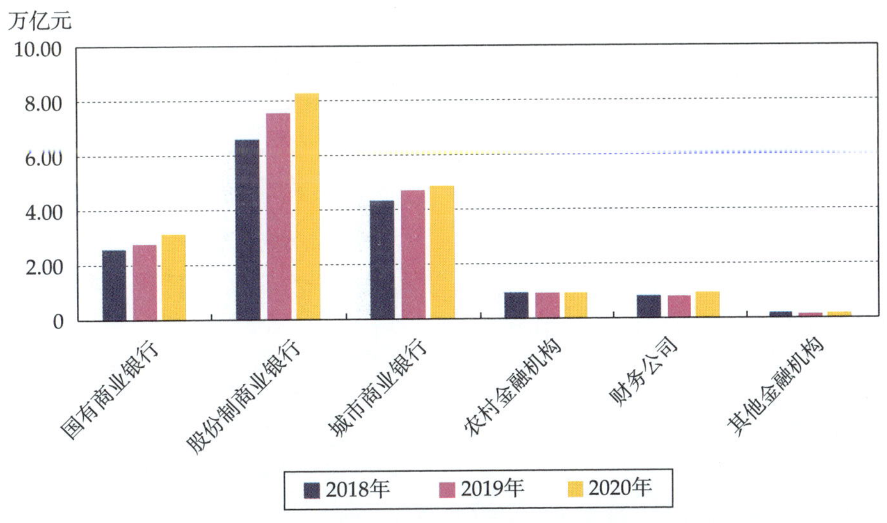

图3-6 2018—2020年不同类型机构银票承兑规模变化①

（数据来源：上海票据交易所）

① 其他金融机构包括外资银行等，下同。

二是贴现规模同比增长，线上融资较为活跃。“贴现通”业务破除贴现市场信息壁垒，在全国范围内实现待贴现票据和待投放资金的精准匹配。截至年末，累计有7 819家企业通过“贴现通”获得票据经纪服务，28 165笔票据达成贴现意向，贴现金额469.8亿元。多家商业银行大力推动“秒贴”业务发展，客户从发起贴现申请操作到放款成功不到一分钟，有效破解传统票据业务中存在的询价流程长、操作步骤多、到账时间久、财务成本高等痛点，进一步推动贴现业务线上化、“零接触”发展，实现了疫情防控和业务拓展之间的有效平衡。在各项创新业务的带动下，全年票据贴现13.41万亿元，同比增长7.67%；其中商票贴现1.03万亿元，增长9.85%。

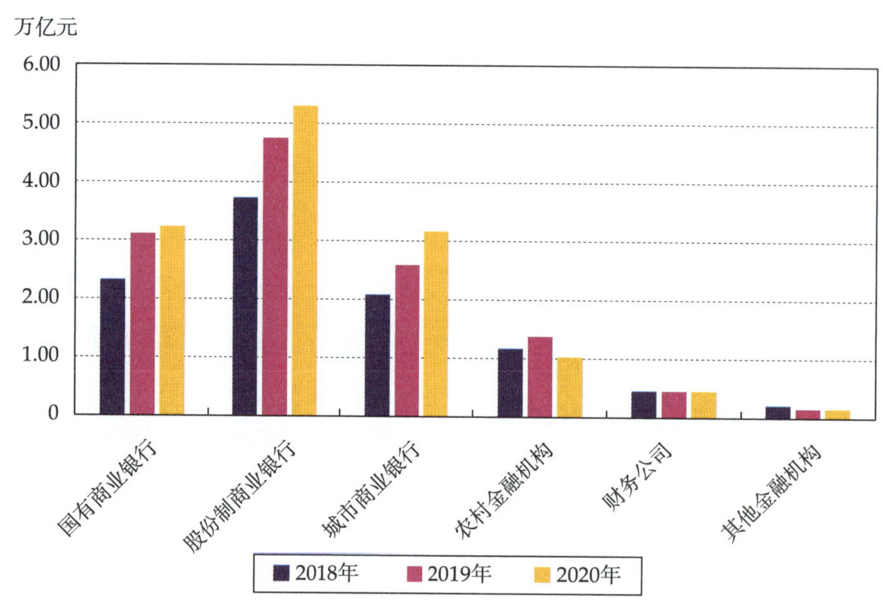

图3-7 2018—2020年不同类型机构票据贴现规模变化

（数据来源：上海票据交易所）

三是转贴现交易增长较快，中小机构交易活跃。2020年，全市场转贴现交易量为44.11万亿元，同比增长13.61%，增速与上年基本持平。股份制商业银行、城商行和农村金融机构转贴现交易规模靠前，其全年转贴现规模分别为19.13万亿元、13.62万亿元和9.25万亿元[①]，同比分别增长20.65%、13.79%和34.32%。

① 分机构类型的转贴现交易量按照买入和卖出双边统计，下同。

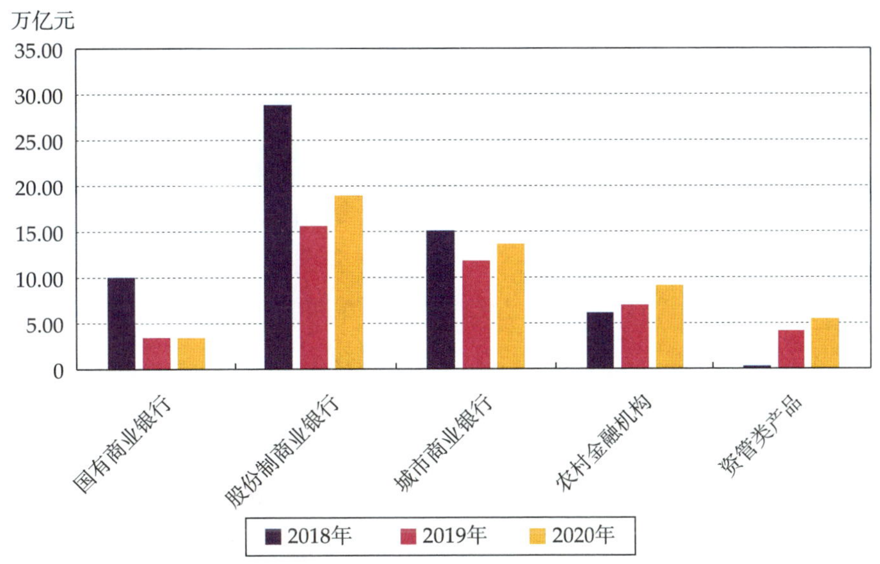

图3-8 2018—2020年不同类型机构转贴现交易规模变化

（数据来源：上海票据交易所）

四是票据回购交易总体活跃，质押融资功能持续增强。2020年，全市场回购量为19.98万亿元，同比增长64.87%，增速较上年略有回落。分机构类型看，国有商业银行回购量7.61万亿元[①]，增长31.35%；城商行回购量19.66万亿元，增长118.94%；农村金融机构回购量5.46万亿元，增长57.81%；证券公司回购量1.89万亿元，增长458.36%；股份制银行回购量5.01万亿元，下降8.47%。

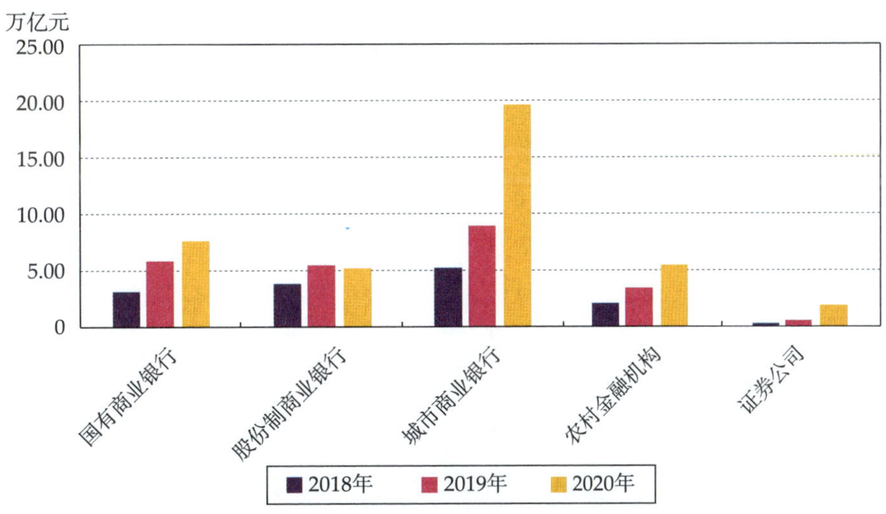

图3-9 2018—2020年以来分机构类型票据回购规模变化

（数据来源：上海票据交易所）

① 分机构的回购量按照正回购和逆回购双边统计，下同。

（五）再贴现业务量持续增长，再贴现政策实施精准有效

2020年，中国人民银行认真贯彻落实党中央、国务院“稳企业、保就业”工作部署，及时出台疫情防控30条等一系列金融政策措施，连续推出再贷款再贴现支持政策，加大再贴现投放力度，下调再贴现利率，支持抗疫保供、复工复产和中小微企业等实体经济发展。再贴现年末余额5 783.7亿元，较年初增长22.7%。再贴现政策的精准实施，有效引导金融机构降低企业融资成本，增强了政策的普惠性，实现了对实体经济和小微民营企业快速精准投放，对金融支持稳企业保就业发挥了导向作用，为小微、民营企业有序复工复产和稳企业保就业提供了有力的金融保障。

三、产品创新、制度建设及基础设施建设

（一）票据市场业务创新加快

1.《标准化票据管理办法》正式实施

为规范标准化票据融资机制，更好服务中小企业融资和供应链金融发展，2020年6月28日，中国人民银行发布了《标准化票据管理办法》，对标准化票据定义、主要参与机构、基础资产、信息披露、投资人保护及管理框架进行了明确和规范。7月28日，《标准化票据管理办法》正式实施。同日，上海票据交易所发布《标准化票据基础资产托管结算规则》，明确了存托机构办理存托业务前的接入准备，规范了相关账户的开立和管理要求，规定了基础资产的登记托管、到期处理和清算结算规则；上海票据交易所、全国银行间同业拆借中心和上海清算所联合发布《标准化票据信息披露规则》，明确了标准化票据的信息披露义务人、信息披露平台、信息披露方式等，规范了创设前、创设后和存续期信息披露的相关要求。2021年1月26日，全国银行间同业拆借中心、上海票据交易所和上海清算所联合发布《标准化票据存托协议（2020年版）》，推荐市场成员签署使用。截至2020年末，标准化票据成功创设57只，金额61.18亿元，已完成兑付31只，兑付金额32.26亿元，未出现兑付失败的情况。

标准化票据以票据作为基础资产，联通票据市场和债券市场，有利于发挥债券市场的专业投资和定价能力，增强票据融资功能和交易规范性，拓宽中小企业票据融资渠道，更好契合金融机构资金交易特点和支持中小金融机构流动性管理。

2. 供应链票据平台上线运行

为贯彻落实国家关于规范发展供应链金融的决策部署，助力加快构建国内国际双循环新发展格局，在中国人民银行的指导下，上海票据交易所依托电子商业汇票系统，建设了供应链票据平台，并于2020年4月24日投产运行。供应链票据平台对接符合条件的供应链平台，为企业提供商业汇票全生命周期电子化服务，支持金融机构通过贴现、标准化票据等方式为企业融资。

自投产上线以来，供应链票据平台已接入中企云链（北京）金融信息服务有限公司、简单汇信息科技（广州）有限公司、上海欧冶金融信息服务股份有限公司等3家供应链平台以及中国互联网金融协会，服务的企业覆盖制造业、批发零售、软件信息、化工、农业、医药等行业。参与供应链票据业务的金融机构达数十家，为开展供应链票据

业务的企业提供开户行服务，作为贴现人为企业提供贴现融资或作为存托机构创设标准化票据等服务。2020年7月，供应链票据平台入选“中国（上海）自由贸易试验区第十批金融创新案例”。

通过供应链票据平台签发的电子商业汇票即供应链票据，具有四方面的创新和应用价值：一是将票据嵌入供应链场景，企业可直接通过供应链平台完成供应链票据业务操作，推进了票据的供应链场景化使用。二是科技赋能，创新实现等分化签发，提高了企业用票的灵活性，解决了企业持票金额与付款金额不匹配的痛点。三是提高企业融资可得性。供应链场景下企业间的交易关系更加清晰，供应链票据更容易以优惠价格获得融资。四是有利于促进商业承兑汇票市场发展。供应链票据通过供应链平台的连接形成了独特的运行机制和业务模式，可利用资金流、信息流、 物流等信息综合甄别和监测交易真实性，增强信息协同效应，提高了基于商业信用的商业承兑汇票的可接受度。

（二）商业汇票信息披露机制正式建立

为防范票据业务风险，加强票据市场信用体系建设，保障持票人合法权益，2020年12月23日，中国人民银行公告〔2020〕第19号发布，规范商业承兑汇票信息披露工作。12月30日，上海票据交易所配套发布《商业承兑汇票信息披露操作细则》。相关制度的公布和实施，标志着商业汇票信息披露机制的建立。

1. 明确票据信息披露责任主体及披露要求

制度明确了商业汇票承兑企业为信息披露责任主体，财务公司承兑汇票的信息披露参照执行。规定自2021年8月1日起，承兑企业和财务公司应当按要求公开披露票据承兑信息和承兑信用信息，并且要求信息披露责任主体应当对披露信息的真实性、准确性、及时性和完整性负责。

2. 强化市场参与者信用风险防控能力

商业汇票信息披露机制有助于市场参与者判断承兑人履约情况，强化了市场参与者信用风险防控能力。企业在签收商业汇票前，可通过票据信息披露平台查询票据承兑信息以及承兑信用信息，提前识别相关票据风险，优化投资决策，保障自身权益。

一是要求披露“累计承兑发生额”和“承兑余额”，帮助市场参与者提前了解承兑人承兑情况，判断是否存在过度承兑的信用风险，制约承兑人超过兑付能力过度承兑。

二是要求披露近5年内“累计逾期发生额”和“逾期余额”，帮助市场参与者了解承兑人的中长期票据信用状况，对引导承兑人提升商业信用意识，制约恶意拒付等失信行为形成长效性约束机制。

3. 构建商业汇票信息披露激励和惩戒机制

一是明确要求对存在“开展商业汇票承兑业务，但未在票据信息披露平台进行注册”“经开户机构报告电票业务账户被有权机关认定为伪假”“连续三个月未披露承兑信用信息”“6个月内出现3次以上付款逾期”，以及其他监测中发现的异常披露情况的承兑人进行全市场公开提示。

二是明确规定金融机构办理商业承兑汇票的贴现、质押、保证等业务前，应当通过票据信息披露平台查询票据承兑信息，票据承兑信息不存在或者票面记载事项与承兑人披露的信息不一致的，金融机构不得办理票据贴现、质押、保证等业务。

三是明确规定承兑人披露信息如若存在延迟、虚假或者承兑票据持续逾期的，要求金融机构应当审慎办理银行承兑业务，审慎为承兑人承兑票据办理贴现、质押、保证等业务。

四是明确规定承兑人披露信息及时、准确且承兑票据无逾期记录的，金融机构可以优先为承兑人办理承兑和贴现业务。

信息披露制度的激励机制提高了承兑人信息披露积极性，有利于引导资金向高信用企业倾斜，促进优质承兑企业信息披露与商票融资成本降低、便捷性提升之间的良性循环互动，引导企业提高信用意识，规范票据业务操作，主动及时开展信息披露。相关惩戒机制增加了承兑人的违约成本，有利于促进承兑人及时履行信息披露义务，增强商业信用意识，优化票据市场信用环境。

（三）电子银行承兑汇票提示付款自动拒付规则应需出台

由于部分金融机构作为电子银行汇票承兑人对其在电子银行汇票系统中收到的提示付款申请怠于应答，导致持票人无法通过系统正常行使追索权，随着时间推移还面临丧失票据权利的风险，严重损害持票人权益，对票据信用造成不利影响。为此，上海票据交易所在中国人民银行指导下，于2020年10月23日发布《上海票据交易所关于规范电子银行承兑汇票提示付款应答的通知》（票交所发〔2020〕131号），明确了电子银行承兑汇票未应答情况的处理规则。

一是明确怠于应答视同拒绝付款。根据电子银行承兑汇票提示付款自动拒付规则，电子银行承兑汇票承兑人在票据到期后收到持票人通过电子商业汇票系统发起的提示付款请求限期未应答的，视同拒绝付款。该规则既符合最高人民法院关于“付款人客观上无力履行付款义务而无法付款的，属于实质上拒绝付款”的法律精神，又满足了票据市场发展需求，得到市场的广泛认可。

二是给予承兑人合理的应答期限。为便于承兑人做好资金调剂和流动性管理，提示付款自动拒付规则给予了承兑人合理的应答期限，规定承兑人在收到提示付款请求次日（遇法定休假日、大额支付系统非营业日、电子商业汇票系统非营业日顺延）仍未应答的，视同拒绝付款，客观上应给予承兑人一定的应答时间。

提示付款自动拒付规则有利于保障票据当事人的合法权益，维护票据市场的信用基础。同时，规则的制定开创性地突破了电子商业汇票系统以往仅能被动应答的限制，通过自动拒付的规则设置，提升了系统功能对于各类业务场景的适应性，有机结合了市场实际需求、现有制度规范和系统优化改造，充分发挥了上海票据交易所作为金融市场基础设施，在金融市场制度建设及风险防范领域的推动作用，有助于票据市场长期平稳健康发展。

四、风险防范与处置

（一）建设大数据智能化票据监测预警平台

为防范票据市场风险，上海票据交易所积极构建和完善票据市场监测机制，建设大数据智能化票据监测预警平台（以下简称监测平台）。监测平台于2018年11月完成一期投产上线，经过不断完善优化，平台功能日渐成熟。2020年新增多项监测指标，进一步完善了指标体系。监测平台已实现一系列技术创新，自主研发的统计分析优化引擎，可基于用户选择实现分析语句的自动智能优化，提高分析效率；通过高度业务抽象和建模，减少复杂分析场景的资源消耗，提高运行效率；综合运用前后端多级缓存和后台数据库分页技术，提高复杂准时分析的效率，提升用户体验；自主开发的智能报表数据可视化技术，提升了业务监测和分析效率。

监测平台的建设和完善，改善了人工监测效率低下的问题，使票据市场监测转向“全面化、自动化、智能化”，实现了对票据市场风险的早识别、早预警，有效提升了市场风险监测的及时性、准确性和高效性。

（二）推出票据账户主动管理服务

为防范伪假票据风险，上海票据交易所于2020年10月30日发布《上海票据交易所关于开通票据账户主动管理服务的通知》（票交所发〔2020〕143号），并于2020年11月2日开通票据账户主动管理服务功能。票据账户主动管理服务是上海票据交易所提供的，由客户（金融机构以外的法人及其他组织）委托一个具有电票功能的结算账户的开户机构（开户银行或所属集团财务公司）在上海票据交易所相关系统（以下简称票交所系统）登记该客户所有可办理电票业务的结算账户信息的服务。该服务通过客户自行确认结算账户的方式，确保所登记的结算账户均被客户认可，即使客户被不法分子冒名开户，也无法以客户名称办理电票业务，从而防范了被冒名开户办理伪假票据的风险。

票据账户主动管理服务功能具有两大特点：一是客户自愿办理。客户可以根据自身票据业务开展和内部风险控制情况，自愿开通票据账户主动管理服务功能。二是客户自行确认具有电票业务权限的结算账户。客户将确认可以办理电票业务的结算账户委托开户机构在票交所系统登记，并可办理电票业务；未登记的结算账户不具备票据业务权限，不能办理电票业务。

推出票据账户主动管理服务，一是有利于防范伪假票据业务的风险。票据账户主动管理服务通过建立客户账户白名单方式，有效协助客户防范了伪假票据风险。自票据账户主动管理服务开通以来，已开通该服务的客户未再发生被冒名开户办理伪假票据业务的事件，有力地维护了票据市场正常的结算秩序。二是增加票据接收度，提升客户信誉。上海票据交易所提供票据账户主动管理服务后，在防范伪假票据风险的基础上定期公布开通票据客户主动管理服务客户名录，让市场对该类客户的票据可以放心使用，增加了客户承兑或持有票据的市场接受度，也有效提升了客户的信誉。三是协助金融机构加大客户服务力度，加强银企合作。金融机构向客户提供票据账户主动管理服务功能，可以协助其客户防范伪假票据、加强客户结算账户管理，增强银企合作，从而进一步增加与客户的黏合度，以此为切入点为客户提供更优质的全方位服务。

五、发展展望

2021年，票据市场的高质量发展和不断创新将进一步提升其服务中小企业功能，在推动供应链金融规范发展和创新，支持供应链产业链稳定循环和优化升级中发挥积极作用。商业汇票信息披露制度落地、等分化票据项目建设加快推进等也为票据市场，特别是商业承兑汇票市场的发展奠定了更加坚实的基础。各类票据市场主体将进一步落实票据市场各项创新、协调、可持续发展要求，为实体经济、中小微企业的转型发展提供更加有力的金融支持。

专题一 加强供应链票据平台功能建设 推动供应链金融服务规范发展

一、票据是契合供应链金融发展特点的金融工具

供应链金融作为一种新型的金融模式，创新性地将供应链的理论引入企业的金融活动。对企业提供金融服务时，以供应链视角，通过整合供应链上的资金流、信息流、物流、商流，来衡量评估供应链上大中小微各类企业的实际状况，响应企业的资金需求，能够帮助企业获得传统金融难以提供的贸易融资和流动资金，有效解决中小微企业融资难题，释放中小微企业的创新活力。

票据天然契合供应链企业的需求，在便利企业支付、结算、融资中发挥着重要作用，是契合供应链金融发展特点的金融工具。同时，票据是法定的应收账款确权凭证，具有法律关系清晰、流转和融资体系完备、监管制度健全等优势。上海票据交易所自成立以来，通过制度建设和系统建设，重构了票据市场的生态环境，推动票据市场从区域分割、信息不透明、以纸质票据和线下操作为主的传统市场向全国统一、安全高效、电子化的现代市场转型，为深化票据在供应链金融中的应用奠定了坚实基础。

二、构建新型平台，推动产业链良性循环

为积极贯彻落实国家关于规范发展供应链金融的决策部署，加强供应链金融配套基础设施建设，进一步发挥好票据在供应链中的作用，提升票据服务实体经济效能，在中国人民银行的指导下，上海票据交易所积极探索，将传统的票据业务流程嵌入供应链，推出了供应链票据平台。供应链票据平台于2020年4月24日试运行，依托电子商业汇票系统（ECDS），通过与符合条件的供应链平台对接，为企业提供电子商业汇票的出票、承兑、背书、保证、贴现、存托、转贴现、到期处理等功能。通过供应链票据平台签发的票据即为供应链票据。

供应链票据平台连接了供应链平台、核心企业、金融机构，通过科技赋能，有机整合了资金流、信息流、物流、商流，不仅为企业提供通过供应链平台办理票据业务的新渠道，使其开展票据业务更加方便、快捷，而且切实满足了企业差异化、零碎型的需求，帮助企业有效压降应收账款、加快资金周转，改善供应链生态系统，有助于推动形成产业链良性循环格局。

三、创新应用价值初显，服务产业链高质量发展

供应链票据平台是推动应收账款票据化的重要措施之一，作为传统票据的升级版，供应链票据主要通过以下三个方面服务供应链产业链高质量发展。

一是将票据嵌入供应链场景，提升企业票据服务的便利性。供应链平台运用科技手段，已将核心企业与产业链上下游企业之间的物流、商流、信息流、资金流等信息进行整合，企业间的交易关系更加清晰。供应链票据平台为企业提供了办理票据业务的新渠道，企业可直接通过供应链票据平台完成供应链票据的签发、流转和融资，从而进一步推进票据的供应链场景化使用，提升企业办理票据业务的便利性和企业用票意愿，从源头上促进应收账款票据化。

二是通过金融科技赋能，创新实现票据等分化签发。供应链票据平台通过技术手段创新实现了票据的等分化签发，目前供应链票据最小金额是0.01元。具体而言，企业A向企业B签发1万元供应链票据，实际相当于签发了100万张0.01元供应链票据组成的票据包，企业B收到这1万元票据后，可根据实际支付需要将任意金额的供应链票据进行背书转让，如可以继续向上游供应商转让0.5万元供应链票据，另外0.5万元供应链票据可以持有到期或进行贴现、标准化票据融资，这解决了企业持票金额与付款金额不匹配的痛点，提高了企业用票的灵活性，最大限度盘活了企业资产。

三是传递核心企业优质信用，提高企业融资可得性。由于供应链场景下企业间的交易关系更加清晰，且供应链票据可以有效实现信用传递，让产业链上的中小微企业分享核心企业的优质信用，因此，供应链票据不仅能更加深入地触及产业链末端长尾企业，而且能更容易地获得金融机构的优惠融资价格。同时，供应链票据还可以开展标准化票据融资，通过票据市场与债券市场的联通，为企业融资引入债券市场资金，拓宽了企业融资渠道。此外，基于上海票据交易所“贴现通”的实践经验，可开发供应链票据贴现撮合功能，助力企业获取最优贴现利率。在供应链票据融资实践中，通常贴现利率较同期贷款利率低100~150个基点，有效为企业节约了成本。

四、夯实制度规则，保障业务规范开展

为落实中国人民银行等八部委《关于规范发展供应链金融支持供应链产业链稳定循环和优化升级的意见》（银发〔2020〕226号），上海票据交易所制定了《供应链票据平台接入规则（试行）》（以下简称《接入规则》），经中国人民银行备案同意，于2021年1月28日发布施行。

《接入规则》明确了接入供应链票据平台的供应链平台需要具备的条件，涉及供应链平台持续运营、系统功能、安全保障、业务基础、风险管理等方面。同时，为落实226号文关于完善供应链信息与票据信息的匹配，探索建立交易真实性甄别和监测预警机制的要求，《接入规则》对供应链平台的监测评估也提出了相应要求，规定了异常情况处理措施，有利于保证供应链平台规范开展业务，保障供应链票据平台稳定运行。接入标准和流程规则的明确，对于促进供应链票据业务健康发展具有重要意义。

第四章　债券市场

2020年，中国债券市场总体发展平稳，债券发行规模增长显著，现券交易活跃度有所提高，债券价格指数先降后升，收益率先降后升，投资者数量不断增加，对外开放力度规模加大，推动债券市场基础设施统筹管理和互联互通，市场监管力度进一步加强，债券市场服务实体经济质效进一步提升。

一、运行情况

（一）一级市场

1. 发行量显著增长

2020年，全国债券市场共发行各类债券57.3万亿元，较上年增长26.5%，增速提高23.4个百分点。其中，全国银行间债券市场发行量为48.7万亿元，同比增长27.9%，增速提升27.3个百分点，占债券市场发行总量的85.0%；交易所债券市场发行量为8.6万亿元，同比增长18.2%，增速回落7.4个百分点，占债券市场发行总量的15.0%。

分券种看，发行量最大的三个券种依次是同业存单、公司信用类债券和金融债券，发行量分别为19.0万亿元、12.9万亿元和9.3万亿元，分别较上年增长5.6%、33.1%和196.8%。

表4-1　2020年债券市场主要券种发行量

券种	发行量/亿元	同比增长率/%	券种	发行量/亿元	同比增长率/%
国债	70 173.3	75.0	同业存单	189 719.8	5.6
地方政府债	64 438.1	47.7	公司信用类债券	129 449.9	33.1
金融债券	92 558.2	196.8	其他	667.7	−98.2
政府支持机构债	3 580.0	−3.8	合计	573 113.1	26.5
资产支持证券	22 526.1	14.5			

数据来源：中国证监会、中央结算公司、上海清算所。

注：1. 金融债券包括国开行及政策性银行债、券商短融、银行间金融债券和交易所金融债券。其中，银行间金融债券是指在中国境内涉及的金融机构法人发行的金融债券，包括商业银行发行的普通金融债券、次级债、混合资本债、二级资本工具、永续债，保险公司发行的资本补充债券、汽车金融公司等非银行金融机构发行的债券。

2. 公司信用类债券包括非金融企业债务融资工具、企业债券、公司债券。

3. 其他包含国际机构债券、标准化票据、央票等。

2. 托管量平稳增长

截至2020年末，全国债券市场托管余额为117万亿元，同比增长18.1%。其中，全国银行间债券市场的债券托管量为100.7万亿元，同比增长16.5%，占全国债券市场托管量的86.1%；交易所债券市场的债券托管量为16.3万亿元，同比增长28.9%，占全国债券市场托管量的13.9%。

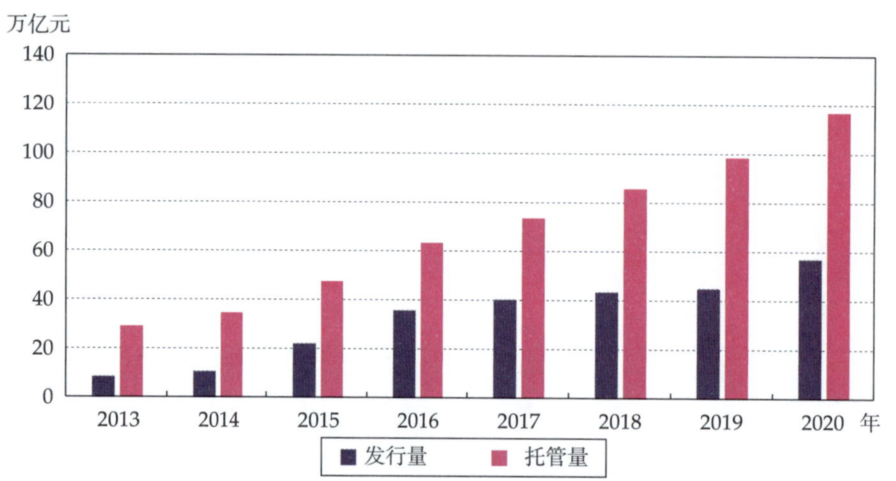

图4-1 债券市场发行量与托管量历史趋势

（数据来源：中国证监会、中央结算公司、上海清算所）

（二）二级市场

1. 交易量有所增长

2020年，债券市场现券累计成交253万亿元，同比增长16.5%，增速回落22.1个百分点。其中，银行间债券市场现券累计成交232.8万亿元，同比增长11.5%，增速较上年

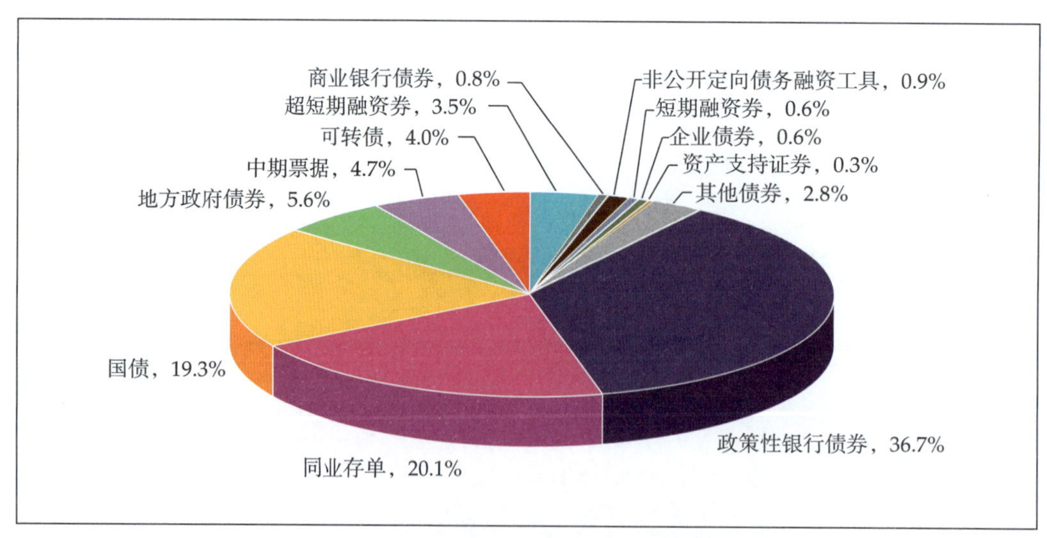

图4-2 2020年债券市场现券交易券种结构

（数据来源：上海清算所、中央结算公司）

（注：因数据四舍五入，占比之和不等于100%。）

回落27个百分点，成交量占全国债券市场现券成交量的92.0%；交易所债券市场现券累计成交20.2万亿元，同比增长141.6%，增速较上年大幅增长100.8个百分点，成交量占全国债券市场现券成交量的8.0%。

从银行间债券市场交易的券种结构来看，政策性银行债、同业存单、国债和地方政府债券是现券成交量排名前四的券种，占比分别为36.7%、20.1%、19.3%和5.6%，其中政策性银行债和同业存单交易量占比分别较上年下降5.5个和3.2个百分点，而国债和地方政府债交易量占比分别较上年上升3.1个和1.0个百分点。

从银行间债券市场现券交易的期限结构来看，剩余期限为0~1年、1~3年[①]、3~5年、5~7年、7~10年和10年以上的交易量分别为86.29万亿元、41.53万亿元、33.20万亿元、12.49万亿元、50.42万亿元和6.06万亿元，占比分别为37.5%、18.1%、14.4%、5.4%、21.9%和2.6%。

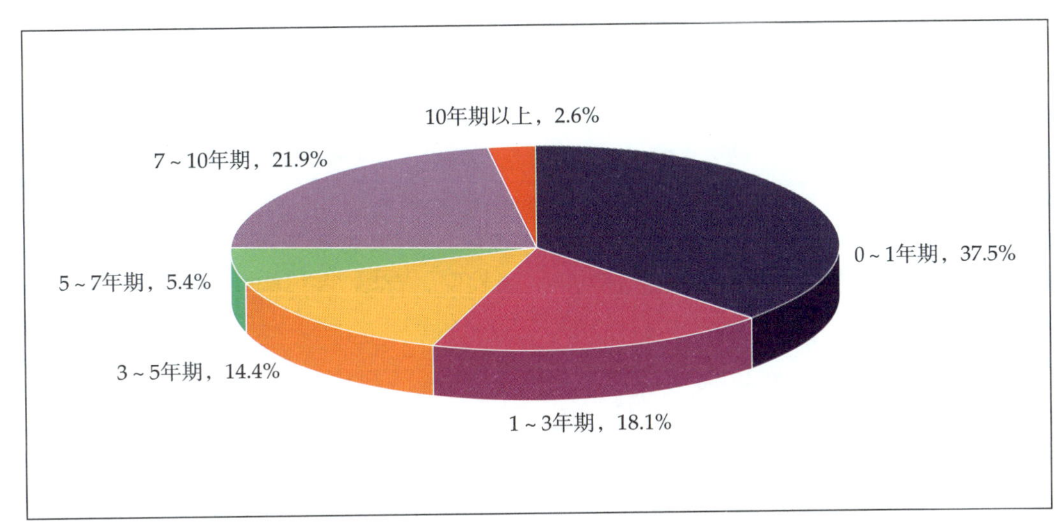

图4-3 2020年银行间债券市场现券交易期限结构

（数据来源：中国外汇交易中心）

（注：因数据四舍五入，占比之和不等于100%。）

2. 债券价格指数先升后降

债券价格指数总体呈先升后降的走势。其中，中债总财富（总值）指数年初大幅上涨，4月末达到全年最高点202.1，下半年逐步回落企稳，全年小幅上涨3.1%，即由2019年末的192.1上涨至2020年末的198.0；上海清算所银行间信用债综合指数全年呈现先升后降再回升的走势，最终由2019年末的126.8上涨至2020年末的131.0，全年涨幅为3.3%；上证企业债指数年内整体保持上升态势，从年初的238.80升至年末的249.44，增幅为4.5%。

① 其中，1~3年期债券包含期限为前闭后开，即包括1年期的债券但不包括3年期的债券。以下皆依此类推。

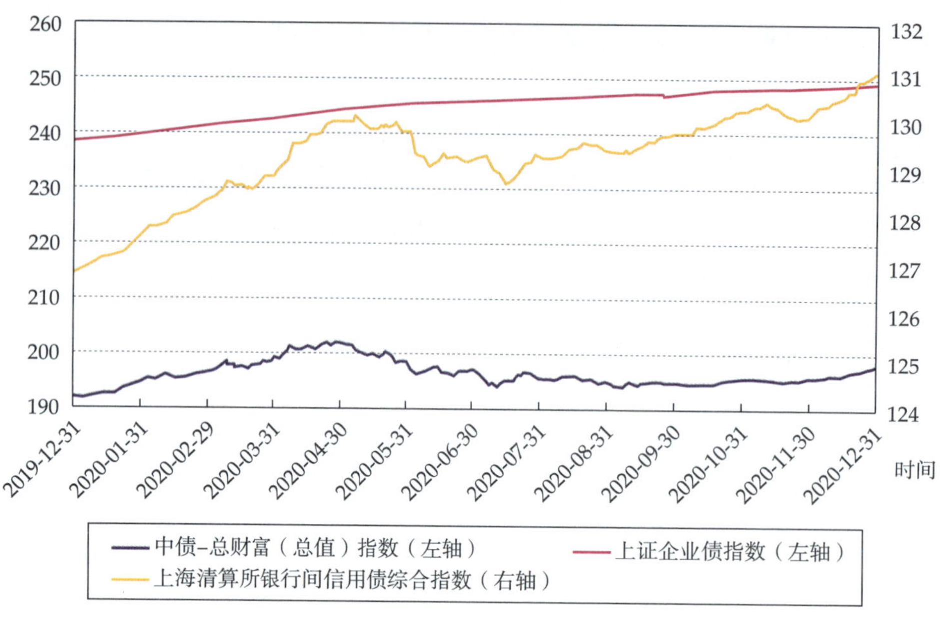

图4-4　2020年全国债券指数变化趋势

（数据来源：中央结算公司、上海清算所、上海证券交易所）

3. 投资者结构基本稳定

银行间债券市场投资者持债结构总体变化不大。截至2020年底，投资者持债规模排在前两位的分别为存款类金融机构和非法人类产品，分别达56.7万亿元和28.5万亿元，持债占比分别为57.5%和29.0%，与上年末基本持平。存款类金融机构与非法人类产品投资者持有比重最大的券种均为同业存单，分别占其持债规模的57.9%和38.3%。

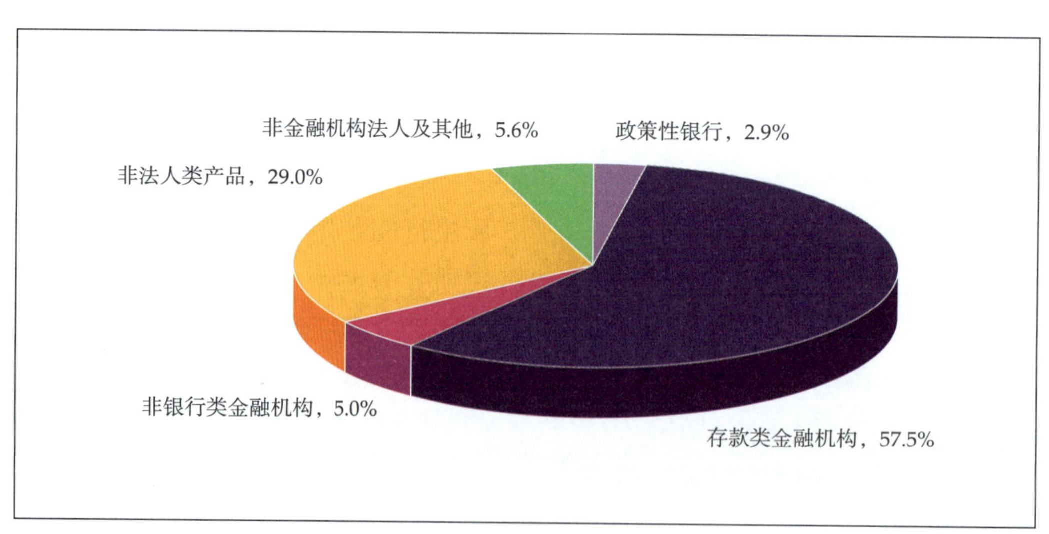

图4-5　银行间债券市场投资者结构

（数据来源：上海清算所、中央结算公司）

交易所市场投资者持债结构与上年基本一致。截至2020年底，上交所的资管专户和银行自营持债规模排名靠前，分别为2.6万亿元和2.0万亿元，占比分别为19.5%和14.8%；持债券种以公司债券和企业资产支持证券为主，规模分别为8.8万亿元和1.5万亿元，占比分别为66.7%和11.4%。截至2020年底，深交所的一般机构和基金公司持债规模排名靠前，分别为1.2万亿元和0.3万亿元，占比分别为48.0%和10.3%；持债券种也以公司债券和企业资产支持证券为主，规模分别为1.5万亿元和0.5万亿元，占比分别为60.6%和19.1%。

二、主要特点

（一）收益率先降后升

2020年，国债收益率全年走势先降后升。第一季度，受疫情影响，各期限国债收益率大幅下行；第二季度，国内疫情逐步得到控制，经济基本面平稳复苏，国债收益率逐步回升；第三、第四季度持续上行，但年末略微下行。截至2020年底，3个月、1年、3年、5年和7年期国债收益率分别为2.28%、2.47%、2.82%、2.95%和3.17%，分别较年初上升27.32个、5.79个、7.16个、3.56个和10.42个基点；而10年期国债收益率为3.14%，较年初下降0.56个基点。

2020年，交易所市场债券收益率同样整体呈现先下行后上升态势。第一季度公司债收益率大幅下行，第二季度末有所回升，第三、第四季度继续回升后有所下降。截至2020年底，1年、3年和5年期公司债收益率（AAA级）分别为3.18%、3.56%和3.80%，较年初分别上升3.37个、13.18个和7.45个基点。

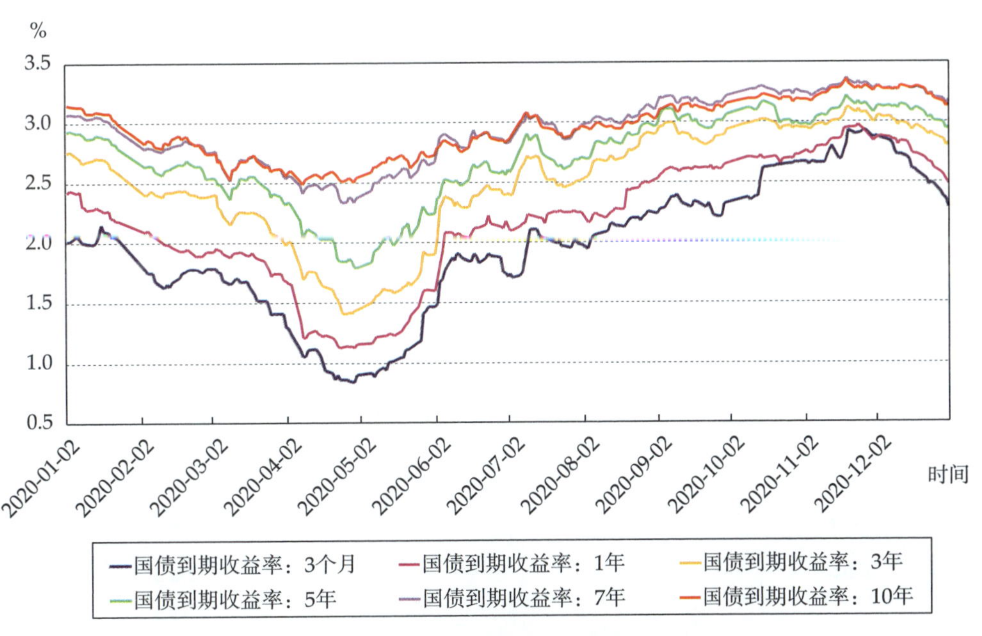

图4-6 2020年关键期限国债收益率走势

（数据来源：中央结算公司）

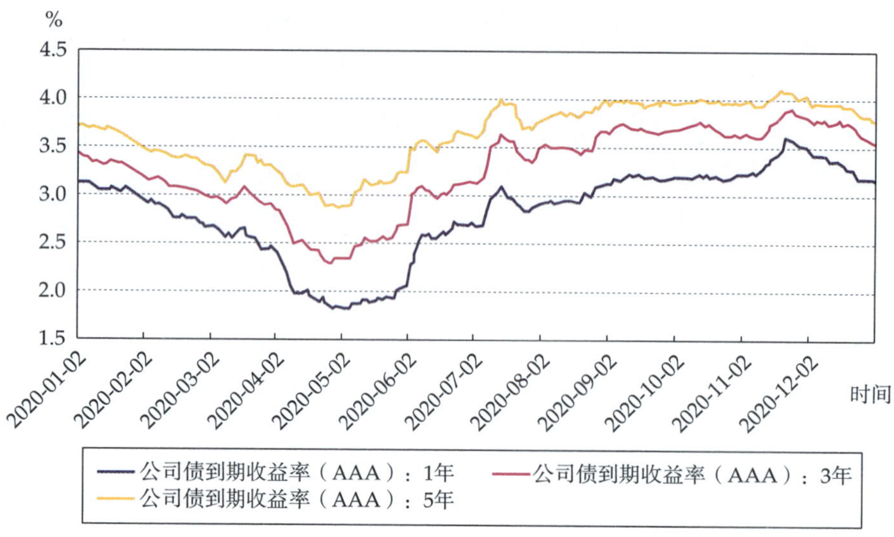

图4-7 2020年交易所公司债券（AAA）到期收益率

（数据来源：上海证券交易所）

（二）信用债发行大幅增长

2020年，公司信用类债券发行量大幅增长，发行规模达12.9万亿元，同比增长33.1%。其中，非金融企业债务融资工具和公司债券发行规模分别为9.1万亿元和3.4万亿元，分别占公司信用类债券发行总规模的70.5%和26.4%，同比分别增长34.0%和34.1%。

（三）交易活跃度高

2020年银行间债券市场的现券换手率仍较高，约为231.2%，同比下降10.3个百分点。其中，政策性银行债、同业存单和记账式国债交易活跃度最高，现券换手率分别为475.5%、435.3%和236.3%；记账式国债、地方政府债、商业银行债、非银行金融机构债、非金融企业债务融资工具和企业债的交易活跃度有所提高，同比分别上升14.0个、6.4个、18.7个、6.1个、16.5个和0.8个百分点。

表4-2 2020年银行间债券市场主要券种年换手率

券种	现券换手率（%）	同比变化（个百分点）	券种	现券换手率（%）	同比变化（个百分点）
记账式国债	236.3	14.0	非金融企业债务融资工具	188.1	16.5
地方政府债	52.1	6.4	同业存单	435.3	-29.7
政策性银行债	475.5	-89.3	企业债	56.0	0.8
政府支持机构债	52.2	-46.8	资产支持证券	21.8	-2.2
商业银行债券	81.0	18.7	国际机构债	11.0	-0.7
非银行金融机构债	59.2	6.1			

数据来源：中央结算公司、上海清算所。

注：现券换手率=期间现券交易量/期末托管量×100。

（四）境外投资者数量和投资规模快速增长

截至2020年末，共有905家境外机构主体入市，较上年末增加136家；境外机构在银行间市场的债券托管总量为3.25万亿元，同比增长47.9%。境外机构交易活跃度进一步提升，全年现券成交量达9.16万亿元，同比增长72.5%。

三、产品创新

（一）推出抗疫主题债券助力疫情防控

1. 发行抗疫特别国债

2020年，我国顺利发行1万亿元抗疫特别国债。募集资金主要用途：一是地方基础设施建设，包含公共卫生体系建设、重大疫情防控救治体系建设和产业链改造升级等12类项目。二是补助地方疫情防控支出，包含减免房租补贴、重点企业贷款贴息、创业担保贷款贴息、援企稳岗补贴、困难群众基本生活补助和其他抗疫相关支出。抗疫特别国债的发行有效增强了基层财力保障水平，为支持疫情防控、助推经济发展、做好"六稳"工作、落实"六保"任务提供了有力的资金保障。

2. 发行抗疫主题金融债、公司信用类债券和疫情防控ABS

2020年，抗疫主题金融债和公司信用类债券全力驰援战疫情。国家开发银行、中国进出口银行、中国农业发展银行等三大政策性银行发行疫情防控主题金融债券645亿元，募集资金主要用于疫情防控相关领域信贷投放。交易商协会建立注册发行"绿色通道"，简化优化注册发行流程，鼓励企业发行疫情防控债，全年支持重点地区、行业企业发行疫情防控债293只，规模为2 151亿元。交易所市场方面，上交所共发行疫情防控公司债110只，规模为1 078亿元；深交所共发行防疫固收产品81只，规模为838.4亿元。

2020年2月，中交二航局簿记发行全市场首单疫情防控ABS，该专项计划募集资金主要用于帮扶供应链上游中小型企业恢复生产，支持疫区一线抗疫企业、疫区相关医院及科研实验室等相关疫情防控项目的建设。截至2020年底，共发行疫情防控ABS 44只，规模合计750亿元，对支持疫情防控和保障生产经营平稳运行起到了积极作用。

（二）发行脱贫攻坚相关专题债券助力脱贫攻坚

2020年全年共发行2 739.74亿元地方债用于脱贫攻坚、易地扶贫搬迁等项目，为打赢脱贫攻坚战提供了重要资金保障。2020年2月中国农业发展银行在上海清算所成功发行50亿元战疫情、助脱贫双主题金融债券。4月，国家开发银行面向银行间债券市场和商业银行柜台市场发行脱贫攻坚专题债券110亿元。此外，2020年，8只交易商协会扶贫票据完成发行，规模为92亿元；33只上交所扶贫专项公司债券完成发行，规模为196亿元；10只深交所扶贫专项公司债券发行，规模为60亿元，贫困地区企业通过发行专项债券拓宽了融资渠道。

（三）推出中小银行转股型资本债券和发展专项债券

为贯彻落实国务院金融稳定发展委员会关于支持中小银行补充资本的要求，推动资本工具创新发展。中国人民银行会同银保监会研究制定转股型资本债券核心条款，推动转股型资本债券发展，提升中小银行服务实体经济的能力。2020年12月，中国人民银行批复宁波通商银行、浙江稠州银行首批转股型无固定期限资本债券，进一步丰富商业银行资本工具品种。2020年12月，广东省政府发行全国首单支持中小银行发展专项债券，此后多个省份成功发行专项债券，助力提升中小银行风险抵御能力和服务实体经济能力。

（四）绿色债券创新持续推进

2020年9月22日，国家主席习近平在第七十五届联合国大会一般性辩论上指出“我国二氧化碳排放力争于2030年前达到峰值，努力争取2060年前实现碳中和”，绿色金融受到各界前所未有的关注。截至2020年末，我国共发行绿色债券约1.2万亿元。其中，贴标绿色债券发行规模为2 580亿元，包含在岸贴标绿色债券2 166亿元、离岸贴标绿色债券414亿元。

1. 创新绿色金融债券相继成功发行

2020年4月，中国农业发展银行发行“两山”生态环保主题金融债券，开启生态环保主题金融债券常规发行的先河。7月，国家开发银行通过多市场发行首单“应对气候变化”专题“债券通”绿色金融债券，所募集资金将用于低碳运输等绿色项目。8月，中国建设银行发行的中资银行绿色债券首次在纳斯达克迪拜交易所上市，此次发行的债券获得气候债券倡议组织颁发的气候债券发行前认证。9月，中国银行在境外成功定价发行中资及全球商业机构首只双币种蓝色债券，将募集资金用于支持海洋污水处理相关项目及海上风电项目。

2. 绿色债务融资工具持续创新发展

2020年，47家企业在交易商协会注册绿色债券943.7亿元，发行543.7亿元，同比增长19%。同时，交易商协会推出蓝色债券和绿色ABCP等组合式产品，11月发行的“青岛水务集团2020年度第一期绿色中期票据（蓝色债券）”是我国境内首单蓝色债券，也是全球非金融企业发行的首单蓝色债券，募集资金用于海水淡化项目建设；同月发行的“中电投融和融资租赁有限公司2020年度绿能第一期绿色资产支持商业票据”是首单绿色ABCP，募集资金主要用于污染防治和新能源项目。

（五）推出知识产权证券化产品

推出知识产权证券化产品，助力国家创新驱动战略实施。自粤港澳大湾区发展规划纲要及深圳先行示范区相关文件出台以来，深交所与地方政府、知识产权监管部门及市场机构合作，2020年陆续发行全国首单百分百服务“战疫”企业的知识产权证券化产品、全国首单新一代信息技术产业知识产权证券化产品、全国首单生物医药产业知识产权证券化产品和全国首单5G专场知识产权证券化产品。截至2020年底，深交所已审批通过16单知识产权证券化项目，拟融资规模133.56亿元，其中已发行41.48亿元，市场份额占比近80%。2020年3月，上交所发行首单知识产权资产支持证券“浦东科创1期知识产权资产支持专项计划”。2020年10月，交易商协会首单民营科技中小企业专项知识产权ABN“上银国际投资（深圳）有限公司2020年度第一期精诚建泉深圳南山区知识产权定向资产支持票据”成功发行。目前，我国知识产权证券化产品已实现专利、商标和版权全覆盖。

（六）推出县城新型城镇化建设专项企业债

2020年8月，国家发改委办公厅印发《县城新型城镇化建设专项企业债券发行指引》（发改办财金规〔2020〕613号，以下简称《指引》），推出县城新型城镇化建设专项企业债券，旨在加快推进县城城镇化补短板强弱项工作，积极发挥企业债券融资在县城新型城镇化建设方面的积极作用。根据《指引》，县城新型城镇化建设专项企业债券由市场化运营的公司法人主体发行，募集资金用于符合《国家发展改革委关于加快开展县城城镇化补短板强弱项工作的通知》（发改规划〔2020〕831号）、市场化自主经营、具有稳定持续经营性现金流的单体项目或综合性项目。在偿债保障措施完善的前提下，允许使用不超过50%的债券募集资金用于补充营运资金。用于项目建设部分的募集资金，可偿还前期已直接用于募投项目建设的银行贷款。此外，支持县城特别是县城新型城镇化建设示范地区内主体信用评级优良的企业，以自身信用发行本专项企业债券。

（七）资产证券化产品创新力度大

2020年，多只资产证券化创新产品落地。在银行间市场，6月发行的“安吉租赁有限公司2020年度第一期（穗盈）资产支持票据”是首单ABCP，通过滚动发行模式缩短产品久期，进一步提升资产证券化产品盘活存量的效率；11月发行的“建元2020年第十二期个人住房抵押贷款资产支持证券”是首单双AAA国际评级RMBS产品。在交易所市场，4月发行的“华泰—浙商资产一期资产支持专项计划”是首单以特殊机遇债权作为底层资产的资产证券化产品，对地方资产管理公司盘活资产和拓宽融资渠道发挥了现实作用；5月发行的“中信证券—中国电建工程尾款1期资产支持专项计划”是国内首单以质保金作为基础资产的证券化产品，对大型建筑类企业进一步盘活存量资产和降两金具有积极意义；12月发行的“国金—徐工租赁八期资产支持专项计划”是首单短期限、可滚动发行的企业ABS产品。

专栏 创新创业债加速落地支持长三角一体化高质量发展

2020年2月，为贯彻落实党中央、国务院决策部署，经国务院同意，中国人民银行、银保监会、证监会、外汇局和上海市政府联合发布《关于进一步加快推进上海国际金融中心建设和金融支持长三角一体化发展的意见》（以下简称《意见》）。其中，《意见》第22条提出，推动G60科创走廊相关机构在银行间债券市场、交易所债券市场发行创业投资基金类债券、双创债务融资工具、双创金融债券和创新创业公司债（以下简称“双创债”）。“双创债”具有周期长、门槛低、发行利率低等特点，有利于拓宽科技型企业的直接融资渠道、降低融资成本、解决融资难题。

推动G60科创走廊“双创债”发行是贯彻落实习近平总书记重要讲话精神的体现，是落实长三角一体化发展国家战略和创新驱动发展战略的具体举措。人民银行上海总部，苏、浙、皖分支机构与三省一市地方金融监管部门、长三角G60科创走廊联席办，以及相关金融机构在政策完善、项目推荐和风险防控等方面通力合作，通过政策宣讲、业务辅导、分析答疑等方式，不断深化相关企业对发行“双创债”重要意义的认识，不断增强其对“双创债”的理解。在相关各方的持续推动下，“双创债”加速落地，全力支持长三角高质量一体化发展。2020年，G60科创走廊九城市累计发行“双创债”14单，涉及15家企业，累计融资72.8亿元。此外，已注册待发行额度30亿元。其中，涌现出了一批创新案例，如浦发银行通过民企债券融资支持工具项下交易型增信方式，承销了首单长三角科创企业集合短期融资券；苏州银行发行了全国银行类机构首单抗疫主题双创金融债；苏州金枪新材料有限公司发行了国内首单知识产权质押“双创债”等。

四、债券市场管理制度建设

（一）持续加强债券发行市场管理

1. 中小银行债券资本补充渠道持续拓宽

2020年，受新冠肺炎疫情冲击等因素影响，中小银行发展面临一定挑战。在此背景下，多种政策措施持续助力拓宽中小银行资本补充渠道。5月，国务院金融稳定发展委员会发布11条金融改革措施，其中包括出台《中小银行深化改革和补充资本工作方案》，强化债券市场对中小银行资本补充的支持。7月，国务院常务会议决定，在新增地方政府专项债限额中安排一定额度，允许地方政府依法依规通过多种方式，合理补充中小银行资本金。11月，财政部下达新增专项债券额度2 000亿元，用于支持化解地方中小银行风险。另外，2020年将永续债发行主体拓展至中小银行，30多家中小银行获批发行永续债，民营银行也获批发行了永续债。

专栏　地方政府专项债合理支持中小银行补充资本金

中小银行是我国金融体系的重要组成部分，是支持地方经济发展、服务中小微企业和“三农”的主力军。近年来，因资产规模扩展、资产质量下降、监管要求提升等因素影响，部分中小银行的资本充足率已低于10.5%的最低监管标准，中小银行补充资本金的紧迫性日益凸显。

专项债补充中小银行资本金是多方共赢的创新之举。一是财政金融政策联动的创新，可同时提升专项债的使用效率和中小银行的信贷能力，共同助力实体经济复苏发展。二是专项债使用方向的创新，拓展了专项债的投资领域，有利于缓解专项债额度充足但合格项目难找的问题。三是地方政府和中小银行的合作创新，可缓解信贷风险释放和信贷扩展对中小银行资本金构成的压力，同时强化地方政府在中小银行风险控制中的责任。从落地实践看，专项债补充中小银行资本金的方式包括增资扩股和转股协议存款。其中，增资扩股可补充核心一级资本，转股协议存款可补充其他一级资本。

2020年11月，用于支持化解地方中小银行风险的新增专项债券额度2 000亿元，分地区全部下达，共惠及18个省份，包括天津、河北、浙江、山东、广东、内蒙古、辽宁、吉林、黑龙江、山西、江西、河南、湖北、广西、四川、云南、陕西、甘肃等。12月，广东省出台首个地方政府发行用于补充中小银行资本金的方案《2020年广东省支持中小银行发展专项债券信息披露文件》，此批发行的中小银行专项债期限为10年期，发行后可按规定在全国银行间债券市场和交易所债券市场上市流通。截至2020年末，广东省（100亿元）、浙江省（50亿元）、山西省（153亿元）、广西壮族自治区（118亿元）、内蒙古自治区（85亿元）合计发行专项债券506亿元。

2. 建立疫情防控债注册发行“绿色通道”

2020年1月31日，人民银行、财政部、银保监会、证监会、外汇局联合发布《关于进一步强化金融支持防控新型冠状病毒感染肺炎疫情的通知》，强调提高债券发行等服务效率，明确对募集资金主要用于疫情防控以及疫情较重地区金融机构和企业发行的金融债券、资产支持证券、公司信用类债券建立注册发行绿色通道。2月3日，上海清算所开设“绿色通道”支持珠海华发集团有限公司、四川科伦药业股份有限公司和中国南山开发（集团）股份有限公司三家发行人完成全国首批疫情防控债券发行登记相关工作。2月3日，交易商协会发布《关于进一步做好债务融资工具市场服务疫情防控工作的通知》，建立债务融资工具注册发行绿色通道，积极支持相关企业债务融资工具的注册发行，保障银行间债券市场平稳运行。为应对新冠肺炎疫情，中央结算公司开发上线簿记建档远程发行新功能，以及与后续登记托管环节数据不落地传输，有效提高了全流程电子化程度，进一步提升了资产证券化项目簿记建档发行效率。

3. 企业债和公司债发行全面实施注册制

2020年3月1日，新《证券法》正式实施。同日，国家发改委发布《关于企业债券发行实施注册制有关事项的通知》，明确企业债券发行由核准制改为注册制；证监会发布《关于公开发行公司债券实施注册制有关事项的通知》，明确公司债券公开发行实行注册制。两部委均对债券发行条件和信息披露等作出相关要求，我国信用债发行正式进入正规化的注册制时代。7月，中央结算公司配套发布《企业债券受理工作规则（试行）》，正式上线运行企业债券受理审核系统，同时联合交易商协会发布《企业债券审核工作规则（试行）》和《企业债券注册发行业务问答》，信用债注册制体系进一步完善。11月，上交所制定了《上海证券交易所公司债券发行上市审核规则适用指引第1号——申请文件及编制》和《上海证券交易所公司债券发行上市审核规则适用指引第2号——特定品种公司债券》，规范公司债券发行上市审核工作和特定品种公司债券发行上市申请相关业务；同月，深交所关于发布《深圳证券交易所公司债券创新品种业务指引》第1—5号，初步形成注册制下公司债券创新产品序列规则体系。

4. 地方政府债券发行管理制度持续完善

2020年12月，财政部印发《关于印发〈地方政府债券发行管理办法〉的通知》（财库〔2020〕43号），结合近年来地方政府债券发行工作新形势、新要求，对原有发行管理暂行办法进行修订，从发行额度、期限、信用评级、信息披露、债券发行和托管等方面对地方债发行管理进行全面规范。该办法明确了地方财政部门应当在国务院批准的分地区限额内发行地方政府债券，同时应当根据项目期限、融资成本、到期债务分布、投资者需求、债券市场状况等因素合理确定债券期限结构。该办法还重申了此前地方债信息披露有关规定和相关要求，并且规定了地方政府债券应当在中央结算公司办理总登记托管。

5. 完善非金融企业债务融资工具注册发行业务制度规范

2020年，交易商协会修订发布多项债务融资工具注册发行相关制度，进一步升级注册发行规则体系，夯实市场发展基础。在注册制度机制方面，修订发布《非金融企业债务融资工具公开发行注册工作规程》和《定向发行注册工作规程》等，完善分层分类机制安排，优化企业储架发行便利，整合注册工作流程；在产品管理方面，修订发布中期票据等三项产品指引和发布《权益出资型票据信息披露表》，便利市场成员根据自身需求灵活开展融资，丰富企业权益投资融资渠道；在发行业务规范方面，修订发布《非金融企业债务融资工具发行规范指引》《非金融企业债务融资工具簿记建档发行工作规程》和《关于进一步加强债务融资工具发行业务规范有关事项的通知》，进一步强化发行定价市场化等规范性要求和优化簿记建档监督留痕机制，并且围绕严禁发行人自融、加强关联方认购披露和提升簿记操作规范等方面加强市场纪律约束。另外，修订发布了《定向债务融资工具专项机构投资人遴选细则》等来提升定向发行投资交易便利。

6. 落实减税降费政策减免债券发行人相关费用

2020年，上海清算所推出多项降费措施让利市场主体，2020年全年让利市场总计约5亿元。中央结算公司也在银行间债券市场开展降费工作，2020年降费总额超过5.2亿元。其中，全额减免年内湖北省地方政府、企业债发行人等各项费用近4 000万元。

7. 健全中介机构尽职履责制度要求

2020年6月，交易商协会组织市场成员修订发布《银行间债券市场非金融企业债务融资工具中介服务规则》，进一步完善主承销商团机制和加强中介机构尽职履责工作要求。12月，交易商协会修订发布《非金融企业债务融资工具主承销商尽职调查指引》，进一步明确主承销商尽职调查职责，完善尽职调查内容，细化各项工作要求，加大对违规行为的惩处力度，督促主承销商坚持职业操守、勤勉尽责和诚实守信。

（二）继续完善债券交易市场管理

1. 完善银行间债券市场现券做市业务制度

为贯彻落实《国务院关于取消和下放一批行政许可事项的决定》（国发〔2020〕13号），做好取消银行间债券市场双边报价商行政许可审批后的制度衔接，人民银行发布了《完善银行间债券市场现券做市商管理有关事宜》（中国人民银行公告〔2020〕第21号）。按照公告要求，为加强做市商事中事后管理，交易商协会全面修订《银行间债券市场现券做市业务自律指引》及《银行间债券市场现券做市业务评价指标》，对做市商展业和做市业务全流程提出要求，明确业务操作规范，并细化做市业务违规行为的表现形式，对于不当行为予以严肃惩戒；开展多维分类评价，客观展示做市商特色，引导做市商提升报价质量，提升信息透明度，并将评价情况应用于做市业务权限动态管理，进一步完善做市业务激励约束机制。此外，外汇交易中心还发布了《全国银行间同业拆借中心银行间债券市场现券做市商业务操作指引》，通过与做市商之间的做市协议建立市场化激励约束机制，同时强化对做市行为的监测和管理，进一步推动做市行为的市场化和规范化。

2. 加强银行间债券市场交易行为管理

自2020年以来，交易商协会加强对银行间债券二级市场的制度建设和纪律建设，全面修订债券交易、货币经纪、债券做市等交易自律规则，大幅细化机构业务内控和行为规范要求，完善交易自律管理框架。同时加大债券交易违规查处力度，全年对银行、证券公司、基金公司、信托公司、期货公司等10余家机构进行现场调查，并对5家机构的交易违规行为进行自律处分，树立市场规范意识，提高机构违规成本。

3. 推动商业银行参与交易所债券市场

2020年1月，为贯彻落实《中国证监会 中国人民银行 中国银保监会关于银行在证券交易所参与债券交易有关问题的通知》（证监发〔2019〕81号）要求，上交所、深交所分别联合中国证券登记结算有限公司（以下简称中国结算）发布了相应的通知，将参与债券交易的银行范围由上市商业银行进一步扩大至政策性银行、国家开发银行、国有大型商业银行、股份制商业银行、城市商业银行、在华外资银行及境内上市的其他银行，明确符合条件的银行可申请债券交易参与人和结算参与人资格，并开设自有交易单元，以“直接入场、直接结算”模式直连入市或者通过券商“间接入场、券商结算”模式入市。

（三）进一步加强债券市场存续期管理

1. 进一步完善债务融资工具存续期管理基础性制度

2020年12月，为持续提升债务融资工具存续期管理工作水平，交易商协会发布了《银行间债券市场非金融企业债务融资工具存续期管理工作规程》。该规程系统整合了前期关于存续期管理的相关规范文件，进一步明晰了存续期管理机构的责任边界。在明确监测和排查等工作底线要求的基础上，赋予相关机构更多自主空间。另外，还进一步细化罚则条款，对存续期违规行为予以严肃惩戒。

2. 推出持有人名册定期推送服务

2019年上海清算所推出债券持有人名册查询业务，拓展了查询主体和场景，明确了查询特定日期债券持有人名册的业务流程，为存续期管理、债券持有人会议和违约处置等提供了有力支持。2020年6月30日，上海清算所推出债券持有人名册定期推送服务。该推送服务有助于进一步提升持有人名册查询效率，完善持有人名册服务体系和提升金融信息化服务能力。

3. 全面修订自律处分规则体系

2020年8月，为促进银行间债券市场规范健康发展，同时也为衔接注册发行管理改革，贯彻落实国务院金融稳定发展委员会会议对资本市场违法犯罪行为“零容忍”工作要求，交易商协会修订并发布了《银行间债券市场自律处分规则》《银行间债券市场自律处分会议工作规程》《银行间债券市场违规事项自律调查和自律问询工作规程》和《银行间债券市场自律处分会议专家管理办法》四项制度。此次修订主要包括进一步优化自律处分程序、引入自律管理措施、提升总体惩戒标准，以及建立自律处分与行政处罚有序衔接机制等，从而推动形成程序更加公正、规则更加透明、执法更加严格的自律处分制度安排。

（四）规范信息披露和信用评级管理制度建设

1. 统一公司信用类债券信息披露标准

2020年12月，中国人民银行会同国家发改委、证监会发布《公司信用类债券信息披露管理办法》以及两份配套文件——《募集说明书编制要求》和《定期报告编制要求》，旨在规范公司信用类债券信息披露行为，统一公司信用类债券信息披露标准，明确公司信用类债券信息披露的基础性和原则性要求，对公司信用类债券信息披露要件、内容、时点和频率等作了统一要求，以提升信息披露的质量，初步搭建统一多层次的监督管理体系。该信息披露管理办法自2021年5月1日起施行。

2. 加强地方政府债券信息披露管理

2019年底，财政部发布《关于启用地方政府新增专项债券项目信息披露模板的通知》（财办库〔2019〕364号），规定自2020年4月1日起各地发行地方政府新增专项债券时，须增加披露地方政府新增专项债券项目信息披露模板，以表格形式展现项目核心信息，并在债券存续期内按照模板格式披露存续期间相关信息。该项要求有效加强了地方政府债券信息披露管理，促进信息披露质量提高，并更好地促进了项目收益与融资自求平衡，有效防范专项债券风险。中央结算公司按照财政部要求，正在进行相应信息系统建设，推动提升地方政府债券信息披露效率。

3. 完善债务融资工具注册发行信息披露

交易商协会修订发布《非金融企业债务融资工具公开发行注册文件表格体系》和《定向发行注册文件表格体系》，通过修订表格体系持续规范信息披露，提升信息披露的针对性和差异化，更好地便利投资人进行风险识别和价值判断，进一步发挥信息披露的风险揭示作用。新版表格体系新增“重要提示”章节，完善针对不同情形和产品的信息披露要求，同时新增受托管理机制、风险及违约处置等相关披露安排，明确受托管理人权利义务，强化持有人会议约束，在《合同法》项下实现募集说明书“强保护、增效力”。此外，推出《募集说明书投资人保护机制示范文本》，为募集说明书中与投资人保护密切相关的内容提供了示范性表述，提升信息披露质量，切实保护投资人权益。

4. 持续强化信用评级行业自律管理

为进一步深入贯彻落实公司信用类债券部际协调机制精神，交易商协会和证券业协会持续加强沟通协调，着力推动对信用评级机构评价标准的统一，完善以评级质量为核心的评价体系，强化对信用评级业务的监测调查力度，严格对违规行为的自律处分。

（五）完善风险防范和处置机制

1. 着力维护债券市场良好信用生态环境

2019年底，中国人民银行发布《关于开展到期违约债券转让业务有关事宜的公告》（中国人民银行公告〔2019〕24号），进一步完善债券违约处置机制。2020年，我国债券市场信用类债券违约处置机制建设继续积极推进。6月，中国人民银行、发改委、证监会联合发布通知，决定构建统一的公司信用类债券违约处置制度框架，推动债券市场违约处置向市场化、法治化迈进。7月，最高人民法院发布《全国法院审理债券纠纷案件座谈会纪要》，进一步畅通债券纠纷法治化救济渠道，提高司法救济效率，全面保障投资人的权利。11月，国务院金融稳定发展委员会第四十三次会议研究规范债券市场发展、维护债券市场稳定工作，会议要求秉持“零容忍”态度，维护市场公平和秩序。12月，中央经济工作会议召开，提出完善债券市场法制，打击逃废债等违法违规行为。

2. 积极推进非金融企业债务融资工具受托管理业务备案

为进一步健全债券市场风险防范及化解机制，交易商协会在2019年底发布的《银行间债券市场非金融企业债务融资工具受托管理人业务指引（试行）》的基础上，积极推进市场开展受托管理业务筹备。截至2020年末，已有77家机构完成受托管理业务备案工作，覆盖证券公司、信托公司、金融资产管理公司和律师事务所等多类机构，并有多单带受托管理人的项目完成注册发行。

3. 完善债券违约处置机制

为进一步完善债券违约处置机制，中央结算公司与上海清算所联合发布《全国银行间债券市场债券托管结算机构到期违约债券转让结算业务规则》（中债字〔2020〕107号），正式确立相关业务制度和机制。此规则的发布标志着银行间市场到期违约债券转让结算机制的建立，同时也是落实中央防范化解金融风险、保护投资者合法权益的重要措施。

4. 创新和完善债务风险管理工具

2020年1月，深交所发布《关于债券回售业务有关事项的通知》，推出债券回售撤销和转售业务机制，为回售资金回流提供新途径，有效缓解了发行人回售资金压力；7月，深交所发布《关于开展公司债置换业务有关事项的通知》，试点债券置换，支持流动性紧张的发行人以发行公司债券置换存续公司债券，丰富了风险化解工具。2020年，中央结算公司、中国银行与交银金融租赁有限责任公司联合落地实施首单自贸区外币融资担保品管理业务，此为自贸区金融业务中首次引入担保品管理机制；中央结算公司发布金融机构同业授信质押创新产品，为市场参与者提供风险管理和流动性管理工具，疏通中小金融机构融资渠道。

（六）推动债券市场基础设施统筹管理和互联互通

2020年7月，中国人民银行、证监会发布《中国人民银行 中国证券监督管理委员会公告（〔2020〕第7号）》，推动银行间债券市场与交易所债券市场“前台连前台、后台连后台”开展互联互通合作，银行间和交易所债券市场电子交易平台可联合为投资者提供债券交易等服务，银行间和交易所债券市场登记托管结算机构等基础设施可联合为发行人、投资者提供债券发行、登记托管、清算结算、付息兑付等服务。银行间债券市场债券登记托管结算机构之间、银行间和交易所债券市场债券登记托管结算机构之间应相互开立名义持有人账户，用于记载全部名义持有债券的余额。债券市场互联互通有利于进一步便利债券投资者，提高市场运行效率，促进我国债券市场高质量发展。

五、对外开放

（一）不断完善对外开放政策

1. 进一步便利境外机构投资者配置人民币债券资产

2020年9月2日，中国人民银行、证监会、外汇局发布《关于境外机构投资者投资中国债券市场有关事宜的公告（征求意见稿）》，旨在明确中国债券市场对外开放的整体性制度安排，坚持法治化原则，统一准入管理，统一资金管理，完善与国际接轨的操作安排，深化跨部门监管合作。9月21日，中国人民银行、外汇局发布《境外机构投资者投资中国债券市场资金管理规定（征求意见稿）》，统一债券市场资金管理规则。

2. 便利外资银行参与地方政府债券承销

2020年1月，财政部公告称，为贯彻党中央、国务院关于进一步扩大金融业对外开放的决策部署，财政部积极指导各地财政部门修改完善地方政府债券承销团组建办法，放开外商独资银行、中外合资银行、外国银行分行（以下统称外资银行）加入地方政府债券承销团的资格限制，按程序吸收外资银行加入承销团。公告发布后，已有富邦华一银行（台资）加入宁波市、重庆市政府债券承销团，东亚银行（中国）（港资）加入天津市、广东省政府债券承销团，德意志银行（中国）（德资）加入青岛市政府债券承销团。外资银行的加入有助于拓宽地方政府债券发行渠道和促进投资主体多元化。

3. 完善境外机构债券发行配套制度

2020年9月，交易商协会发布《境外非金融企业债务融资工具分层分类管理细则》和《境外非金融企业债务融资工具注册文件表格》，建立熊猫债分层分类管理机制，完善熊猫债信息披露要求。12月，交易商协会发布《外国政府类机构和国际开发机构熊猫债业务指引（试行）》，在现有境外非金融企业熊猫债注册发行流程基础上，针对外国政府类机构和国际开发机构的特殊性进行了优化，并明确了注册发行流程、信息披露和中介机构要求等方面的制度安排。同时发布的《境外非金融企业债务融资工具业务指引（2020版）》主要在备案要求、注册文件提交和信息披露要求等方面进行了优化，进一步健全熊猫债业务制度保障。

专栏　建立熊猫债分层管理机制

《境外非金融企业债务融资工具分层分类管理细则》适应境外企业差异化需求，结合国际国内经验，搭建了境外企业熊猫债分层管理框架。一是形成熊猫债分层管理机制，将境外企业分为成熟层和基础层，为境外优质跨国企业提供发债便利。二是引入统一注册机制，允许境外成熟层企业适用多品种统一注册。三是提高注册效率，区分首次项目和多次项目、初次反馈和后续反馈，分层次缩减预评时间。四是稳妥放宽主承销商家数限制，统一注册适用主承销商制度，发行环节根据单只债券规模优化主承销商家数设置。

《境外非金融企业债务融资工具注册文件表格》建立熊猫债信息披露规范，明确不同层次境外企业的公开、定向发行信息披露要求。一是建立境外成熟层企业专项募集表格。利用国内经验，接轨国际规则，在保护投资者基础上，实现全球披露一致性，引导优质跨国企业公开发行。二是明确熊猫债公开和定向注册文件清单、注册报告要求。三是根据熊猫债披露时点、文件翻译等特殊性，参考境内外做法，制定适应熊猫债的"刷报"要求、披露语言及时间要求、"二次上会"要求。四是突出重点，加强对熊猫债特殊风险、法律适用、跨境税收等事项的披露要求。

在便利注册发行的同时，本次熊猫债优化工作还加强了对发行人和中介机构的约束，有针对性地增强投资者保护。同时，按照"适应企业特点、衔接境内做法、接轨国际规则"的原则，充分加强境内外衔接。

（二）进一步便利境外投资者交易机制

1. 直投模式下推出直接交易服务

2020年9月1日，全国银行间同业拆借中心开始试运行直投模式下直接交易服务，即"CIBM Direct直接交易服务"。通过该项服务，直投模式下的境外机构投资者可直接向境内做市机构发送报价请求并达成现券交易，并且还可使用交易分仓和一揽子交易等便利性功能，从而使投资交易中国债券的效率进一步提升。该服务借鉴债券通经验，通过中国外汇交易中心系统与境外交易平台连接，支持境外机构投资者使用惯用交易平台与境内做市机构开展报价交易，并采用"做市机构付费"模式（Dealer Pay），更加符合境外投资者交易习惯。

2. 延长银行间债券市场现券买卖交易时段

2020年9月15日，全国银行间同业拆借中心、上海清算所、中央结算公司联合公告称，为进一步推动银行间债券市场对外开放和发展，便利境内外投资者交易银行间债券，自2020年9月21日起结算周期为T+1及以上的现券买卖交易时段延长至20：00。

3. 面向境外机构投资者推出循环结算服务和特殊结算周期（T+N）安排

2020年3月，上海清算所、中央结算公司向境外机构投资者推出循环结算和特殊结算周期服务（T+N），丰富和补充了境外机构投资银行间市场结算安排，满足境外投资者多样化结算需求。9月，中国外汇交易中心实现系统相关功能的升级，交易双方无须提交申请即可线上自主选择达成T+N交易，进一步提高了境外投资者交易结算的效率。

（三）不断加深对外开放融合度

1. 信用评级领域对外开放程度进一步提高

为促进评级行业高水平、国际化发展，2020年5月，交易商协会接受惠誉博华信用评级有限公司开展银行间债券市场B类信用评级业务的注册，这也是继标普信用评级（中国）有限公司之后第二家可在银行间债券市场开展信用评级业务的外资评级机构。2020年10月，标普信用评级（中国）有限公司在证监会完成从事证券评级业务的备案，其执业范围从银行间债券市场扩大到交易所市场。

2. 熊猫债发行成果显著

截至2020年末，熊猫债发行成果显著，中国债券市场熊猫债累计发行201只，发行规模3 397.2亿元[①]。熊猫债市场积极服务于“一带一路”建设和疫情防控。注册发行熊猫债的有亚洲基础设施投资银行、新开发银行、亚洲开发银行、欧亚开发银行等国际开发机构，以及波兰共和国等“一带一路”沿线国家。亚洲基础设施投资银行、新开发银行等注册发行疫情防控专项债，支持疫情防控。

专栏　上海清算所与欧洲清算银行合作推出“玉兰债”业务

2020年12月8日，上海清算所与欧洲清算银行合作推出“玉兰债”业务，获得境内外市场广泛关注，并被新华财经评为十大“2020中国债券市场关键事件”之一。

2021年2月4日，上海清算所成功为首单“玉兰债”办理发行登记，标志着由金融基础设施跨境合作服务的国际市场债券发行业务正式通航。首单“玉兰债”发行人为中国银行，发行规模5亿美元，期限3年，发行利率0.86%，实现了中资商业银行历年同期限固息美元债最低发行利率。本次发行吸引了众多国际投资者的关注与认购，包含约50家获配投资者，涵盖主权机构、银行、资管、基金等各类机构，地域分布覆盖亚洲、欧洲和南美洲等。

“玉兰债”是人民银行指导境内外金融基础设施加强合作、服务我国债券市场高水平对外开放的一项有益探索，为境内主体面向国际市场发债融资提供了新选择，有利于提供更多面向境内发行人和国际投资者的服务便利，也有利于促进境内债券市场的监管政策、规则标准、中介服务等与国际债券市场对接，体现了“以国内大循环为主体、国内国际双循环相互促进”的时代意义。

① 数据来源为Wind。

（四）中国债券市场纳入国际主流指数

继中国国债和政策性银行债纳入彭博巴克莱全球综合指数后，自2020年2月28日起，摩根大通将9只中国政府债券纳入摩根大通旗舰全球新兴市场政府债券指数系列（GBI-EM），此次纳入的债券将在完全纳入后达到该指数10%的权重上限。9月25日，富时罗素宣布拟将中国国债纳入富时世界国债指数（WGBI），至此全球三大债券指数已经或计划将中国债券纳入相关指数。中国债券市场纳入国际主要债券指数体现了中国在全球金融市场上的地位不断提升，也反映了国际投资者对中国市场的信心。

六、发展展望

2021年，债券市场体制机制建设和产品创新将进一步加强，支持实体经济能力将有效增强，债券市场市场化、法治化和国际化程度将进一步提升。一是将深入贯彻新发展理念，进一步推动债券市场高质量发展。二是将持续提升债券市场的融资功能和服务实体经济的质效。三是将持续推进债券市场产品及工具创新。四是将继续推进债券市场互联互通，为境内外投资者提供便利。五是将进一步规范债券市场发展，维护债券市场稳定。六是将持续优化完善债券市场管理制度，推动债券市场高水平对外开放。

专题二 提升债券市场服务实体经济质效，支持稳企业保就业

近年来，我国债券市场发展迅速，产品日趋丰富，韧性显著增强，规模持续拓展。不断壮大的债券市场为抵御国内外风险冲击、降低融资成本、服务实体经济提供了坚实保障。

一、稳定社会融资，推动重点领域项目建设

债券发行已成为各级政府、金融机构和实体企业最主要的资金来源之一，对保障重点项目建设发挥了关键作用。一是促进基础设施项目建设。2020年，地方债发行6.44万亿元，其中，新增专项债券发行3.6万亿元，募集资金主要用于医疗卫生、交通、市政、产业园区、农林水利、能源、冷链物流等与民生相关的基础设施项目，有效撬动了社会投资，稳定了社会经济。二是服务国家重大战略实施。2020年共发行企业债5 526亿元、非金融企业债务融资工具4.76万亿元，资金主要用于支持“一带一路”、京津冀协同发展、长江经济带发展、粤港澳大湾区等国家重大战略领域项目建设，引导社会资金投入国家重点规划的关键领域，带动了实体经济发展。

二、注入资金“活水”，加大小微、“三农”企业支持力度

一是进一步拓宽小微企业融资渠道。为切实纾困小微企业，国务院常务会议提出，2020年支持金融机构新增3 000亿元小型微型企业贷款专项金融债券（以下简称小微金融债）。2020年6月，中国人民银行、银保监会等多部门发布政策指引，从信贷、资本市场融资等方面引导商业银行加大对小微企业的支持力度。2020年全年，共有40家商业银行发行小微金融债合计3 732.8亿元，超额完成目标任务，比2019年增长1 684.8亿元；加权平均利率为2.86%，较2019年降低0.66个百分点。其中，共有30家地方法人银行发行小微金融债合计1 182.8亿元，已发放小微贷款1 154.92亿元，约占97.64%，主要投向制造业、批发和零售业、农林牧渔业等领域。各发行主体做到了规范内部管理，有效运用募集资金，推动普惠小微金融服务整体提升，对助力解决小微企业债务偿还、资金周转和扩大融资等问题具有重要意义。二是落实减税降费精神、降低小微企业融资成本。自2020年起全额免除商业银行小微金融债的发行登记服务费，降低了小微企业的综合融资成本，切实让利于实体企业。三是加大“三农”企业融资支持力度。2020年，共3家商业银行发行“三农”金融债3只，合计50亿元，“三农”金融债累计发行444亿元。推动地方城商行、农商行等中小银行通过债券市场融资扩大涉农贷款资金来源，丰富信贷产品和服务，加大涉农贷款投放力度。充分发挥地方法人银行深耕当地、贴近“三农”的优势，加强信贷政策传导，支持精准扶贫、乡村振兴等重大战略实施。

三、创新产品服务，满足实体经济发展需要

一是不断丰富和优化债券品种。推

出县城新型城镇化建设专项债券指引，推进县城新型城镇化补短板弱项工作，充分发挥企业债融资对县城新型城镇化建设的带动作用。优化城市停车场建设专项债和小微企业增信集合债等创新品种债券，引导社会资金流入相关行业，提升金融支持实体企业的针对性和精准度。二是为公司信用类债券申报开辟“绿色通道”。2020年1月底，证监会发布《关于做好新型冠状病毒感染的肺炎疫情防控工作的通知》（证监办发〔2020〕9号），2月，国家发改委发布《关于疫情防控期间做好企业债券工作的通知》（发改办财金〔2020〕111号），交易商协会、沪深交易所等相关基础设施单位按照要求作出安排，最大限度简化疫情期间公司信用类债券业务办理程序，以满足疫情地区和疫情防控企业的债券融资需求。三是多措并举支持商业银行补充资本金。2020年，国务院金融稳定发展委员会对商业银行资本工具创新作出重要部署。商业银行发行无固定期限资本债券6 484亿元，地方财政部门发行新增专项债券506亿元，用于补充中小银行资本金。通过多种渠道补充商业银行资本金，有效优化了银行资本结构，扩大了信贷投放空间，增强了银行服务实体经济的能力。

专题三 探索构建我国债券市场ESG评价体系和指数

ESG与绿色金融一脉相承，全方位整合了企业对环境、社会和公司治理三方面的责任，传递了追求经济价值与社会价值统一的发展观，很好地契合了高质量、可持续发展的诉求。

一、ESG逐渐得到国内外固定收益领域的认可

在国际上，ESG投资越来越受到欢迎。一是ESG理念的认可度进一步提升。Invesco抽样统计全球108家大型投资机构的情况显示，2018年近八成主权类基金在固定收益领域投资组合中考虑了ESG因素，有超四成保险、养老金等其他类型机构也作了类似考虑。二是ESG相关投资主题及策略渐成投资新趋势，投资产品从股票逐步向固定收益类扩展，主要包括ESG主题债券、ESG债券指数和ESG纳入债券信用分析等。

在国内，ESG投资经历了类似的发展历程，从完全应用于股票市场到逐步向债券等固定收益投资领域探索。截至2020年末，国内累计超过30家机构加入联合国责任投资原则组织（UNPRI），ESG主题产品规模迅猛增长。同时，我国ESG固定收益型理财产品和指数产品也开始起步。

二、探索构建我国债券市场ESG评价体系和相关指数

中债金融估值中心有限公司于2020年发布了首个覆盖国内所有公司信用类债券发行人的ESG评价体系。其中，环境绩效（E）方面侧重企业面临的环境风险以及对风险的管理能力对企业可持续经营的影响；社会责任（S）方面侧重企业对员工、供应链和客户、投资者、社区等利益生态圈的保护对企业可持续经营的影响；公司治理（G）方面侧重企业的股东权益保护、董监高治理能力、激励机制、信息披露等治理情况对企业可持续经营的影响。中债ESG评价体系的特点包括：一是与国际主流评价框架一致。充分吸纳国际主流方法和经验，同时参考重要的规则文件和国际学术研究成果。二是兼顾中国政策环境和债券市场特点。指标设计充分考虑国内政策环境和各行业以及债券市场发展和信息披露的实际情况。三是评价体系考虑行业差异，兼顾通用指标和分行业个性指标。四是科学设置关键参数。依据各行业发展规划等国家政策文件和国内实践情况逐一确定评价参数。五是运用金融科技手段集成大量非结构化数据和另类数据。如运用超过300个ESG要素，覆盖我国债券市场公募信用债发行主体。

从评价结果看，债券发行主体近三年的ESG得分基本接近正态分布，公司治理的平均得分水平明显高于环境和社会责任平均得分。分行业看，环境较友好且兼具一定公共属性的行业（比如水利等行业）平均得分较高；分企业性质看，中央国企的ESG平均得分较高，主要源于中央国企中环境友好企业数量更多、对于员工和供应商及客户的保护方面更到位、董监高治理能力和信息披露等方面更领先等。评价还发现，ESG得分和中债市场隐含评级具有一定的相关性，评级越高、信用资质越好的企业，ESG平均得分越高。

基于中债ESG评价体系，中债金融估值中心有限公司编制发布了“中债-ESG优选信用债指数”等首批中国债券市场ESG指数，探索为我国债券市场提供ESG投资业绩基准，引导债券市场践行新发展理念。

第五章　股票市场

2020年，股票市场运行情况总体向好。沪深两市融资公司家数和融资规模增加，二级市场活跃度持续提升，主要股指全线上行。科创板注册制进一步完善，创业板改革并试点注册制等一系列重大改革成功落地实施，资本市场改革持续深化、创新稳步发展。互联互通机制进一步拓展，高水平对外开放持续推进。提高上市公司质量、支持上市公司抗疫的多项举措取得显著成效，重点领域风险防范水平得到有效提高。服务实体经济能力不断增强，持续推动经济高质量发展。

一、运行情况

（一）融资与发行情况

2020年沪深两市融资公司家数及融资规模上升①。2020年沪深两市1 031家公司进行包括了IPO、增发、配股、发行优先股、可转债和可交换债在内的融资活动，较2019年同期637家增长61.85%；融资总规模达16 676.54亿元，较2019年同期15 413.25亿元增长8.20%。其中，两市IPO融资规模扩张，全年共计396家公司IPO，同比上升95.07%；IPO融资规模达4 699.63亿元，同比增长85.57%。上市公司全年共计362家公司增发股份，同比增长44.22%；增发规模为8 341.37亿元，同比增长21.11%。

优先股、可转债和可交换债规模缩减，配股规模扩张。2020年沪深两市共计8家上市公司发行优先股，同比增加2家；发行规模为187.35亿元，同比大幅下降92.65%。206家上市公司发行可转债，同比增长94.34%；发行规模为2 475.25亿元，较2019年同期2 477.82亿元略有下降。41家上市公司发行可交换债，同比下降33.87%；发行规模为459.97亿元，同比下降44.67%。另外，18家上市公司进行配股，是2019年同期的两倍；配股规模为512.97亿元，同比大幅增长283.17%。

① 本章沪深两市均指A股市场。如无特别说明，本章沪深两市数据来源于Wind、上交所和深交所中心数据库。

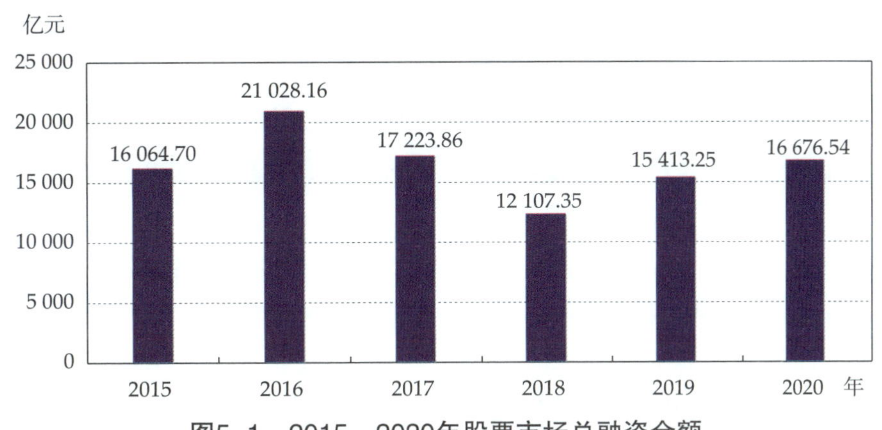

图5-1 2015—2020年股票市场总融资金额

（二）交易与持股情况

2020年，沪深两市A股累计成交206.84万亿元，同比增长62.29%。其中，沪市主板累计成交77.41万亿元，同比增长45.76%，科创板累计成交6.59万亿元，日均成交量达273亿元。深市主板累计成交25.99万亿元，同比增长38.19%；中小板累计成交50.18万亿元，同比增长61.53%；创业板累计成交46.67万亿元，同比增长101.52%。2020年，机构投资者沪市、深市交易金额占比分别为28.51%和26.55%，个人投资者沪市、深市交易金额占比分别为71.49%和73.45%。两市交易以个人投资者为主。

截至2020年底，机构投资者持有沪市A股流通市值29.25万亿元，占比为77.07%；个人投资者持股市值8.70万亿元，占比为22.93%。机构投资者持有深市A股流通市值17.10万亿元，占比为59.19%；个人投资者持股市值达11.81万亿元，占比为40.81%。

（三）市场指数与波动性情况

2020年，沪深两市主要股指全线上行。其中，上证综指稳中有升，两年连涨。深证

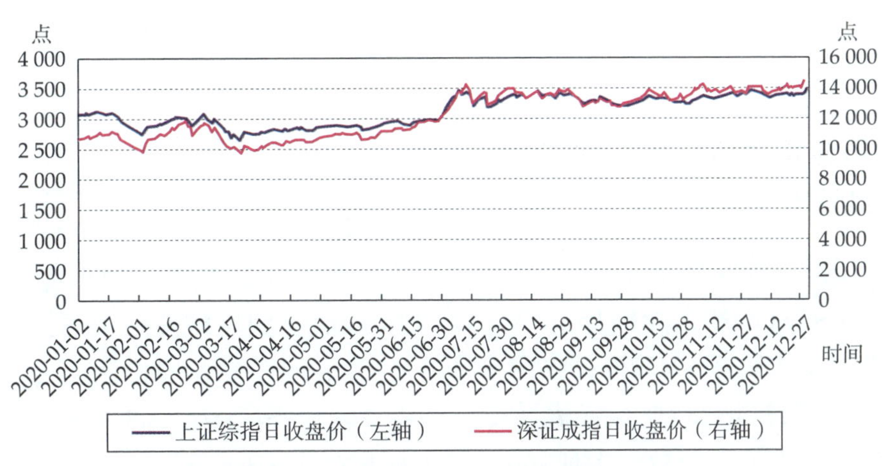

图5-2 2020年沪深两市主板指数走势

（数据来源：Wind）

成指、中小板指和创业板指震荡上行，分别上涨38.73%、43.91%和64.96%，指数涨幅全球领先。

2020年，沪市整体波动幅度继续收窄但日内波动略增，深市波动性略有上升。其中，上证综指振幅31.29%，较2019年下降3个百分点，涨跌幅超过1%的天数为78天，较2019年增加12天。深证成指振幅51.13%，较2019年增加0.78个百分点，涨跌幅超过1%的天数为111天，较2019年增加12天。

二、主要特点

（一）融资结构进一步优化，对科创企业支持力度持续提升

2020年，沪市完成首次公开发行（IPO）233家，较2019年增加110家，合计募集资金3 477亿元，同比增长89%。其中包括145家科创板公司，筹资2 226亿元，占比由2019年的45%提升至64%。

2020年，深市完成首次公开发行（IPO）161家，较2019年增加83家，合计募集资金1 265亿元，同比增长96%。其中包括107家创业板公司，筹资893亿元，占比由2019年的47%提升至71%。

（二）市场全年震荡上行，科技成长股走势好于大盘蓝筹股

上证综指在第一季度触底后运行重心上移，最高3 474.92点，最大涨幅13.93%，最低2 646.81点，最大跌幅13.22%，收盘报3 473.07点，全年涨幅13.87%。代表核心大、中、小市值股的上证50指数、上证100指数、上证150指数分别上涨18.85%、26.88%和14.59%。深市主要指数韧性明显增强，涨幅居于全球主要指数前列，深证成指全年上涨38.73%，最高14 476.55点，最大涨幅38.79%，最低19 578.87点，最大跌幅8.17%，收报14 470.68点；中小板指和创业板指分别上涨43.91%和64.96%，其中创业板指连续第二年全球涨幅第一。

科技成长股走势好于大盘蓝筹股。从主要指数看，万得全A、上证综指、深证成指分别累计上涨25.62%、13.87%和38.73%，而科创50、创业板指分别累计上涨39.30%、64.96%，创业板指领涨，科技股表现较好。从行业看，电气设备、国防军工、电子等涨幅居前，分别上涨95%、58%和36%，而房地产、银行等权重板块分别下跌11%、3%。

（三）机构和境外投资者交易持股占比不断增长，对市场影响力有所提升

一是机构交易持股占比不断增加，投资者交易结构持续改善。2020年，沪市机构投资者交易占比为28.51%，较2019年提升4.52个百分点；持股流通市值占比为77.07%，持续保持较高水平。深市机构投资者交易占比为26.55%，较2019年提升6.17个百分点；持股流通市值占比为59.19%，创历史新高，较2019年提升2.74个百分点。

二是随着资本市场的进一步双向开放和互联互通，境外资金交易持股占比不断提升。截至2020年末，沪市境外资金交易占比为7.00%，同比增长25.45%；持股流通市值占比为4.69%，同比增长16.38%。深市境外资金交易占比为6.31%，同比增长59.75%；持股流通市值占比为5.41%，同比增长21.03%。

（四）受疫情影响，市场运行态势变化较快

股票市场走势前低后高，股指运行主要经历三个阶段。第一阶段（1月2日—20日），内部流动性宽松、经济向好，股指延续2019年上涨趋势。上证综指、科创50、深证成指、创业板指分别累计上涨1.50%、24.05%、6.57%和10.24%，两市日均成交额6 881亿元，较2019年增加33%。第二阶段（1月21日至7月13日），境内外疫情先后暴发，股指两次大跌，但迅速企稳回升。随着股票市场企稳回升。第二阶段上证综指、科创50、深证成指、创业板指分别累计上涨11.22%、38.81%、27.29%和45.77%，两市日均成交额8 158亿元，较上一阶段增长19%。第三阶段（7月14日至12月31日），市场震荡温和上涨，上证综指、深证成指和创业板指均收于全年最高点，分别为3 473.07点、14 470.68点和2 966.26点。

专栏　全力支持上市公司等市场主体打赢新冠肺炎疫情防控阻击战

深圳证券交易所（以下简称深交所）按照一切有利于疫情防控工作、一切有利于促进深市平稳运行的原则，于2020年2月发布《关于全力支持上市公司等市场主体坚决打赢防控新型冠状病毒感染肺炎疫情阻击战的通知》，以加强业务支持和服务保障。具体内容如下：

一是优化上市公司信息披露业务操作，包括设立上市公司信息披露专项服务通道、支持上市公司做好定期报告披露工作、适当放宽并购重组业务相关时限、支持上市公司召开网上投资者说明会、鼓励投资者通过网络投票参加股东大会以及上市公司积极履行社会责任等。

二是优化股票发行承销业务和上市培育服务，包括通过非现场方式办理股票发行上市业务、取消疫情防控期间上市仪式现场环节、减轻湖北省上市公司费用负担并持续做好市场培育和服务工作。

三是优化固定收益业务，包括设立业务咨询专项服务通道、做好疫情防控融资服务工作、适当放宽债券、资产支持证券发行办理时限、通过非现场方式办理相关业务、支持发行人及管理人等做好定期报告、临时报告披露工作、鼓励采取非现场方式召开债券、资产支持证券持有人会议。

四是优化会员业务，包括落实落细政策支持要求、设立业务咨询专项服务通道、通过非现场方式进行业务培训、鼓励会员引导投资者非现场交易、支持会员做好投资者教育工作和客户交易行为管理、支持会员采取措施确保各业务平稳运作。

五是优化基金业务，通过非现场方式进行业务培训及交流，并支持基金流动性服务商有序开展业务。

六是优化期权业务，包括设立业务咨询专项服务通道、支持期权经营机构做好期权风险管理、做市商管理、报备业务安排、鼓励期权经营机构做好非现场开户服务。

七是优化协议转让、协助执法和听证

复核业务，通过非现场方式办理股份协议转让业务、通过非现场方式办理协助执法业务、听证复核会议调整安排。

八是优化投资者服务业务，包括畅通投资者诉求渠道、做好投资者教育服务、倡导理性投资。

三、改革与创新

（一）注册制进一步完善

一是科创板再融资、减持等规则不断完善。在科创板再融资规则方面，上交所在中国证监会制定的相关规则的基础上，围绕审核标准、审核程序和发行承销环节的业务要求，进一步推出了多项业务细则，不断完善已有制度，增加了科创板上市公司融资便利性。在科创板减持规则方面，上交所于2020年7月制定发布了《上海证券交易所科创板上市公司股东以向特定机构投资者询价转让和配售方式减持股份实施细则》，探索建立更为合理的减持制度，缓解股份减持压力，提高资本循环利用效率。二是发布红筹企业申报科创板发行上市规则。搭建红筹企业在科创板发行上市的制度路径，进一步解决已境外上市红筹企业境内上市门槛过高问题，同时细化红筹企业在科创板发行上市的审核标准。三是创业板改革并试点注册制顺利落地。2020年8月24日，创业板改革并试点注册制正式落地。改革落地以来，市场整体运行平稳，主要制度规则和技术系统运行顺畅，改革成效初步显现。

（二）多措并举提高上市公司质量

1. 调整优化持续监管规则体系

2020年，上交所科创板建设落实“建制度”要求，按照注册制理念，不断对持续监管规则体系进行调整优化，制定发布了《科创板上市公司自律监管规则适用指引第1号——规范运作》。一是做好“瘦身”，归并整合22项业务规则，按照事项分门别类进行整合，整合后指引共282条，条文数目较整合前压缩近一半。二是注重“量身”，调整、删减部分与注册制改革不完全适应的规范，减少对公司内部治理等事项的过度干预，给企业空间、为企业减负。三是严格“修身”，专设一章，通过公司治理、内部控制及关键少数职责等针对性安排，规范科创公司和关键少数的日常行为，防范财务造假、资金占用、违规担保、高比例股权质押等乱象在科创板重演。

2020年，深交所在近年积极推进规则“立改废释”的基础上，结合最新监管形势和市场需求，继续优化监管规则体系，坚持“两手抓”：一手做“减法”。进一步减少规则层级，精简规则数量，将不适应形势发展、过于增加上市公司负担的内容予以删除，提升监管效能。同时，结合深市板块和公司特点，整合自律监管规则，并将优化创业板自律监管规则纳入创业板改革总体工作，根据“三创四新”特点进一步作出适应性、差异化安排。一手补“短板”。按照新《证券法》等法律法规的新要求，结合资本市场新形势和自律监管新理念，对自律监管规则“查漏补缺”，提升规则体系有效性。

此外，以专项业务为中心，充实业务办理指南体系，增强使用便利性。通过分步实施，重新构建了以《股票上市规则》《创业板上市规则》为核心，《上市公司规范运作指引》和信息披露指引为主干，业务办理指南为补充的层次简明、定位清晰的持续监管规则体系。

2. 信息披露分类监管

上交所贯彻落实好国务院《关于进一步提高上市公司质量的意见》要求，发布了《上市公司自律监管规则适用指引第3号——信息披露分类监管》（以下简称《指引》）。在具体思路上，一是坚持公司、事项“两区分”，突出监管重点，实施差异化监管安排；二是坚持监管、服务“两手抓”，一方面坚持监管主责主业、守住风险底线，另一方面切实加大服务力度、丰富服务举措、提升服务质量。《指引》在明晰分类监管定义、坚持监管与服务并举理念、确立市场化、法治化等原则下，依循“管什么”和“怎么管”两条逻辑主线具体展开。在“管什么”方面，区分股票被实施风险警示、年度信息披露评价为D、年报被出具无法表示意见或否定意见、年度内控被出具无法表示意见或否定意见四类重点监管公司，以及财务信息或重大事项的披露存在虚假记载、误导性陈述或重大遗漏等七类重点监管事项，明确“管少”的具体内容；在“怎么管”方面，坚持寓监管于服务，将服务理念、内容和机制作为监管行为规范的重要组成部分，强调开展上市公司服务，以推动提升信息披露有效性、降低信息披露成本，提高融资便利度、激发市场活力，防范化解重大风险、持续优化市场生态，促进上市公司规范发展、提质增效。

深交所发布了《上市公司风险分类管理办法》，总结前期利用人工智能、大数据等前沿技术，开发建设风险监测智能平台，推进监管经验与智能科技深度融合的经验，进一步完善风险分类监管制度，构建“人工+科技”监管新模式的积极探索，以推进分类监管、精准监管、科技监管，健全风险防控制度，提升一线监管效能。一是明确了对财务造假、资金占用、违规担保等违法违规行为“零容忍”，对（次）高风险类上市公司重点配置监管资源，重点关注其信息披露、并购重组、再融资等事项。规定高风险类公司信息披露考评不得为A、取消信息披露直通车资格、年度报告双重审查、公开年度报告问询函及回复等，引导上市公司聚焦主业、诚信经营、规范运作；进一步压紧压实中介机构责任，促其勤勉尽责。通过差异化监管安排和监管资源的优化分配，提升监管工作的精准性。二是明确了有效使用分类监管信息的工作机制，包括完善与证监会及其派出机构的分类监管沟通协作机制，共享监管资源，推进监管协作，合力化解上市公司风险，推动提高上市公司质量；向地方政府通报有关情况，配合地方政府共同防范化解公司风险；向高风险类公司通报其评级情况，强化分类评级结果对上市公司的督促警示作用，提升上市公司规范运作的自觉性和主动性。

3. 营造提高上市公司质量的市场和舆论环境

积极开展提高上市公司专项服务，推动建立协调机制，一司一策抓落实，助力国企改革，集中纾解民企困难和风险。做好央企专项服务，摸排梳理央企集团情况，多渠道对接央企集团进行沟通交流，支持央企集团提高证券化率；主动搭建交流沟通和资源对接平台，支持民企纾困化解风险。持续做好并购重组、再融资服务工作，积极支持主板公司分拆上市、股权激励，指导“B转A、B转H”等产品创新。推动上市公司加强与市场交流，举办年度、季度业绩说明会，展示上市公司质量和形象。

专栏 《推动提高沪市上市公司质量三年行动计划》推出

为贯彻落实国务院《关于进一步提高上市公司质量的意见》和证监会工作部署，11月3日，上交所制定了《推动提高沪市公司质量三年行动计划》（以下简称《行动计划》），明确了交易所开展工作的具体时间表、路线图。《行动计划》从公司治理、信息披露、制度建设、优化监管、做深服务五个方面制定了39项具体工作，其中重点推进工作16项，常态实施工作23项。其中的重点，是抓住注册制和科创板这个“牛鼻子”，在“入口端”严把质量关，防止“病从口入”，为市场持续引入源头活水。同时，积极支持公司充分借助资本市场做优做强，为上市公司发展提供服务支持，加强“出口端”建设，持续推进退市制度改革。

一是规范公司治理。抓住“关键少数”行为，增强公司实际控制人、董监高诚信和责任意识。切实落实好证监会公司治理专项行动。规范上市公司“三会”运行，强化公司内控机制。推动完善股权激励、员工持股制度，培育形成市场化的激励约束机制，激发上市公司专注经营、提高绩效的内在动力。

二是提高信息披露质量。修订完善以《股票上市规则》为核心的信息披露自律规则体系，优化行业信息披露指引、临时公告格式指引，突出信息披露有效性，降低信息披露成本。引导上市公司主动发布对投资者决策的有用信息，减少冗余信息。支持上市公司多渠道与投资者尤其中小投资者充分沟通，传递公司内在价值。

三是抓好制度建设。深化“入口端”和“出口端”建设。深入推进科创板建设和注册制改革，从源头把好上市公司质量关。严格退市监管，持续推进退市制度改革，优化风险警示板。支持公司用好用足并购重组、再融资、公司债券、可转债、优先股、REITs、ETF等市场工具。在科创板积极探索制度创新，为科技创新企业提供动力，形成可推广可复制的经验。

四是做好监管主责主业。落实“管少管精才能管好”要求，开展分类监管，制定分类监管业务规则。盯住风险公司、重点事项，严肃处理财务造假、资金占用、违规担保等重大违规。坚持分类处置，持续推进上市公司质押风险化解，守住不发生系统性风险底线。抓早抓小、预研预判，严防市场乱象在科创板重演。深化科技监管，为风险识别和日常监管提供有力支撑。

五是深化公司服务。会同各方，主动

培育、支持符合条件的企业在科创板、主板上市。继续做好重点地区提高质量专项行动，积极助力国企改革和民企纾困。突出多方合力和生态建设，主动加强与地方党委政府的信息共享，加强与相关主管部门沟通协作。大力推广业绩说明会，定期召开同行业公司座谈会，引导发挥市场机构作用，优化市场生态，凝聚市场合力。

专栏 深交所和深圳证监局签署共同推动提高上市公司质量行动计划

2020年6月，深交所与深圳证监局签署了《共同推动提高上市公司质量行动计划》，在监管信息通报交流、重大事项联动监管以及联合开展现场检查等常态化协作机制的前期基础上，进一步加强提升上市公司质量方面的监管协作，巩固扩大局所合作成效，推动化解重点公司风险，以贯彻落实中国证监会关于推动提高上市公司质量行动的总体部署，提升上市公司监管协作效能，促进资本市场高质量发展，更好服务“双区”建设。

一是齐抓共管，增强合力。建立局所经常性交流联络机制，通过联合开展专题调研、举办座谈会或论坛等多种方式，共同研究制约上市公司高质量发展的突出风险问题，提出解决的政策建议，并积极争取深圳市委市政府支持，优化外部环境。

二是分类监管，重点突破。加强对深交所画像系统的信息共享和意见的互动交流，及时更新上市公司分类监管等级，识别出重点突破风险公司及风险点，形成提高上市公司质量的方式方法和有效路径。

三是定期评估，总结推广。加强专题调研，做好投资者教育，及时总结典型风险化解案例和可推广的工作经验，做好舆情监测和应对，营造积极向上的舆论氛围。

（三）深化退市制度改革

1. 实施退市新规

2020年12月，上交所和深交所分别发布并实施《上海（深圳）证券交易所股票上市规则》《上海（深圳）证券交易所退市公司重新上市实施办法》《上海证券交易所科创板股票上市规则》《深圳证券交易所创业板股票上市规则》《上海证券交易所风险警示板股票交易管理办法》《深圳证券交易所交易规则》，对退市指标、退市流程、风险警示情形及退市相关交易安排等进一步完善优化。主要包括：一是全面优化交易类、财务类、规范类退市指标，新增重大违法退市指标及股份减持限制规定，提升退市指标针对性。二是简化退市流程，取消暂停上市和恢复上市环节，后移重大违法强制退市连续停牌时点，简化上市委审议程序，同时参照科创板的做法，相应调整原来的财务类退市指标时间跨度设置，提高退市效率。三是新增两类其他风险警示情形。四是同步适度调整相关配套制度，对退市整理期机制进行优化，缩减退市整理期从30个交易日至15个交易日，且退市整理期首日不设涨跌幅限制，同时取消交易类退市情形的退市整理期。

2. 完善退市股票重新上市首日交易机制

一是明确重新上市股票上市首日盘中临时停牌的具体情形，即盘中交易价格较当日开盘价首次上涨或下跌达到或超过30%以及首次上涨或下跌达到或超过60%时，实施盘中临时停牌；原“盘中换手率达到或超过30%”的情形，不实施盘中临时停牌。二是规定临时停牌持续时间为10分钟，停牌期间可报可撤，复牌时对已接受的申报实行集合竞价撮合。三是规定临时停牌公告事宜。四是明确重新上市股票上市首日连续竞价阶段限价申报的买入申报价格不高于买入基准价格的102%，卖出申报价格不低于卖出基准价格的98%；集合竞价阶段及开市期间停牌阶段无申报价格限制。五是明确股票进入退市整理期第二日及之后的价格涨跌幅限制比例，即主板、中小企业板退市整理股票为10%，创业板退市整理股票为20%。

（四）推进转板上市制度建设

2020年6月3日，证监会发布《关于全国中小企业股份转让系统挂牌公司转板上市的指导意见》，就转板上市基本原则、主要制度安排和监管安排等提出基本要求。按照证监会统一部署，2021年2月26日，沪深交易所制定发布《全国中小企业股份转让系统挂牌公司向上海证券交易所科创板转板上市办法（试行）》《关于全国中小企业股份转让系统挂牌公司向创业板转板上市办法（试行）》，明确转板上市各项制度安排。一是转板上市条件。与科创板、创业板首发上市条件保持总体一致，转板公司需要符合创业板两板块定位及首发条件、符合《创业板股票上市规则》规定的板块上市标准等，并应当在新三板精选层连续挂牌一年以上，股东人数、交易量等指标满足一定条件。二是转板上市审核。审核程序上，转板上市无须履行注册程序，由交易所深交所发行上市审核机构对转板上市申请进行审核，出具审核报告，提交创业板上市委员会审议；时限安排上，相比于首发上市，转板上市审核时限缩短至两个月、同意转板上市决定有效期缩短至六个月；审核内容上，重点关注转板公司是否符合转板上市条件、信息披露是否符合要求等方面。三是限售安排衔接。转板公司控股股东、实际控制人转板上市后的限售期缩短为12个月，解限后6个月内减持股份不得导致控制权变更；董监高所持股份限售期为12个月；申请转板上市时有限售条件的股份，转板上市时限售期尚未届满的，转板上市后剩余限售期内继续限售。四是交易机制衔接。转板公司股票转板上市后的交易、融资融券、股票质押回购及约定购回交易、投资者适当性管理等相关事宜与创业板注册制下首发上市的股票保持一致。转板上市首日的开盘参考价为转板公司在新三板精选层最后一个有成交交易日收盘价。

（五）构建简明高效自律监管规则体系

上交所按照证监会规则体系清理相关要求，明晰规则体系，梳理百余项业务规则，以“层次分明、体例清晰、易懂好用”为目标，推进上市公司信息披露规则的“立、改、废、并”工作，持续提高监管标准清晰度与实用性，有序推进上市公司监管制度建设，助力资本市场基础性制度的完善。在此思路下，一是发布上市公司自律监管规则适用指引第1号至第8号，就重大资产重组、纪律处分实施标准、信息披露分类监管、向特定对象发行定向可转债等方面，明确相关监管业务规则，提升监管透明度。二是发布科创板上市公司自律监管规则适用指引第1、第2号，规范科创板公司规范运作、自愿信息披露等方面行为，推动科创公司质量不断提高。三是发布上市公司定期报告业务指南，制定科创板上市公司信息披露业务指南第1号至第8号，促进提高信息披露质量。四是发布新《证券法》衔接规则，就新《证券法》中可直接实施的新规定，发布衔接适用业务通知，制定内幕信息知情人报送指引，发布续聘/变更会计师事务所公告指引等。

深交所以学习贯彻新《证券法》为契机，认真落实证监会相关部署要求，下大力气开展规则系统性清理优化，共制定、修改业务规则72件，废止78件，初步形成以发行、上市、交易、会员管理等基本业务规则为核心，以各类业务指引为主干，以办理指南为补充的规则体系，并按照业务领域分类编号，自律规则简明度、透明度和友好性得到显著提升。一是纵向精简层级，全面规范清理问答、备忘录等低层级文件，进一步厘清规则定位，对于有实质监管要求的上升至业务规则，对于操作性内容下沉至办理指南，坚决消除“口袋政策”。二是横向化整为零，持续整合通知等零碎文件，归并分散的同类规则，努力做好规则“瘦身”，推动形成分类清晰、有机统一的规则体系。三是统筹编号管理，在上市公司信息披露指引先行先试的基础上，逐步将各产品和业务领域规则纳入编号管理，形式齐整、查找方便。四是持续做好动态清理，发布第11批规则废止目录，废止不再适用的规则44件，切实维护简明高效的规则体系。

四、风险防范与处置

（一）建设统一风险监测平台

深交所持续推进统一风险监测平台建设，以推进监管转型、提升服务质量为总体目标，紧扣交易监管、风险监测信息服务需求，搭建统一风险监测平台。平台涵盖自主研发的市场运行风险监测系统，股票质押、融资融券、固定收益三大重点业务风险监测系统，以及统筹全所风险管理业务的风险管理信息系统，构建交易所风险防控“组合拳”，强化大数据等前沿科技的监管应用，并持续推进系统优化。

（二）加强重点领域风险防范应对

2020年，沪深交易所认真落实党中央和国务院关于资本市场的相关指示，紧扣证监会专题会重点任务，持续高度重视市场重大风险防控工作，密切监测涵盖宏观、中观、流动性和关联市场等多维度风险指标。整体来看，2020年沪市股票市场没有出现重大风险事件，期间虽有一些个股出现短暂炒作现象，但并未对股指运行造成影响。

五、对外开放

（一）进一步拓展互联互通机制

1. 优化完善内地与香港股票市场互联互通机制

2020年，沪深港通标的进一步扩大，科

创板股票纳入沪深港通标的范围安排明确。11月27日，沪深港三所向市场公布，三方已就扩大沪深港通股票范围达成的共识，涉及科创板股票及在港上市的生物科技公司分别纳入沪深港通标的和港股通标的范围的安排。根据该安排，科创板公司股票属于上证180、上证380指数成分股或A+H股公司A股的，将根据沪港通现有规定调入沪股通股票范围，其对应的H股将根据沪深港通现有规定调入港股通股票范围。而对于根据港交所《主板上市规则》第18A章节上市的生物科技公司的股票，其属于相关恒生综合指数成分股或沪深港交易所上市的A+H股上市公司H股的，将根据沪深港通现有规定调入港股通股票范围（属于科创板A+H股公司H股的生物科技公司股票将按照前述科创板股票纳入安排调入港股通股票范围）。12月28日，前述生物科技公司股票纳入港股通。2021年2月1日，前述科创板股票纳入沪港通。

深交所不断探索优化互联互通机制安排，强化跨境监管合作，提升跨境资本服务能力，为深港通持续平稳运行保驾护航。持续完善机制安排，扩大港股通标的范围，将符合条件的港交所生物科技公司、科创板A+H股公司纳入港股通标的；将外资持股比例披露门槛从26%降至24%，便利境外投资者参与；推动南向投资者识别码制度落地，提高跨境监管效能；围绕新《证券法》实施、标的范围调整等修订规则协议，做好相关规则衔接工作。

2. 深化存托凭证合作

2020年，中国太平洋保险（集团）股份有限公司、中国长江电力股份有限公司、国投电力控股股份有限公司三家上交所上市公司通过沪伦通机制成功在伦交所发行全球存托凭证（GDR）并上市交易。沪伦通为上市公司直接融资扩展新渠道，自2019年开通以来，四家沪市上市公司通过发行GDR累计募集资金58.3亿美元。同时，沪伦通创新实现境外发行定价以中国A股价格为锚定，破除中国企业境外折价发行困局，在提升融资效率的同时保护A股投资者权益。沪伦通业务在助力上市公司实现国际化布局和高质量发展、提升金融对实体经济支持力度、推动资本市场高水平对外开放、助力构建国内国际双循环发展新格局方面也发挥了积极作用。中国太保引入瑞士再保险为GDR基石投资者，通过长期股权投资实现深度国际合作。长江电力通过沪伦通实现首次境外上市，成为公司深度融入国际资本市场的重要里程碑。

3. 扩宽ETF互联互通范围

自2019年6月25日成功推出中日ETF互通首批产品以来，首批产品运行平稳、表现良好，4只投资日本方向产品至今平均收益率约为25%，4只投资中国方向产品平均收益率近30%。为充分挖掘 ETF互通合作潜力，沪日两所联合开展了针对首批产品的推介工作。2020 年，上交所与日交所分别在上海与东京（视频方式）举办中日 ETF 市场交流会，推动两国投资者进一步了解对方市场。上交所还努力做好互通第二批产品开发筹备工作，将更多产品纳入中日 ETF 互通，探索增加产品类型与拓展互通范围，推进中日两国市场在科创产业、REITs 市场及可持续金融领域的交流借鉴。此外，2020年6月12日，境内首只投资法国股票市场的跨境ETF产品——华安法国CAC40ETF在上交所挂牌上市，成为上交所与泛欧交易所开展跨境ETF双向合作的重要成果，为境内投资者提供了参与法国市场投资的重要渠道。

2020年10月23日，深港ETF互通正式开通，标志着深港两地交易所和资管机构长期深化合作交流的重要阶段性成果，将进一步丰富两地交易所的交易品种，为内地和香港投资者跨境投资和财富管理提供更加多元化的选择，提升粤港澳大湾区金融市场一体化水平。首批互通产品中，嘉实恒生中国企业ETF、银华工银南方东英标普中国新经济行业ETF在深交所挂牌上市，恒生嘉实沪深300指数ETF、南方东英银华中证5G通信主题ETF在港交所挂牌上市。

（二）积极推进市场对外开放

1. QFII、RQFII新规发布

2020年5月7日，中国人民银行、国家外汇管理局发布《境外机构投资者境内证券期货投资资金管理规定》，落实2019年发布的取消合格境外机构投资者（QFII）和人民币合格境外机构投资者（RQFII）额度限制的决定，同时明确并简化了境外机构投资者资金管理要求。2020年9月25日，中国证监会、中国人民银行、国家外汇管理局发布《合格境外机构投资者和人民币合格境外机构投资者境内证券期货投资管理办法》（以下简称QFII新规），对QFII规则进行了重要修订，主要内容包括：合并QFII、RQFII资格和制度规则、降低准入门槛、便利投资运作、扩大投资范围等。QFII新规已于2020年11月1日正式施行。截至2020年底，共有来自34个国家和地区的558家机构取得了合格境外机构投资者资格。

2. 积极开展证券领域绿色金融国际合作

一是积极加入国际组织绿色金融行业，参与绿色标准规则制定。目前，沪深交易所均已加入世界交易所联合会（WFE）可持续发展工作组、联合国可持续交易所倡议（UN SSE）等多个绿色金融相关的国际组织及下属工作组，参与相关标准与实践研讨。2020年7—8月，沪深交易所加入UN SSE气候信息披露咨询工作组，参与制定全球发行人气候信息披露指南。9月，上交所代表当选WFE可持续发展工作组副主席。11月，上交所作为可持续发展工作组副主席，领导工作组向国际财务报告准则基金会（IFRS Foundation）反馈有关《可持续发展报告咨询文件》征求意见，积极开展与全球绿色金融标准制定有关工作。自2011年起，WFE委派深交所代表参加国际审计鉴证准则委员会（IAASB）顾问委员会工作，参与审计报告可持续信息披露标准制定。二是加强绿色金融国际交流合作，传递沪深市绿色理念和实践。上交所于2020年9月举办“对话国际投资者：ESG如何赋能上市公司”线上活动，加强沪市公司ESG能力建设，为ESG优秀公司提供的宣传平台。10月，在2020年上交所国际投资者大会上专设圆桌讨论，中国人民银行、联合国贸促会（UNCTAD）、WFE等机构代表就推动疫情后世界经济绿色复苏献计献策。深交所于2020年5月，作为发言嘉宾参加美银证券ESG论坛，介绍深市ESG发展情况和特点，传递深圳资本市场ESG理念和实践。6月，深交所作为主旨演讲嘉宾参加联合国负责投资原则（PRI）网络研讨会，介绍深市支持绿色金融发展相关成果。此外，深交所与明晟指数等国际机构开展ESG合作，举办ESG培训并研究探索绿色指数合作。深交所应邀出席自然资源部牵头的世界银行蓝色经济可持续融资原则讨论会，宣传深市蓝色经济发展实践。三是支持共建或参股的境外交易所发展绿色金融。2020年8月，哈萨克斯坦企业发展基金

Damu在上交所参股的阿斯塔纳国际交易所挂牌哈萨克斯坦首只绿色债券。9月，上交所参股的中欧国际交易所与中国投资协会签署合作备忘录，加强绿色金融领域相关合作。11月，中欧国际交易所与中国投资协会在上交所北方基地共同举办“2020中欧绿色建筑与绿色金融研讨会”。

3. 优化国际投资者服务体系

2020年，在线下交流受阻的情况下，充分利用网络工具与线上资源，开展了内容丰富、形式多样的线上推介和调研活动。上交所以线上线下相结合的形式成功举办了2020年上海证券交易所国际投资者大会，超过20个国家和地区的300余家机构近千人参会，并得到了各方高度评价。为提升国际投资者沪市市场参与度，上交所全年组织国际投资者“云走进”上交所主板公司及科创板公司等，并配合科创板一周年、新《证券法》实施、QFII新规和ESG投资等主题举办专题研讨活动，讲好中国资本市场故事，坚定国际投资者信心。此外，上交所还大幅提升英文信息推送频率与内容覆盖，建立起包括实时热点、市场周报、市场月报推送等在内的动态与定期英文信息推送机制，进一步丰富国际投资者服务工作形式，提升国际投资者服务覆盖的广度与深度。深交所同国际券商及指数公司合作开展16场线上路演，突出介绍创业板改革、深港通优化最新进展及QFII新规等重点内容，覆盖超过300家境外机构，成功探索以介绍深市产品为特色的独立路演模式；发送33期境外投资者信息周报，覆盖逾千名境外投资者，传递中国资本市场声音，解读市场新政、新规，为维护市场稳定运行起到积极效果。

4. 多方位服务“一带一路”建设

上交所结合国际形势，积极利用现有平台推动境内外资本市场对接，多角度、多方位务实推动“一带一路”建设高质量发展。一是推动资本市场合作。通过上海交易所国际交流合作中心，与“一带一路”沿线交易所保持紧密沟通，向沿线国家推广我国资本市场发展经验，帮助沿线国家资本市场培养金融人才，为上市公司“一带一路”相关业务发展提供支持，包括举办“2020年证券交易所网上交流会”，亚欧非14家境外交易所共50多位代表参加；承办由中国证监会和老挝证监会主办的“中国债券市场研讨会”；向上交所董秘培训班177家上市公司253名学员就“‘一带一路’投融资”专题进行授课等。二是稳步开展境外股权合作。2020年，中欧国际交易所在青岛及成都分别设立市场服务基地，进一步支持中资企业“走出去”。阿斯塔纳国际交易所挂牌哈萨克斯坦及中亚“一带一路”沿线国家首只人民币债券，所融资金用于支持在哈萨克斯坦的基础设施及“一带一路”项目建设。巴基斯坦证券交易所推出首批两只ETF产品和首只通过簿记登记方式发行的巴基斯坦政府伊斯兰债券，进一步增强市场深度和流动性。三是强化信息数据合作。依托中国投资信息平台服务信息数据共享。截至2020年12月底，已有哈萨克斯坦证券交易所、莫斯科交易所、巴西交易所、约翰内斯堡证券交易所和新加坡交易所等“一带一路”沿线交易所加入中国投资信息平台。其中，9家客户取得莫斯科交易所指数授权，11家客户取得巴西交易所指数数据授权。

深交所主动服务“一带一路”倡议、高

水平对外开放、粤港澳大湾区等国家战略全局，务实开展多层次国际交流合作。一是发挥战略投资者作用支持“一带一路”国家资本市场技术基础设施建设。作为巴基斯坦、孟加拉交易所股东支持当地资本市场数字化转型，2020年推动巴西交易所交易系统和市场监察系统开发部署并成功上线一期工程，完成孟加拉交易所信息披露系统和FDEP系统交付。二是建立投融资服务网络促进资本与实体经济跨境对接。深交所发挥平台优势建立的V-Next平台已覆盖45个国家和地区，为26个“一带一路”国家的近300个创新项目提供一站式跨境投融资对接服务，2020年与东盟、中东欧等“一带一路”沿线区域交易所、商业银行和创投机构共同举办10场线上+线下创新企业路演活动，推动中国资本与“一带一路”国家优质产业对接融合。三是积极拓展产品数据合作。深交所联合马来西亚交易所研发推出国证马来西亚50指数，与新加坡、菲律宾、马来西亚等交易所实现核心指数交叉展示。

六、发展展望

2021年，A股市场有望持续向好，公募、保险、外资、私募等增量资金持续流入与上市公司收入增速恢复与利润扩张将成为资金面与基本面两大支撑，A股市场将在深化改革和加速开放的进程中迈向更加完善、活跃、规范、开放的成熟市场。一是全面深化资本市场改革将持续落实落地，市场更为完善。将为稳步推进全市场注册制改革积极创造条件；进一步提高上市公司质量意见和退市改革方案落地见效。二是市场内生稳定机制不断完善，市场更为活跃。投资端改革更大力度推进，权益类基金产品供给与服务创新力度加大，中长期资金入市环境持续优化。三是法治监管体系持续完善，市场更为规范。新《证券法》和《刑法修正案（十一）》持续贯彻落实，证券违法活动将依法从严打击，加大对欺诈发行、财务造假、市场操纵等恶性违法违规行为的打击力度。四是资本市场双向开放持续推进，市场更为开放。制度型对外开放将稳步推进，市场对外联通程度持续提升，沪深港通股票范围将进一步扩大。

专题四 科创板注册制进一步完善

一、科创板再融资、减持等规则不断完善

（一）科创板再融资规则

自2019年7月科创板首批公司上市以来，按照《关于在上海证券交易所设立科创板并试点注册制的实施意见》提出的“完善再融资制度，提高科创板再融资便利性”的要求，中国证监会和上交所积极推进对科创板再融资制度的研究与制定，截至2020年7月，科创板再融资相关规则体系已基本完善。上位法层面，中国证监会制定了《科创板上市公司证券发行注册管理办法（试行）》，作为科创板上市公司再融资需要遵守的基本准则，并按照融资类型不同相应发布了《科创板上市公司公开发行证券信息披露内容与格式准则》等规则对再融资申报文件提出明确而具体的要求。在此基础上，上交所围绕审核标准、审核程序和发行承销环节的业务要求，推出了《上海证券交易所科创板上市公司证券发行上市审核规则》《上海证券交易所科创板上市公司证券发行承销实施细则》，并结合证监会最新修订实施的《再融资业务若干问题解答》制定了《上海证券交易所科创板上市公司证券发行上市审核问答》。中国证监会制定的规章和规范性文件与上交所发布的业务规则，共同构成了科创板上市公司再融资的完整规则体系。此外，上交所对科创板上市公司再融资简易程序进行了调整优化，进一步畅通科创板上市公司融资渠道、发挥再融资简易程序的制度功能。

截至2021年1月31日，科创板已受理8家上市公司申报再融资，合计募集资金222.15亿元，平均募集资金27.77亿元，最高融资金额为100亿元。从融资类型来看，其中6家企业系向特定对象发行股票，合计募集资金203.65亿元，融资金额占比91.67%，是科创板上市公司再融资的主流方式；其余2家企业向不特定对象发行可转债，合计募集资金18.50亿元。根据公开信息，除上述已受理企业外，另外有多家企业发布公告拟进行再融资。科创板再融资制度实施以来，充分增加了科创板上市公司融资便利性，对提高上市公司质量发挥了重要作用。

（二）科创板减持规则

为规范科创公司股东股份减持行为，除适用现行股份减持制度外，在科创板设立之初，上交所结合科创公司特征对减持制度作出了针对性安排，主要体现为两个“适当延长”。一方面，适当延长未盈利企业主要股东的持有期，督促关键少数长期专注公司生产经营；另一方面，适当延长核心技术人员锁定期，适当强化利益绑定。

为引导解禁股份有序退出，提高股份减持市场化程度，避免大额减持冲击市场，上交所于2020年7月制定发布了《上海证券交易所科创板上市公司股东以向特定机构投资者询价转让和配售方式减持股份实施细则》。询价转让落实注册制实施意

见要求，探索建立更为合理的减持制度，构建了优势股东与专业机构投资者博弈的平台，转让数量不设上限，转让价格释放自主空间。截至2020年底，已有6家公司完成询价转让。据初步观察，询价转让制度有利于深化股份减持博弈及市场化程度，缓解股份减持压力；有助于满足创新资本退出需求，提高资本循环利用效率；有益于为股份减持引入增量资金，优化科创公司股东结构。

二、发布红筹企业申报科创板发行上市规则

吸引优质红筹企业到科创板上市，是增强科创板对上市企业包容性、丰富科创板企业类型多样性的客观要求，有利于进一步形成科创板的品牌效应、集聚效应。解决这一问题的关键，是推动红筹企业相关配套政策和关键制度落地，提高科创板对红筹企业的竞争力和吸引力。2020年以来，上交所着力推动红筹企业科创板发行上市落地工作，落实好红筹企业登陆科创板的“最后一公里”，进一步明确红筹企业上市预期，取得了较好效果。

（一）搭建红筹企业在科创板发行上市的制度路径，进一步解决已境外上市红筹企业境内上市门槛过高问题

2018年3月发布的《国务院办公厅转发证监会关于开展创新企业境内发行股票或存托凭证试点若干意见的通知》（国办发〔2018〕21号）及试点创新企业配套制度为红筹企业境内上市提供了基本制度安排。在此基础上，证监会、上交所就红筹企业在科创板发行股票或者存托凭证并上市的发行上市条件、信息披露要求、注册审核程序、发行承销业务、上市后持续监管及二级市场交易等作出了规定，为红筹企业登陆科创板明确了具体路径。

为进一步解决已在境外上市红筹企业境内上市门槛过高问题，2020年4月30日，上交所配合证监会制定发布《关于创新试点红筹企业在境内上市相关安排的公告》，降低了境外已上市红筹企业在境内发行上市的市值要求，对于“市值200亿元人民币以上，且拥有自主研发、国际领先技术，科技创新能力较强，同行业竞争中处于相对优势地位”的已上市红筹企业，可申请在境内发行股票或存托凭证。同时，明确了存在协议控制架构的红筹企业申请发行股票的操作路径，以及尚未境外上市红筹企业申请在境内上市涉及用汇的请示路径。

（二）细化红筹企业在科创板发行上市的审核标准，打通红筹企业登陆科创板的“最后一公里”

2020年6月5日，上交所发布《关于红筹企业申报科创板发行上市有关事项的通知》等规则，针对红筹企业发行上市审核中普遍存在的特殊性问题，借鉴国际最佳实践，解决了对赌协议处理、股本总额计算、营业收入快速增长认定、退市指标适用等审核标准问题，打通了红筹企业登陆科创板的“最后一公里”。

在证监会的统一部署下，上交所坚守科创板定位要求，积极推动优质红筹企业在科创板发行上市。截至2020年12月，

华润微、中芯国际、格科微、九号公司、吉利控股、依图科技六家红筹企业已完成科创板申报，华润微、中芯国际、九号公司三家红筹企业已在科创板发行上市。其中，中芯国际是全球领先的集成电路晶圆代工企业之一，也是中国技术最先进、规模最大、配套服务最完善、跨国经营的专业晶圆代工企业，科创板对于优质红筹企业的制度吸引力及示范效应初步显现。

专题五　创业板改革并试点注册制顺利落地

一、发布创业板注册制相关业务规则及配套安排

2020年4月27日，中央全面深化改革委员会第十三次会议审议通过《创业板改革并试点注册制总体实施方案》（以下简称《实施方案》），深交所闻令而动，提出“开明、透明、廉明、严明”的工作思路，确立操作“无感”、效果“有感”的实施目标。深交所统筹创业板改革长远目标和试点阶段性特征，兼顾存量市场特点和新增企业情况，一体推进发行、上市、信息披露、交易、退市等基础性制度改革，切实做好交易所层面相关业务规则及配套安排的起草制定、修订完善工作，涉及首发审核类、再融资和并购重组审核类、持续监管类、发行承销类、交易类五个方面，着力构建体系健全、层次清晰、内容完备的规则体系。

根据《实施方案》，按照中国证监会统一部署，深交所在前期广泛征求意见基础上，2020年6月12日正式发布创业板改革并试点注册制相关业务规则及配套安排，共计8项主要业务规则及18项配套细则、指引和通知。

深交所集中发布主要业务规则，包括《创业板股票发行上市审核规则》《创业板上市公司证券发行上市审核规则》《创业板上市公司重大资产重组审核规则》《创业板上市委员会管理办法》《行业咨询专家库工作规则》《创业板股票上市规则（2020年修订）》《创业板交易特别规定》《创业板转融通证券出借和转融券业务特别规定》等8项。

此外，还同步发布18项配套业务细则、指引和通知，进一步明确细化上位法及主要业务规则中相关制度安排，包括《创业板企业发行上市申报及推荐暂行规定》《创业板首次公开发行证券发行与承销业务实施细则》《创业板上市公司证券发行与承销业务实施细则》《创业板股票异常交易实时监控细则（试行）》《创业板上市公司规范运作指引（2020年修订）》《关于创业板试点注册制相关审核工作衔接安排的通知》《创业板股票首次公开发行上市审核问答》《创业板上市公司证券发行上市审核问答》等。

二、明确创业板定位，突出创业板特色

为明确创业板定位，突出创业板特色，进一步提升拟上市企业申报质量，促进创业板市场持续健康发展，深交所制定了《创业板企业发行上市申报及推荐暂行规定》，从四个方面引导、规范创业板发行人申报和保荐人推荐工作。

一是明确支持和鼓励符合创业板定位的创新创业企业在创业板上市，并支持传统产业与新技术、新产业、新业态、新模式深度融合，落实创新驱动发展战略，服务实体经济高质量发展。

二是坚守创业板定位，结合以高新技术产业企业和战略性新兴产业企业为主的板块特征，设置行业负面清单，原则

上不支持房地产等传统行业企业在创业板上市。

三是为更好支持、引导、促进传统行业转型升级，明确与新技术、新产业、新业态、新模式深度融合的行业负面清单中传统企业，仍可在创业板上市。

四是按照“新老划断”原则，明确在审企业不适用行业负面清单的规定，进一步做好新旧制度衔接，稳定市场预期。

三、发布红筹企业上市规则，提升市场包容性

为进一步提升创业板市场包容性，支持优质红筹企业登陆创业板，促进创业板市场持续健康发展，深交所就红筹企业申报创业板发行上市和交易中涉及的对赌协议相关安排、股本总额计算、营业收入快速增长认定、证券特别标识、信息披露适应性调整、退市指标适用、投资者权益保障等事项，在《创业板股票上市规则（2020年修订）》《创业板交易特别规定》和《创业板股票首次公开发行上市审核问答》中作出针对性安排，具体包括：

一是明确对赌协议中优先权利相关安排。明确红筹企业上市之前向投资人发行带有约定赎回权等优先权利的优先股，若发行人和投资人承诺在申报和发行过程中不行使优先权利的，可以在上市前转换为普通股，对转换后的股份不按突击入股处理。

二是调整股本总额计算口径。考虑到红筹企业的组织形式、股票面值及股本要求与境内企业存在较大差异，且相关安排属于公司治理范畴，因此对红筹企业特定上市条件予以调整适用。红筹企业在适用创业板上市条件中“股本总额”相关规定时，不按照总金额计算，调整为发行后的股份总数或者存托凭证总份数。

三是明确“营业收入快速增长”判断标准。从营业收入、复合增长率、同行业比较等维度，明确发行上市相关条件中“营业收入快速增长”的具体判断标准，并规定处于研发阶段的红筹企业和对落实国家创新驱动发展战略有重要意义的红筹企业，不适用“营业收入快速增长”规定。

四是设置证券特别标识。为提示创业板股票及存托凭证交易风险，保护投资者合法权益，对于具有协议控制架构或者类似特殊安排的红筹企业，以适当方式对其股票或存托凭证作出特别标识。如红筹企业上市后不再具有相关安排，该特别标识将被取消。

五是明确信息披露的适应性调整。红筹企业在适用创业板相关信息披露要求和持续监管规定时，如可能导致不符合公司注册地有关规定或市场普遍认同标准的，可申请调整适用，同时应说明原因和替代方案，并出具法律意见。

六是调整交易类强制退市相关指标。鉴于红筹企业股票面值以美元、港元等为单位且面值可能较低，存托凭证的交易价格、持有人数量也与股票存在较大差异，因此对红筹企业相关退市情形予以调整适用。红筹企业发行股票的，明确在适用“面值退市”指标时，按照“连续二十个交易日每日股票收盘价均低于1元人民币”

的标准执行；红筹企业发行存托凭证的，调整为“连续二十个交易日每日存托凭证市值均低于3亿元”等，明确不适用“股东人数”退市指标。

七是强调保障投资者权益。对于红筹企业公司治理、运行规范等事项适用注册地法律法规的，强调其投资者权益保护水平总体上应不低于境内法律法规规定的要求，并保障境内存托凭证持有人实际享有的权益与境外基础证券持有人的权益相当。

四、完善交易监控制度，为注册制保驾护航

为维护创业板股票交易秩序，保护投资者合法权益，促进提升市场活跃度，防范交易风险，深交所制定了《深圳证券交易所创业板股票异常交易实时监控细则（试行）》，自《创业板首次公开发行股票注册管理办法（试行）》发布后依照其规定发行上市的首只股票上市首日起施行。《创业板股票异常交易实时监控细则（试行）》立足创业板市场特点，以实现分类监管、精准监管、科学监管为目标，构建可操作、可执行的创业板异常交易行为监管体系，明确异常交易行为定性定量认定标准，规定投资者异常交易行为监管措施，规范会员履行客户管理职责。具体包括以下四个方面：

一是明确异常交易行为主要类型。具体包括虚假申报、拉抬打压股价、维持涨跌幅限制价格、自买自卖和互为对手方交易、严重异常波动股票申报速率异常五大类典型异常交易行为。

二是量化异常交易行为指标阈值。明确各类异常交易行为定义和构成要件，细化规定具体指标阈值，包括申报数量和频率、股票交易规模、市场占比、股价波动情况等，监控标准可根据市场发展情况进行动态调整。

三是规定异常交易行为认定要求。异常交易行为认定需结合量化标准（如申报数量和频率、股票交易规模、市场占比、股价波动情况等）和定性分析（如股票基本面、上市公司重大信息、市场整体走势等）进行实质性判断。

四是强化会员履行客户管理职责。会员应事前了解客户、事中监控交易，及时识别、管理和报告客户异常交易行为，积极协同配合深交所做好异常交易行为监管工作，共同维护创业板股票交易秩序。

五、创业板改革试点注册制顺利落地

2020年8月24日，创业板改革并试点注册制正式落地。推进创业板改革并试点注册制是习近平总书记亲自研究、亲自部署的资本市场重大改革举措，是党中央、国务院作出的重大决策部署，是以增量带动存量改革、完善资本市场基础制度的重要安排，是资本市场全面深化改革承上启下的重要环节，为下一步全市场注册制改革积累了经验、奠定了基础。创业板改革并试点注册制对于完善我国资本市场体系、助力粤港澳大湾区和中国特色社会主义先行示范区建设、促进国民经济整体良性循环和经济高质量发展具有重大意义。

创业板改革并试点注册制坚持市场化、法治化方向，以注册制改革为主线，统筹推进发行、上市、信息披露、交易、退市等基础制度改革。改革措施落地以来，市场整体运行平稳，主要制度规则和技术系统运行顺畅，改革成效初步显现。

截至2021年2月底，深交所正式受理546家首发、288家再融资、16家重大资产重组申请。深交所坚持以信息披露为核心，推进审核工作常态化，审核标准、进程、结果、监管措施全部向市场公开，审核进度和审核结果基本稳定可预期。创业板注册制下共有86家上市公司，市值合计1.2万亿元，占创业板总市值的11%，其中65家预披露2020年度经营业绩，预计平均净利润2.65亿元至2.79亿元，同比增长45.7%~53.5%，经营业绩整体较好。

改革措施落地以来（截至2021年2月底），创业板指数累计上涨10.7%，同期深证成指、中小板指数、上证指数分别上涨7.6%、7.2%和3.8%，科创50指数下跌8.4%。创业板日均成交2 142亿元，较改革前（1 753亿元）增长22%；日均换手率3.7%，较改革前（3.4%）提升0.3个百分点。改革后的交易制度放宽了涨跌幅限制，提高了定价效率，86只新股上市首日收盘较发行价平均上涨238%，第三日起逐步企稳，第四、第五日振幅稳定在16%左右，均衡价格形成期大幅缩短。新股平均市盈率55倍，估值水平低于创业板平均水平（68倍）。存量股票涨跌幅超过10%的股票日均23只，占比2.8%，较改革前日均涨跌停34只、涨跌停占比4.2%有所降低。

第六章　外汇市场

2020年，我国外汇市场成交量小幅增长，人民币汇率呈双向波动，外汇市场基础设施和制度建设进一步完善，对外开放稳步推进，外汇市场发展质量进一步提高。

一、运行情况

（一）人民币汇率先贬后升

2020年初，人民币对美元汇率中间价和收盘价分别报6.9614和6.9631，此后震荡下行，5月28日，分别报7.1277和7.1600，较上年末分别贬值1 515个基点（2.17%）和1 938个基点（2.78%）。此后呈升值走势，年末，人民币对美元汇率中间价和收盘价分别报6.5249和6.5398，较上年末分别升值4 513个基点（6.47%）和4 264个基点（6.12%）。其中，12月25日分别报6.5333和6.5241，为年内最高。

人民币对主要非美货币有升有贬。年末，人民币对欧元、日元、英镑、澳大利亚元、加拿大元汇率中间价分别为8.0250元/欧元、6.3236元/100日元、8.8903元/英镑、5.0163元/澳大利亚元、5.1161元/加拿大元，较上年末分别贬值2.6%、升值1.3%、升值2.9%、贬值2.6%和升值4.4%。

人民币对一篮子货币升值。年末，CFETS人民币汇率指数、参考BIS货币篮子和参考SDR货币篮子的人民币汇率指数分别收于94.84、98.68和94.23，较上年末分别上升3.78%、3.78%和2.64%。

图6-1　2020年人民币对美元即期汇率走势

（数据来源：中国外汇交易中心）

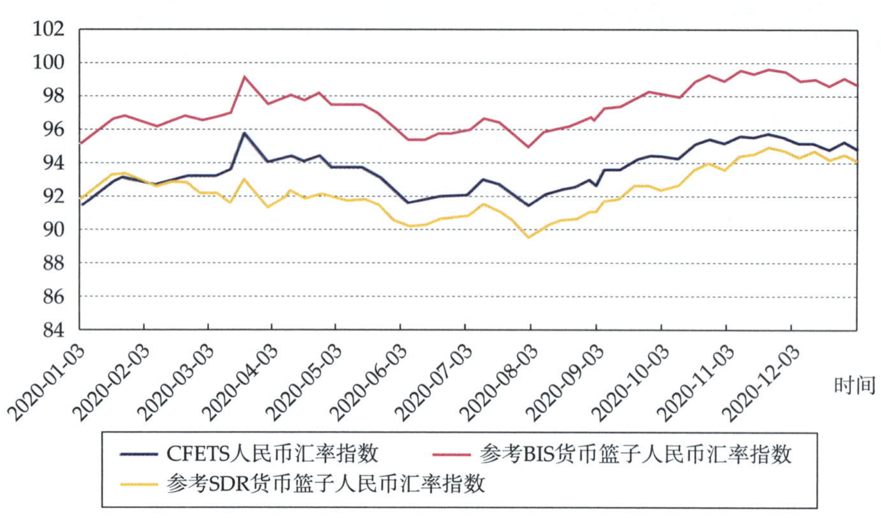

图6-2 2020年三大人民币汇率指数走势

（数据来源：中国外汇交易中心）

（二）外汇市场交易量小幅增长

2020年，受疫情影响，银行间外汇市场交易量增速较上年有所放缓，全年累计成交36.42万亿美元，同比增长1.79%，增速同比下降3.51个百分点。其中，人民币外汇即期市场成交8.38万亿美元，同比增长5.55%；外币对即期市场成交0.22万亿美元，同比增长30.99%；外汇衍生品市场成交17.61万亿美元，同比增长1.32%；外币利率市场成交10.21万亿美元，同比下降0.80%。

二、主要特点

（一）人民币汇率呈双向波动

2020年1—3月，人民币汇率震荡上行，于3月20日达到高点，当日CFETS人民币汇率指数、参考BIS货币篮子和参考SDR货币篮子的人民币汇率指数分别收于95.73、99.03和92.96，较年初分别上升4.61%、4.03%和1.08%，此后震荡下行，7月31日分别收于91.42、95.03和89.56，较3月20日分别下降4.50%、4.04%和3.66%；8—12月人民币汇率恢复上行，并于11月20日达到年内最高点，当日上述指数分别收于95.83、99.64和94.93，较7月31日分别上升4.82%、4.85%和6.0%。

（二）人民币外汇市场发展质量提升

2020年，银行间人民币外汇市场成交25.4万亿美元，同比增长1.6%，较上年上升0.9个百分点；日均成交1 045.1亿美元，同比增长2.0%，市场增长趋于稳定。近年来，随着交易机制进一步完善、做市考评措施逐步加强，市场流动性进一步改善。一是做市机构与普通会员之间的交易持续增长，即期市场交易量占比提升超过5个百分点，做市机构向普通会员做市意愿显著提升，市场流动性进一步向普通会员倾斜。二是各交易模式协调发展，其中做市机构之间流动性交换主要通过撮合模式进行，做市机构向普通会员提供流动性则以询价模式为主。

（三）外币对市场快速发展

2020年，银行间外币对市场成交8 109.5亿美元，同比增长70.51%，日均成交33.4亿美元，日均同比增长71.2%。其中，主要交易产品外币对掉期大幅增长95.3%，为年内银行间外汇市场增长最快的子市场。外币对市场的快速发展，进一步满足了近年来境内主体日益增长的外币风险管理需求。

（四）境外机构交易活跃度增加

2020年境外机构在银行间人民币外汇市场累计成交8 387.04亿美元，同比增长98.35%，日均交易34.51亿美元，同比增长99.2%，市场占比由上年的0.8%上升至1.7%。债券投资相关的外汇对冲需求是境外机构外汇交易的主要动因，全年人民币购售中债券投资项下交易占比高达92.2%。分机构类型看，境外央行类机构、人民币清算行和人民币参加行交易量分别为3 328.34亿美元、902.65亿美元和4 156.05亿美元，同比分别增长59%、81%和154%。

三、创新与制度建设

（一）上线银企交易平台，服务实体经济

2020年10月，银企交易服务平台上线，首次将中国外汇交易中心外汇业务内涵拓展至银行对客结售汇业务，进一步满足实体经济外汇资金交易和风险管理需求。截至2020年年底，银企平台共有3家企业及9家银行在平台完成注册，年内在人民币外汇即期和掉期市场均有交易达成，涵盖人民币对英镑、港元和瑞士法郎3个币种。

（二）落地主经纪业务，促进市场对外开放

主经纪（Prime Brokerage）业务模式指参与机构以其他机构（主经纪商）名义和/或授信与对手方达成交易。主经纪模式下，市场参与者可通过订立协议和支付保证金的方式使用主经纪商的市场授信。2020年1月21日，主经纪业务首先在银行间外币对市场上线。此后，中国外汇交易中心进一步在人民币外汇市场推出主经纪业务，上线初期仅适用银行间债券市场直接投资模式（CIBM Direct）的外汇风险管理。7月13日，中国银行、交通银行成为首批主经纪商并达成首笔业务。

银行间外汇市场主经纪业务落地，为境外投资者提供更多元的外汇风险对冲渠道，拓展了交易对手范围，有效解决授信制约问题，显著提升交易效率。

（三）完善债券市场境外投资者汇兑流程

1月13日，国家外汇管理局发布《关于完善银行间债券市场境外机构投资者外汇风险管理有关问题的通知》，在直接入市渠道下，境外投资者可作为客户与不超过3家境内金融机构直接开展外汇交易，拓宽了渠道，降低了交易成本。9月24日，中国外汇交易中心发布《关于落实完善债券通渠道资金汇兑和外汇风险管理有关安排的公告》，明确每家债券通投资者可选择不超过3家香港结算行办理资金汇兑和外汇风险对冲业务，结算行范围由原来的1家拓展至3家，便利境外投资者进行汇率风险管理。

（四）完善接口服务，提升交易效率

2020年，外币对市场推出交易接口服

务（LC API）。LC API是自动化上下行接口服务，支持交易指令的上传和交易数据的下行。在询价（含RFQ和ESP）和撮合交易模式下，交易发起方可通过接口提起订单或点击成交，开展外币对即期、远期和掉期交易。数据下行服务可发布更加精细的行情信息，为市场参与者报价和交易策略提供更完整的数据支持。

此外，在银行间人民币外汇期权和外币对期权市场推出报价接口服务，提高期权报价效率。期权报价接口支持机构对各货币对标准期限、标准波动率品种持续双边报价。

（五）深化外币利率市场建设

2020年，外币利率市场建设不断推进，外币利率衍生品新增挂钩美元担保隔夜融资利率（SOFR）、英镑隔夜指数平均值（SONIA）、欧元短期利率（ESTR）及东京隔夜平均利率（TONAR）等新基准利率品种，外币回购推出境内债外币回购券款对付结算方式，结算双方同步办理债券过户和资金支付并互为条件，可实现同步完成外币资金和人民币债券交收，有效提高结算效率，增加结算安全性，进一步便利市场参与主体参与境内外币市场交易。

（六）创新交易辅助功能

中国外汇交易中心推动即时通信工具（iDeal）向交易辅助工具转型。一是在iDeal推出外汇经纪报价和外汇经纪一站式直通服务，汇聚五家货币经纪报价，支持外汇远期和掉期在iDeal上完成交易全流程。二是丰富iDeal信息行情。市场参与者可跟踪实时价格、回溯历史走势，纵观多个交易品种、多种交易模式的行情数据。

四、发展展望

2021年，外汇市场将继续完善智能监测指标并逐步落实，提升智能化监测水平；推进升级银企平台系统功能，提升金融基础设施的建设水平，为银行间市场探索程序化交易夯实技术基础。深化外汇市场对外开放，通过交易机制创新、综合信息整合服务和互联互通业务合作等举措，为境内外参与主体的资金兑换和汇率风险管理提供更全面、更完善的服务；加强与境内外托管机构合作，拓展更多外币回购业务应用场景；在外币对和外币利率互换等产品上，探索与国际平台建立流动性连通。

第七章　黄金市场

2020年，黄金市场价格先升后降，波动有所加大，年末黄金现货与黄金期货价格同比分别上涨14.44%和14.42%。我国黄金市场成交保持活跃，黄金市场产品创新进一步深化，市场交易机制持续优化，市场基础设施建设不断完善，对外开放稳步加快。

一、运行情况

（一）上海黄金交易所黄金交易情况

1. 现货金价上涨逾14%，黄金成交额同比上升

2020年，上海黄金交易所（以下简称上金所）Au99.99合约年初开盘价341.95元/克，全年最高价449.00元/克，最低价327.60元/克，年末收盘价390.00元/克，较2019年末上涨14.44%。全年，上金所总交易金额43.32万亿元，同比增长50.66%，其中，黄金成交量5.87万吨，同比下降14.44%；成交金额22.55万亿元，同比增长4.91%。

图7-1　2020年国内外黄金价格走势

（数据来源：上海黄金交易所）

2. 黄金竞价、询价、定价市场交易量同比均有所下滑

2020年，黄金竞价成交量2.67万吨，同比下降1.47%；成交金额10.24万亿元，同比增长20.63%。其中，黄金现货合约成交3 480.84吨，同比下降33.24%；黄金延期合约成交

2.32万吨，同比增长6.12%。黄金询价市场全年成交量3.10万吨，同比下降23.11%，成交金额11.93万亿元，同比下降5.67%，银行间询价市场参与机构增加至79家。黄金定价市场全年共进行486场1 002轮交易，平均每场2.06轮，共成交986.65吨，同比下降15.60%，成交额3 854.29亿元，同比增长6.35%，日均成交4.06吨，日均成交额15.86亿元，累计有29家会员单位、36家机构客户参与“上海金”交易。

3. 资金清算量稳步增长，黄金出入库规模下降

2020年，上金所资金清算量4.53万亿元，日均资金清算量186.52亿元，同比增长21.58%。主板黄金出库量1 205.33吨，同比下降26.59%；入库量1 280.64吨，同比下降28.00%。国际板黄金出库量30.15吨，同比下降79.26%；入库量8.15吨，同比下降92.36%。

（二）上海期货交易所黄金期货和期权交易情况

1. 黄金期货价格先涨后跌

2020年，上海期货交易所（以下简称上期所）黄金期货主力合约年初开盘价346.00元/克，最高价454.08元/克，最低价330.12元/克，最大价差123.96元/克；年末收盘价397.60元/克，较上年末收盘价347.48元/克上涨50.12元/克，涨幅14.42%。

2. 黄金期货成交量和持仓量保持增长，交割量大幅上升

2020年，上期所黄金期货成交5 240.55万手（折合5.24万吨）和20.72万亿元，同比分别增长13.41%和38.16%，日均成交21.57万手和852.61亿元；日均持仓26.47万手，同比增长0.53%；交割2 958手（折合2.96吨），同比增长36.75%。截至2020年末，共有工商银行、农业银行、中国银行、建设银行、交通银行、浦发银行6家指定交割金库（共39个存放点）。

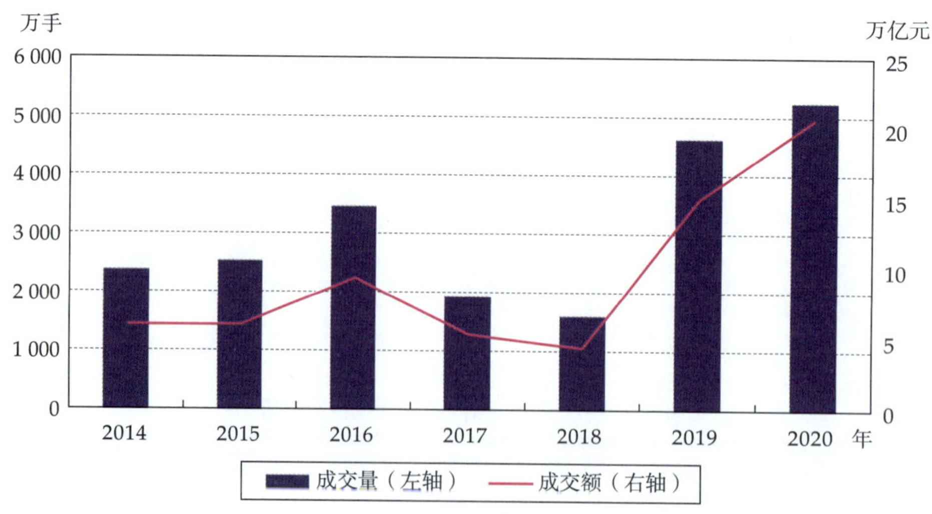

图7-2 2014—2020年上海期货交易所黄金期货年度交易情况

（数据来源：上海期货交易所）

3. 黄金期货期权交易平稳

黄金期权日均成交量0.97万手，日均成交额6 430.45万元，日均持仓量3.15万手。从相对标的市场规模来看，黄金期权日均成交量与标的黄金期货的比例为4.48%，日均持仓量与标的黄金期货的比例为11.91%。行权方面，黄金期权共经历了10个到期日，620个合约完成行权、顺利摘牌，累计行权量12 794手，基本为实值期权行权。

（三）商业银行柜台黄金业务开展情况

2020年，商业银行在境内开展的各项场外黄金业务累计成交1.14万吨，同比上升10.26%。其中，账户金、实物金和黄金理财产品销售表现增长，黄金租借和黄金衍生品交易规模有所下降。

1. 账户金交易量大幅上升

2020年商业银行账户金双边成交4 480.16吨，同比上升27.51%；成交金额为17 093.67亿元，同比上升53.53%。其中，美元账户金累计成交294.44吨，同比上升24.86%，成交金额为1 140.91亿元，同比上升53.63%；人民币账户金累计成交4 185.73吨，同比上升27.71%，成交金额为15 952.76亿元，同比上升53.52%。截至2020年末，账户金业务中客户净多头头寸77.86吨，同比上升3.52%。

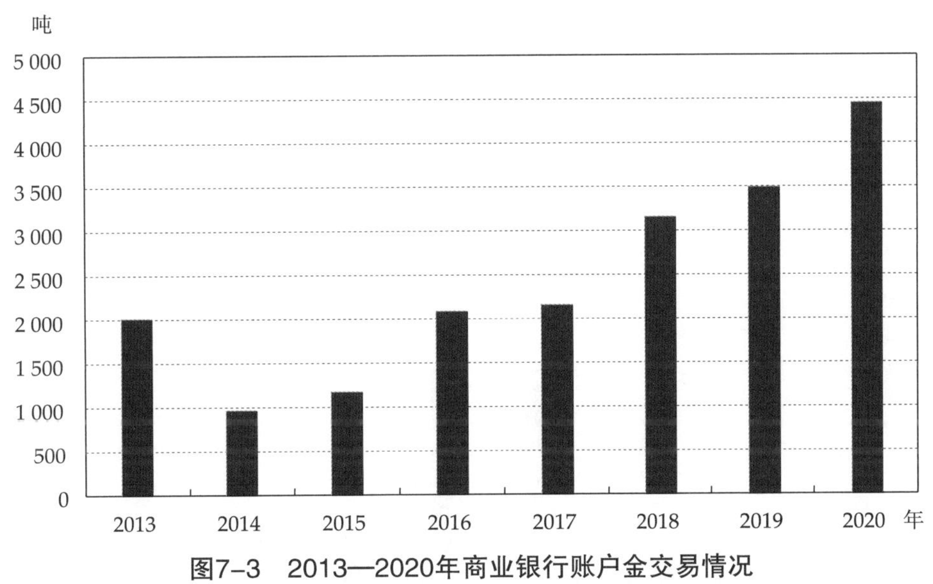

图7-3　2013—2020年商业银行账户金交易情况

2. 商业银行实物金销售近五年首次增长

商业银行实物金业务包括自营品牌金、代理品牌金和黄金积存（含黄金定投）的销售及回购。2020年，商业银行实物金销售252.42吨，同比增长21.27%，累计销售额为1 016.99亿元，同比增长46.79%。其中，自营品牌金销售86.85吨，同比增长14.19%；代理品牌金销售16.24吨，同比下降12.19%；黄金积存（含定投）销售149.33吨，同比增长33.77%。

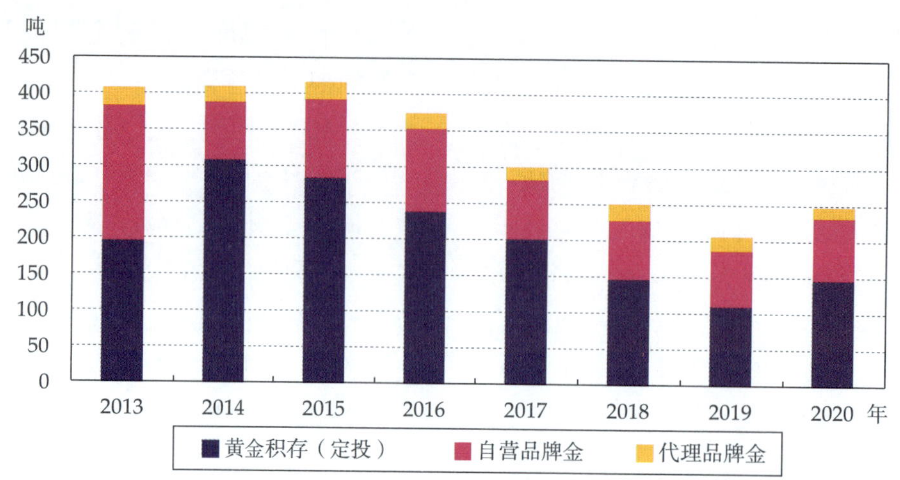

图7-4　2013—2020年商业银行实物黄金销售量

3. 黄金理财产品销售较快增长

2020年，商业银行出售各类挂钩黄金理财产品的名义本金额38 394.89亿元，同比上升52.07%，到期赎回38 839.54亿元，同比上升87.20%。截至2020年末，未到期黄金理财产品余额4 752.59亿元，同比下降38.24%。

4. 黄金租借业务小幅下降

黄金租借业务包括商业银行同业黄金拆借和对企业客户的黄金租赁两部分。2020年，商业银行累计租出黄金2 013.01吨，同比下降8.01%。其中同业拆出黄金1 410.12吨，同比下降2.62%；对客租出黄金602.89吨，同比下降18.55%。截至2020年末，黄金业务租借余额1 193.52吨，同比下降15.07%。

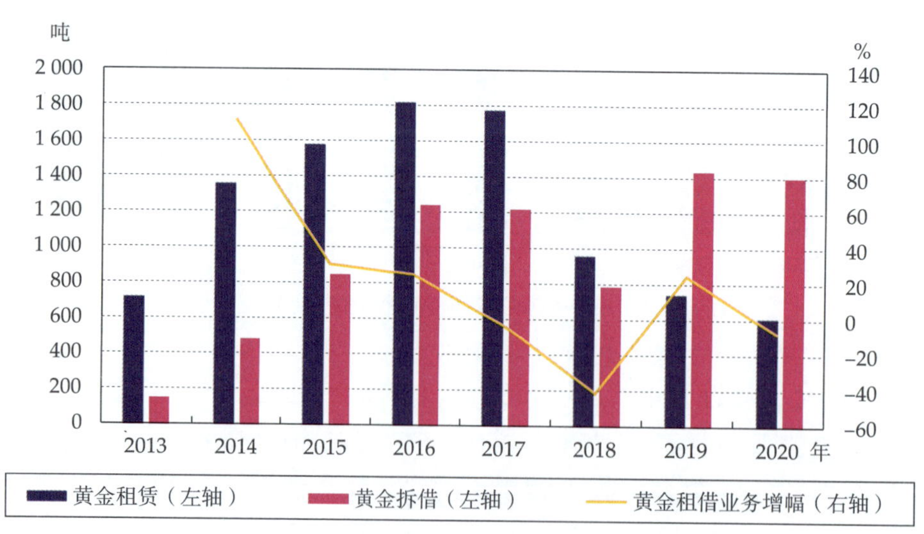

图7-5　2013—2020年商业银行黄金租借交易情况

5. 境内黄金衍生品交易量明显下降

2020年，商业银行在境内开展的黄金衍生品累计成交黄金3 154.62吨，同比下降10.80%。从产品结构来看，黄金远期成交

510.33吨，同比下降7.51%；黄金掉期成交2553.70吨，同比下降13.52%；黄金期权成交90.59吨，同比上升185.56%。从币种结构来看，人民币计价的场外黄金衍生品成交686.18吨，同比上升27.65%；美元计价的场外黄金衍生品成交2 468.44吨，同比下降17.69%。

二、主要特点

（一）黄金价格先升后降，波动显著

2020年，受新冠肺炎疫情影响，国内外金融环境复杂多变，黄金价格先升后降，大幅波动。年初，国际现货黄金价格最低下探至1451.13美元/盎司。3月，美联储连续推出开放式量化宽松政策，低实际利率和通胀预期推升现货黄金价格大幅反弹。8月上旬，国际现货黄金价格最高触及2 075.14美元/盎司，国内现货黄金价格最高触及449.00元/克，均创历史新高。第四季度，受新冠肺炎疫苗研发取得积极进展、市场不确定性下降等因素影响，黄金高位回调整理。上金所黄金Au99.99合约全年振幅35.62%，年末收盘价390.00元/克，较2019年末上涨14.44%。2020年，Au99.99合约平均价为387.44元/克，较2019年平均价上涨23.91%。

（二）国内金价对国际金价由溢价转为折价

2020年，新冠肺炎疫情暴发以来，国内实物金销售受到冲击，出现黄金现货需求不足、供给相对过剩的情况；而国际市场受避险需求和实物流通不畅等因素影响，对黄金的需求比较旺盛，导致国内外价差大幅走低，国内价格显著贴水。疫情暴发前，国内黄金价格一般高于国际，国内外价差长期稳定在1~2元/克区间内，疫情暴发后，价差于2月由正转负，并于8月12日下探至-22.88元/克的全年最低值。第四季度价差逐渐回归，年末基本稳定在-5元/克附近。全年，黄金的国内外价差平均幅度为-5.77元/克，比上年的2.46元/克下跌了8.23元/克。

（三）黄金投资需求稳步增长

黄金现货实物交易量降幅明显，全年黄金现货合约成交3 480.84吨，同比下降33.24%。但得益于市场行情推动投资需求增长以及手续费优惠减免政策，黄金延期市场交易量稳步增长，全年黄金延期合约成交2.32万吨，同比增长6.12%。上期所黄金期货交易延续2019年的涨势，交易量达5 240.55万手（折合5.24万吨），同比增长13.41%，日均持仓26.47万手（折合264.7吨），同比增长0.53%。

（四）市场参与者结构进一步优化

2020年，上金所黄金竞价交易主体中，自营成交1.11万吨，同比下降21.10%；代理成交量1.56万吨，同比增长19.63%，其中代理机构成交量7 016.84吨，同比增长13.60%，代理个人成交量8 593.00吨，同比增长25.05%。上期所黄金期货法人客户参与度持续增长，成交占比近五成，持仓占比超八成，证券公司和基金管理公司等特殊单位客户超过1.2万个，国内黄金生产和消费企业、商业银行等机构已成为市场的重要参与力量。黄金期权投资者结构得到优化，法人客户日均成交占比超七成，日均持仓占比超六成。

三、产品创新、制度建设和基础设施建设

（一）进一步推进黄金市场产品创新

场内产品创新不断深化，上金所推动场内现货黄金期权产品研发，2020年年内实现3只传统黄金ETF上市及首批4只上海金ETF上市，推动保险资金通过投资黄金ETF参与黄金市场。场外产品创新持续推进，履约担保型询价产品实现技术上线，研究挂钩“上海银”询价衍生产品，推动多边询价产品创新储备。

（二）切实优化黄金市场交易机制

上金所增加询价市场夜盘交易时间，设定长期未发生交易的合约为不活跃状态，提升市场运行效率。结构化降低延期和现货合约手续费率，调降延期市场递延费率，降低投资者交易手续费及持仓成本。关怀疫区会员，减免湖北地区会员单位2020年度部分费用。上金所加强会员管理，优化会员资格全周期管理，建立事前准入严格审核、事中实时风险监测、事后限期整改与处罚的工作机制，发布《上海黄金交易所会员身份识别工作指引》。上期所持续优化交易规则和运行机制，包括优化交割流程、优化担保品管理、完善做市商制度等。

（三）着力完善黄金市场基础设施建设

人民银行上海总部与上金所共建完成中国黄金市场交易报告库（一期），有效促进黄金市场交易数据的互联互通，进一步提升黄金市场监测管理手段和市场风险预警防范水平。上金所有序推进交易系统和清算基础设施建设，保障系统运行安全高效。易金通App运行良好，场内交易额超过4.3万亿元，同比增长196.1%。黄金资产管理业务登记托管系统全年完成533只资管产品的登记托管。推进积存金兑换、代销等场外业务，推动场外黄金市场基础服务平台建设。推动上金所国际板FT账户海外联通，实现FT境内复制推广业务落地。

四、对外开放

（一）上金所黄金国际板业务稳步发展

2020年，上金所国际业务板块（以下简称国际板）黄金成交8 028.83吨，同比下降2.07%；成交金额3.05万亿元，同比增长16.54%，占上金所国际板业务总成交金额的36.92%。

1. 国际会员规模持续扩大，会员结构不断优化

截至2020年末，已发展89家国际会员、87家国际客户，全年新增国际会员13家。国际会员涵盖商业银行、精炼企业、贸易公司、券商、投资机构等多种类型，市场参与主体结构进一步优化，交易规模和市场参与度不断提升。

2. 资金清算路径顺畅，跨境资金流动有序

国际板资金清算路径顺畅，资金跨区调拨规模可测、渗透风险可控。2020年，国际板净额资金清算量1 546.44亿元，日均清算量6.36亿元，同比下降18.05%。国际会员实现资金划转1 120.91亿元，其中转入资金577.43亿元，转出资金543.48元。跨境资金流出133.95亿元，流入122.34亿元，逆差11.61亿元。截至2020年末，国际板共在中国银行等9

家保证金存管银行开立8个FT账户和1个境外结算专用账户；国际会员已开立200个FT账户，其中FTE账户100个，FTN账户100个；境外账户36个。

3. 提高物流效率，推动国际板转口贸易业务起步

上金所会同海关等相关部门主体，不断优化流程、降低物流运转成本、提高报关效率等措施，实现上海开展同类业务效率与国际主流黄金市场相当。国际板开展转口贸易标志着国际板全面融入全球市场，能够在全球的黄金资源配置中发挥市场功能。截至2020年末，国际板转口贸易规模23.26吨。

（二）境内外市场合作进一步拓宽

1. 推进国际合作，拓展市场开放空间

上金所积极向外探索，推进与重点国家和区域市场合作项目：与俄罗斯全国金融协会签署谅解备忘录，约定开展多方面合作，促进中俄两地贵金属市场互联互通及共赢发展；与美国芝加哥商业交易所（CME）就维护市场健康秩序、产品信息及后续合作等保持良好沟通；推动与印度相关交易所的合作洽谈。

2. 不断丰富“黄金之路”项目内涵，推出金锭加工复出口业务模式

上金所以国内银行和精炼企业的实际产业需求为基础，创新业务模式、再造业务流程，在后疫情时期试点推出标准金锭加工复出口业务，切实服务于国内黄金产业复工复产内在需求，加快推进境内外黄金实物市场互联互通，为推动中国黄金产业优质产能“走出去”与“一带一路”沿线旺盛的实物黄金需求有效对接奠定基础。

3. 克服疫情影响，加大境外线上推广力度

2020年，上金所通过举办“黄金之路”“沪澳黄金之路”等多场创新业务线上推介会、线上研讨会项目，向来自泰国、新加坡、中国香港、中国澳门等国家和地区推介业务新模式，探讨后疫情时期的跨境、跨市场合作新机遇。通过举办国际会员线上培训会，帮助国际会员进一步了解中国黄金市场，促进国际会员积极、合规地参与国际板各项业务。

五、发展展望

2021年，中国黄金市场将继续以稳健发展为目标，稳步推进市场改革创新，逐步完善黄金市场产品体系，优化投资者结构，促进多层次、全功能的黄金市场建设。同时，继续完善黄金市场基础设施，推进制度建设，提升服务水平，维护黄金市场平稳有序运行。

专题六　黄金ETF市场发展进入新阶段，首批"上海金"ETF创新产品顺利推出

上海黄金交易所于2013年联合上海证券交易所及深圳证券交易所推出黄金ETF产品，其以上金所黄金现货为基础资产，紧密跟踪黄金价格，基金份额在证券交易所上市交易。近年来，随着黄金投资价值被进一步认可，黄金ETF凭借其交易方式灵活、投资起点低、成本低等优势迅速发展，2020年黄金ETF市场在加快产品体系建设和创新方面均取得一定成效。

一、新基金集中挂牌上市，满足市场快速发展需求

2020年黄金ETF成交量2 214.88吨，同比增长56.52%，成交金额8 479.13亿元，同比增长95.07%，年末基金持仓60.43吨，同比增长35.16%。

为了更好地满足投资者日益旺盛的黄金ETF投资需求，全年共有7只黄金ETF产品挂牌上市，是产品发行数量最多的一年。其中3只是基于上金所Au99.99合约的传统黄金ETF，另外4只是首批"上海金"ETF产品，全市场产品总数达11只。此外，第二批5只上海金ETF也已于2020年11月获批，有望于2021年上市。

二、"上海金"ETF创新产品推出，进一步促进证券市场和黄金市场的融通

"上海金"ETF是以"上海金"合约为投资标的和业绩基准的黄金ETF。上金所于2016年挂牌"上海金"合约，其所形成的"上海金"基准价为黄金市场提供了权威、公允且可交易的人民币计价的黄金价格，是良好的黄金衍生产品投资标的。为了丰富黄金市场投资品种，2018年开始上金所先后同上海和深圳证券交易所启动了"上海金"ETF的研发工作。2019年首批4只产品获监管批准，于2020年第三季度陆续发行上市。

与传统黄金ETF相比，"上海金"ETF充分利用了标的合约独特的交易机制，具备以下产品特色：一是价格更具代表性。"上海金"基准价是交易各方在量价平衡的基础上形成的时点价格，充分反映了市场供需关系，代表了黄金的"中国价格"。二是流动性更优。"上海金"交易过程中，基金公司所有买卖量可在同一时点以同一价格全部成交，基础资产流动性充足，有利于产品做大做强。三是投资成本更公开透明。基金公司通过"上海金"合约完成补券交易，成交价格即基准价，由上金所每日对外公告。

"上海金"ETF的推出对于黄金市场价格发现、服务投资者投资需求具有深远意义：一是"上海金"价格在证券市场上的首次成功应用，为其他黄金衍生品的后续开发提供了示范和借鉴。二是为证券市场个人投资者提供了间接参与"上海金"交易的渠道，更好地满足了证券市场投资者的黄金投资需求。三是进一步深化了上海黄金交易所、上海证券交易所、深圳证券交易所等金融基础设施间的合作，加强了证券市场和黄金市场的跨市联动。

第八章　保险市场

2020年，保险业努力克服新冠肺炎疫情冲击、稳妥应对各种风险挑战，继续保持稳健运行良好态势。资产负债及业务稳步增长，服务实体经济质效稳步提高；保险机构流动性总体保持平稳，主要经营和风险指标处于合理区间；保险机制改革全面推进，保险机构公司治理持续完善；对外开放稳步扩大，行业市场化、国际化程度进一步提升。

一、运行情况

（一）原保险保费收入

2020年，我国保险业共实现原保险保费收入4.53万亿元，同比增长6.13%，增速较上年有所下滑。其中，财产险、寿险、健康险、人身意外伤害险（以下简称意外险）占比分别为26.36%、52.99%、18.06%和2.59%，同比增速分别为2.40%、5.40%、15.66%和-0.08%。2016—2019年，保险业原保费收入依次为3.10万亿元、3.66万亿元、3.80万亿元和4.26万亿元，年增长率分别为27.50%、18.16%、3.92%和12.17%。其中，财产险公司原保险保费收入年增长率依次为10.01%、13.76%、11.52%和10.72%；人身险公司原保险保费收入年增长率依次为36.78%、20.04%、0.85%和12.82%。

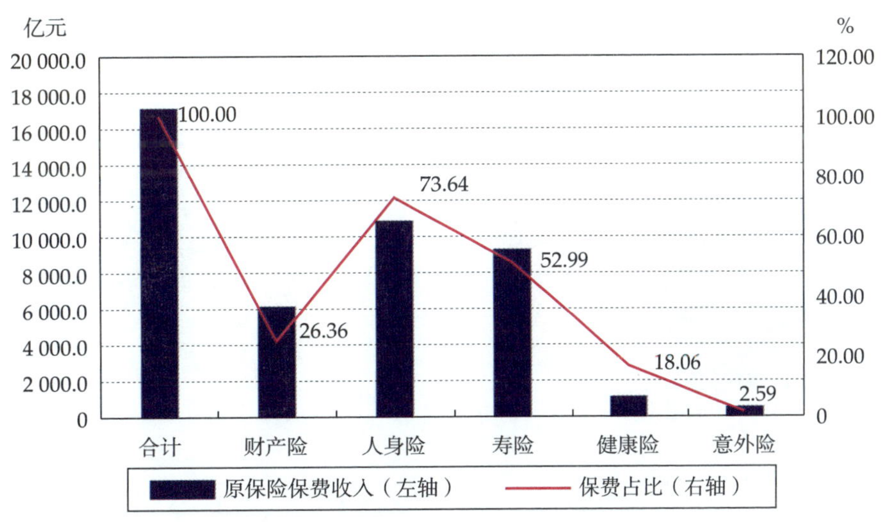

图8-1　2020年原保费收入及险种结构

（数据来源：中国银保监会网站）

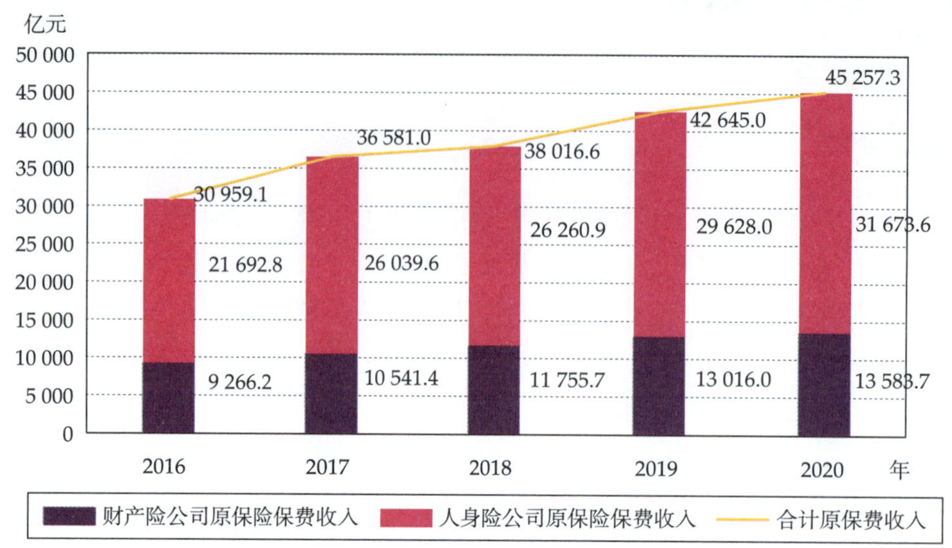

图8-2 2016—2020年原保费收入结构

（数据来源：中国银保监会网站）

（二）原保险赔付支出

2020年，原保险赔付支出1.39万亿元，同比增长7.86%，增速较上年同期有所上升。其中，财产险、寿险、健康险、意外险的赔付支出占比分别为50.01%、26.71%、21.00%和2.27%，同比增速分别为6.96%、-0.75%、24.25%和6.05%。2016—2019年，保险业赔付支出依次为1.05万亿元、1.12万亿元、1.23万亿元和1.29万亿元，年增长率分别为21.20%、6.35%、9.99%和4.85%。

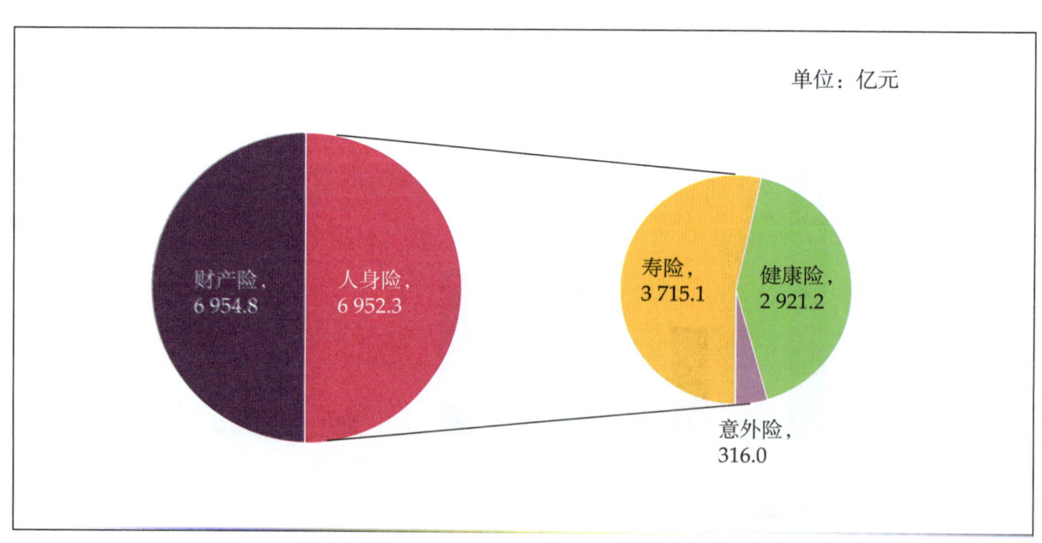

图8-3 2020年赔付支出结构

（数据来源：中国银保监会网站）

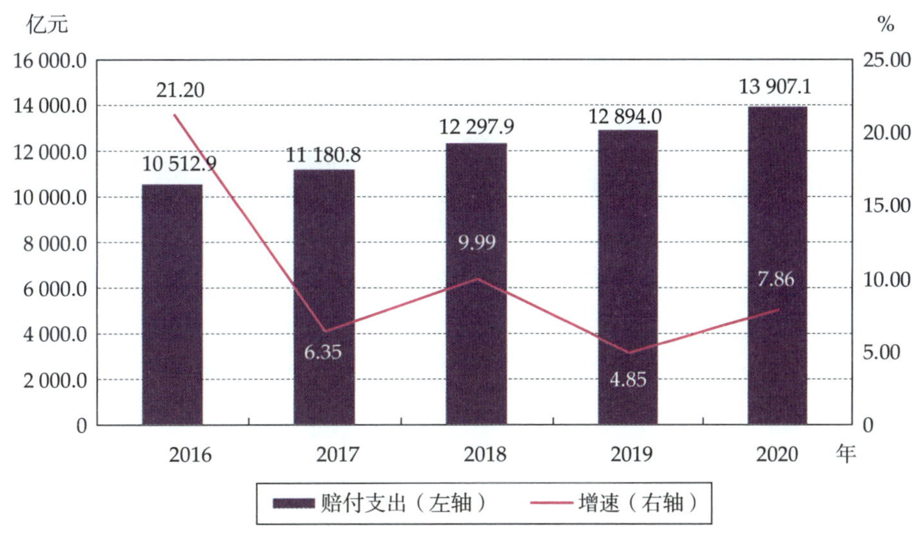

图8-4 2016—2020年原保险赔付支出情况

（数据来源：中国银保监会网站）

（三）保险业总资产

截至2020年底，保险公司总资产约23.30万亿元，较年初增加2.73万亿元，增长13.29%。其中，财产险公司总资产2.34万亿元，较年初增长2.10%；人身险公司总资产19.98万亿元，较年初增长17.82%；再保险公司总资产0.50万亿元，较年初增长16.32%；保险资产管理公司总资产760.63亿元，较年初增长18.66%。2016—2019年，保险业总资产依次为15.12万亿元、16.75万亿元、18.33万亿元和20.56万亿元，年增长率分别为22.31%、10.80%、9.45%和12.18%。

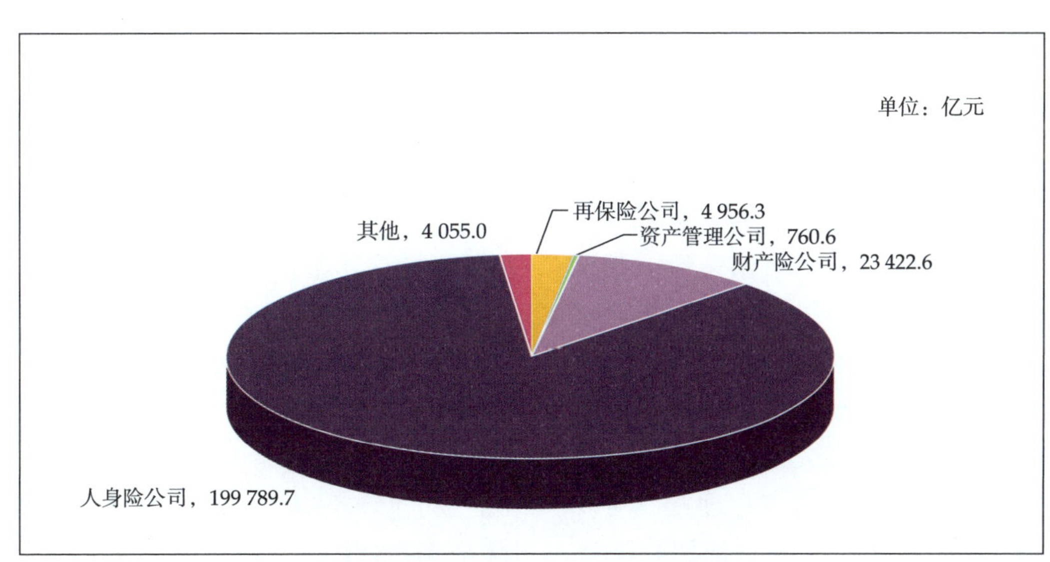

图8-5 2020年保险业总资产结构

（数据来源：中国银保监会网站）

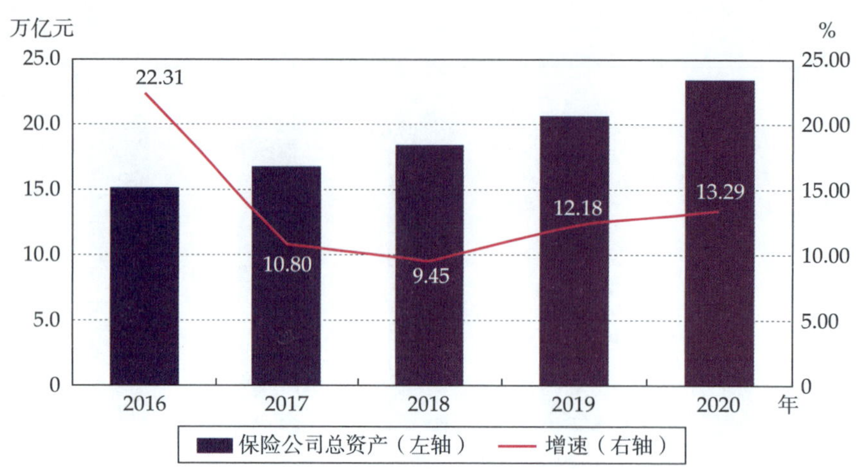

图8-6 2016—2020年保险业总资产

（数据来源：中国银保监会网站）

二、主要特点

（一）有力支持疫情防控和复工复产

2020年1月，银保监会下发《关于加强银行业保险业金融服务配合做好新型冠状病毒感染的肺炎疫情防控工作的通知》，强调要充分发挥保险保障等多方合力，加强对社会民生重点领域金融支持。在银保监会指导下，保险业拓展线上金融服务，优化和丰富“非接触式服务”渠道和场景。从保险产品服务看，针对抗疫减灾和农业农村等薄弱环节，以及人身健康和复工复产等重点领域，创新推出更多保险品种，向抗击疫情一线工作人员及其家属赠送保险保障；开辟理赔“绿色通道”、推出快速理赔、特案预赔、扩大责任范围、简化理赔要求、放宽理赔条件、提高理赔效率，如优先对感染新冠肺炎或因疫情影响受损的投保人进行理赔、对疫情防控相关物流企业车辆适当延期收取车险保费；通过信用保险、保证保险等增强对中小企业融资增信，助力复工复产。从保险资金运用看，加大重点行业和领域的投资力度；为保险资管产品发行开辟快速通道，并免收发行服务费；支持保险资管产品为湖北、新疆、黑龙江等疫情严重地区企业发展、基础设施建设等提供资金；为资产支持计划注册出台“一次注册、分期发行”储架式发行机制，驰援中小企业疫情期间有序复工复产；支持保险资管机构发行专项产品，缓解疫情期间上市公司股票质押流动性风险。此外，保险代理人队伍发展吸纳劳动力，提供更多就业岗位。

（二）保险保障程度稳步提高

2020年1月，中国银保监会等13部门联合发布《关于促进社会服务领域商业保险发展的意见》，推动商业保险在社会服务领域发挥积极作用，提高相关领域风险保障水平。2020年，保险业提供保险金额8 709.91万亿元，同比增长34.62%。其中，财产险公司保险金额7 511.89万亿元，同比增长39.92%；人身险公司新增保险金额1 198.02万亿元，同比增长8.79%。从险种看，车险保险金额

323.80万亿元，同比增长28.32%；责任险保险金额2 767.48万亿元，同比增长77.38%；农险保险金额4.13万亿元，同比增长8.57%；健康险保险金额1 833.11万亿元，同比增长50.26%；寿险新增保险金额35.92万亿元，同比下降7.66%；意外险保险金额3 125.65万亿元，同比下降10.66%；其他险种提供保险金额619.82万亿元。保险行业积极为企业科技创新提供保障支撑，知识产权保险惠及4 295家企业，提供保险金额突破200亿元[①]。此外，保户投资款及投连险独立账户新增交费总计7 517.02亿元，同比下降17.28%。

（三）保险服务范围持续扩大

2020年，保险业新增保单件数526.34亿件，同比增长6.25%。其中，财产险公司签单数量517.28亿件，同比增长6.13%；人身险公司本年累计新增保单9.06亿件，同比增长13.66%。从险种看，货运险签单数量41.07亿件，同比下降16.92%；责任险116.30亿件，同比增长24.43%；保证险54.21亿件，同比增长93.04%；车险5.40亿件，同比增长8.56%；健康险145.80亿件，同比增长29.25%；意外险77.48亿件，同比下降42.76%；寿险新增保单0.85亿件，同比下降15.61%，其中普通寿险0.66亿件，同比下降6.28%；其他险种共计签单85.23亿件。

（四）保险机构经营保持稳健

2020年，尽管保险业经营压力较大，但主要经营和风险指标处于合理区间。从经营指标来看，截至2020年末，保险公司净资产为2.75万亿元，同比增长10.95%；经营活动现金流同比增长106.5%，现金流充沛[②]。从偿付能力来看，保险业偿付能力充足率总体保持平稳，2020年第四季度末，纳入偿付能力监管委员会审议的178家保险公司平均综合偿付能力充足率为246.3%，平均核心偿付能力充足率为234.3%。人身险公司、财产险公司、再保险公司的平均综合偿付能力充足率分别为239.6%、277.9%和319.3%。从风险指标来看，100家保险公司风险综合评级被评为A类，71家保险公司被评为B类，3家保险公司被评为C类，3家保险公司被评为D类[③]。

（五）保险资金资产配置多元化

截至2020年末，保险资金运用余额为21.68万亿元，较年初增长17.02%，增速较上年同期上升4.11个百分点；其中银行存款2.60万亿元，占比为11.99%，较年初增长2.96%；债券7.93万亿元，占比为36.58%，较年初增长23.89%；股票和证券投资基金2.98万亿元，占比为13.75%，较年初增长22.39%；其他投资8.17万亿元，占比为37.68%，较年初增长14.00%。

三、改革创新

（一）实施车险综合改革

为深化金融供给侧结构性改革，更好维

① 数据来源：http://finance.people.com.cn/n1/2021/0222/c1004-32033275.html，访问时间：2021年2月22日。

② 数据来源：http://www.cbirc.gov.cn/cn/view/pages/ItemDetail.html?docId=961829&itemId=915&generaltype=0，访问日期：2021年2月20日。

③ 数据来源：http://www.cbirc.gov.cn/cn/view/pages/ItemDetail.html?docId=969124&itemId=915&generaltype=0，访问时间：2021年3月9日。

护消费者权益，实现车险高质量发展，2020年9月，银保监会发布《关于印发实施车险综合改革指导意见的通知》（以下简称《指导意见》）。《指导意见》以“保护消费者权益”为主要目标，短期内将“降价、增保、提质”作为阶段性目标，主要包括：一是提升交强险保障水平，提高交强险责任限额，优化道路交通事故费率浮动系数。二是拓展和优化商车险保障服务，理顺商车险主险和附加险责任，提升责任限额，丰富商车险产品。三是健全商车险条款费率市场化形成机制，完善行业纯风险保费测算机制，合理下调附加费用率，逐步放开自主定价系数浮动范围，优化无赔款优待系数，科学设定手续费比例上限。四是改革车险产品准入和管理方式，发布新的交强险产品和商车险示范产品，将商车险示范产品的准入方式由审批制改为备案制，支持中小财险公司优先开发差异化的创新产品。五是推进配套基础建设改革，全面推行车险实名缴费制度，积极推广电子保单制度，加强新技术研究应用。六是全面加强和改进车险监管，完善费率回溯和产品纠偏机制，提高准备金监管有效性，强化偿付能力监管刚性约束，强化中介监管，防范垄断行为和不正当竞争[①]。《指导意见》实施后，交强险责任限额大幅提升，商车险保险责任更加全面，商车险产品更为丰富，商车险价格更加科学合理，车险产品市场化水平更高，无赔款优待系数进一步优化[②]。

（二）规范保险资产管理行业发展

2020年3月，银保监会制定了《保险资产管理产品管理暂行办法》，从产品当事人，产品发行、存续与终止，产品投资与管理，信息披露与报告，风险管理，监督管理等方面作出制度安排，明确规定保险资产管理机构开展保险资管产品业务，应当在上海保险交易所股份有限公司、中保保险资产登记交易系统有限公司等银保监会认可的资产登记交易平台进行发行、登记、托管、交易、结算、信息披露等。2020年9月，银保监会发布相关配套规则，包括《组合类保险资产管理产品实施细则》《债权投资计划实施细则》和《股权投资计划实施细则》三个细则。三个细则结合各类产品在交易结构、资金投向等方面的特点，对监管标准作了进一步细化，为保险资产管理产品稳步发展提供了制度保障，有利于进一步畅通长期资金对接实体经济的渠道[③]。

（三）促进互联网保险业务高质量发展

为规范互联网保险业务，有效防范风险，保护消费者合法权益，提升保险业服务实体经济和社会民生的水平，2020年12月，银保监会发布《互联网保险业务监管办法》。该办法厘清了互联网保险的业务本

① 中国银保监会发布《关于实施车险综合改革的指导意见》，http://www.cbirc.gov.cn/cn/view/pages/ItemDetail.html?docId=926438&itemId=915，访问日期：2020年2月20日。

② 中国银保监会有关部门负责人就《关于实施车险综合改革的指导意见》答记者问，http://www.cbirc.gov.cn/cn/view/pages/ItemDetail.html?docId=926440&itemId=915&generaltype=0，访问日期：2021年2月20日。

③ 中国银保监会有关部门负责人就《保险资产管理产品管理暂行办法》配套规则答记者问，http://www.cbirc.gov.cn/cn/view/pages/ItemDetail.html?docId=928234&itemId=915&generaltype=0，访问日期：2021年2月20日。

质，明确持牌经营要求，有效规范业务经营行为；规范营销宣传，防范销售误导，帮助消费者选择合适的保险产品；细化服务标准，有效保护消费者权益；提出针对性要求，规范互联网企业代理保险业务；明确负面清单，消除灰色地带，打击非法经营[①]。

2020年6月，银保监会针对投诉暴露出的互联网保险领域突出问题，出台了《关于规范互联网保险销售行为可回溯管理的通知》，制定互联网保险销售行为可回溯制度，严格管控销售页面，实现销售行为可还原，有效遏制销售误导，以充分保障消费者的知情权、自主选择权和公平交易权[②]。

（四）深化保险中介市场改革

为全面加强保险公司销售人员、保险专业中介机构从业人员队伍管理，2020年5月，银保监会发布《关于落实保险公司主体责任，加强保险销售人员管理的通知》《关于切实加强保险专业中介机构从业人员管理的通知》（以下统称两个《通知》）。两个《通知》在《保险法》及保险代理人、经纪人、公估人监管规定等法律法规框架下，在系统梳理从业人员监管政策基础上，紧抓保险机构管理责任这个关键点，紧扣从业人员管理过程链条中的主要环节，紧盯从业人员执业登记清核中发现的问题，明晰保险机构主体责任，明确保险机构对从业人员从入职到离职的全流程、全环节管理要求和标准[③]。

为进一步促进保险中介监管法律制度体系协调统一，巩固保险中介市场清理整顿工作成果，深化保险中介市场改革，2020年11月，银保监会发布《保险代理人监管规定》，对保险专业代理机构作出要求：一是加强市场准入管理。强化对保险专业代理机构股东的审查，并对股东的出资能力作出要求。二是加强分支机构管控。列明了设立分支机构应当符合的具体条件，同时进一步强化保险专业代理法人机构的管控责任。三是理顺后置审批流程。要求保险专业代理公司取得许可证后，应及时在监管信息系统中登记相关信息；对于未取得许可证或者其许可证被注销的，应当及时办理相关事项变更登记，确保其名称中无“保险代理”字样。四是提升最低注册资本。把区域性保险专业代理机构最低注册资本调整为2 000万元。此外，还对违规销售非保险金融产品、经营互联网保险业务的行为设定相应罚则。[④]

四、对外开放

（一）积极推动高水平对外开放，支持外资再保险公司加大在华投入

2018年以来，银保监会陆续出台两轮共计19条开放措施，为提高我国金融业服务实

① 中国银保监会相关部门负责人就近期媒体关注问题答记者问，http://www.cbirc.gov.cn/cn/view/pages/ItemDetail.html?docId=955490&itemId=915&generaltype=0，访问日期：2021年2月20日。

② 中国银保监会有关部门负责人就《关于规范互联网保险销售行为可回溯管理的通知》答记者问，http://www.cbirc.gov.cn/cn/view/pages/ItemDetail.html?docId=912723&itemId=915&generaltype=0，访问日期：2021年2月20日。

③ 中国银保监会有关部门负责人答记者问，http://www.cbirc.gov.cn/cn/view/pages/ItemDetail.html?docId=904811&itemId=915&generaltype=0，访问日期：2021年2月20日。

④ 中国银保监会有关部门负责人答记者问，http://www.cbirc.gov.cn/cn/view/pages/ItemDetail.html?docId=944050&itemId=915&generaltype=0，访问日期：2021年2月20日。

体经济能力和国际竞争力奠定了良好的制度和市场基础。2020年，银保监会继续推动保险业高水平对外开放，支持外资再保险机构参与我国再保险市场建设，促进外资再保险公司在华业务健康发展，提高我国保险业的市场化、国际化和对外开放程度。2020年4月，银保监会批准瑞士再保险公司北京分公司注册资本由3亿元增加至13.55亿元。5月，批复同意德国汉诺威再保险股份公司上海分公司增资15.60亿元人民币，增资后注册资本提升至41.05亿元人民币。外资再保险公司数量稳步上升，在华资本实力和可持续发展能力显著增强。

（二）坚决做好外贸金融服务，打通和修复全球供应链

2020年3月，银保监会办公厅发布《关于加强产业链协同复工复产金融服务的通知》，鼓励保险机构进一步拓宽短期出口信用保险覆盖面，在风险可控的前提下，适当降低费率。鼓励保险机构和政策性担保机构在风险可控的前提下为产业链上下游中小微企业获取融资提供增信服务。鼓励保险机构针对核心企业上下游的风险特征，提供抵（质）押、纯信用等多种形式的保证保险业务，进一步加大贸易信用保险的承保覆盖面，拓宽企业融资的增信方式；鼓励人身保险公司在风险可控的前提下，适度延长保单质押贷款期限，提升贷款额度，帮助客户缓解短期资金压力，支持小微企业复工复产。针对疫情发生以来物流受阻情况，鼓励保险机构适当顺延疫情期间停运的营运车辆、船舶、飞机的保险期限。

（三）继续给予香港地区合格再保险机构监管便利政策，促进香港保险市场发展

2020年，银保监会修订《保险公司偿付能力监管规则——问题解答第1号：偿付能力监管等效框架协议过渡期内的香港地区再保险交易对手违约风险因子》，明确将过渡期内香港地区合格再保险机构分入内地直保公司业务时适用的再保险信用风险因子方案期限延长至2021年6月30日。与香港进行偿付能力监管制度等效互认并给予相应的监管便利政策，是银保监会深入贯彻落实党中央关于进一步扩大金融业开放部署要求、支持粤港澳大湾区建设的重要举措，有利于增进两地保险监管互信，提升市场效率和监管效能，有利于内地保险风险更好地在全球范围内分散，促进两地保险市场共同发展。[①]

五、发展展望

2021年，保险业将立足新发展阶段，贯彻新发展理念，构建新发展格局，积极发展绿色保险，探索促进科技创新的各种金融服务，加强外贸领域综合金融服务，推进高水平对外开放；持续深化供给侧结构性改革，规范发展第三支柱养老保险，巩固车险改革，深化意外险和健康险改革，推进保险资金运用市场化改革和保险营销体制转型变

① 中国银保监会延长对香港地区偿付能力监管等效框架协议过渡期内再保信用风险因子适用期限，http://www.cbirc.gov.cn/cn/view/pages/ItemDetail.html?docId=911599&itemId=915&generaltype=0，访问日期：2021年2月20日。

革；提升金融服务整体效能，加强民生领域金融支持，推动养老、健康、责任、巨灾等保险发展；防范化解金融风险，积极防范外部风险冲击；依法合规与互联网平台合作开展金融活动，遏制垄断和不正当竞争行为。

专题七 建立常态化国际交流机制 推动再保险市场发展

再保险是“保险的保险”，是保险业风险全球化分散的重要途径，是连接国内国际保险市场的桥梁纽带。近年来，我国再保险业在降低直保公司经营风险、防范化解保险业系统性风险等方面发挥了稳定器的作用，在加速保险业数字化转型、提升行业专业化水平等方面发挥了助推剂的作用。在中国银保监会和上海市政府的指导下，上海保险交易所联合陆家嘴金融城理事会、陆家嘴管理局和中国再保险集团于2020年10月26日至28日举办了第二届陆家嘴国际再保险会议。该会议是2020年全球唯一召开的再保险交易商年会，彰显了中国的制度优势。

陆家嘴国际再保险会议采取线上线下融合方式举办，由全球保险专家咨询会、1个主论坛、5个专题分论坛、再保险交易商大会、保单文化寻迹展、参观上海保险交易所等部分组成。据统计，会议吸引了全球近300家机构共1364人参会，达成2021年再保合约意向金额376亿元；保险机构参会高管近100人，全球再保险市场排名前8的再保险公司全部参会。

一是设立专家咨询委员会，建立常态化国际交流机制。召开专家咨询会，来自境内外20家再保险、保险机构的行业专家通过现场和海外连线方式，围绕“共面挑战、共谋发展”主题，为促进中国保险再保险业高质量发展、优化上海国际再保险营商环境建言献策；在充分听取市场建议的基础上，成立陆家嘴国际再保险会议专家委员会。

二是主论坛与专业论坛相结合，加强行业发展趋势研判。本次会议采取“主论坛+分论坛”的形式，保险业内外专家围绕后疫情时代的行业创新发展、数字化转型、共治风险等主题，交流保险、再保险发展面临的新机遇、新挑战，分享全球保险、再保险行业转型发展的新做法、新实践，为市场机构年度再保险合约续转、市场价格走势把握提供决策建议和参考。

三是凸显交易撮合功能，进一步提升定价权和话语权。会议为再保险、保险、保险中介等机构开展业务洽谈、合同续转等提供交易撮合机制和交易便利，加强保险业机构合作和对外交流，以业务流带动资金流和人才流，拓宽未来再保险业务合作的渠道和空间。

四是成立保险区块链创新中心，打造中国再保险科技名片。上海保险交易所联合多家保险机构，成立保险区块链创新中心，以再保险为切入点，从技术研发、场景应用、标准制定三个方面入手探索赋能保险业数字化转型，打造共建、共享、共赢的平台；充分发挥科技赋能的后发优势，基于区块链再保险登记清结算平台支持行业降本增效、支持监管完善跨境再保险信用风险防范机制，促进再保险市场的产品供给创新和承保能力的提升。

第九章 衍生品市场

2020年，中国衍生品市场交易规模继续稳步扩大，境内外投资者参与度进一步提高，品种创新步伐继续加快，对外开放深入推进，市场运行质量不断提升，市场功能充分发挥，为经济金融部门防范市场波动风险提供了有力支持，进一步服务实体经济。

一、商品期货与期权市场

（一）运行情况

2020年，中国商品期货与期权交易规模大幅增加，成交量和成交金额分别为60.38亿手和322.09万亿元，同比分别增长54.98%和45.75%，成交量占全球商品衍生品的62.99%，较上年的54.98%上升8.01个百分点。

分交易所来看，上海期货交易所（以下简称上期所）成交21.29亿手和152.8万亿元，同比分别增长47.04%和35.8%，市场占比分别为35.26%和47.44%。大连商品交易所（以下简称大商所）成交22.07亿手和109.2万亿元，同比分别增长62.83%和58.43%，市场占比分别为36.56%和33.90%。郑州商品交易所（以下简称郑商所）成交17.01亿手和60.09万亿元，同比分别增长55.74%和51.97%，市场占比分别为28.18%和18.66%。

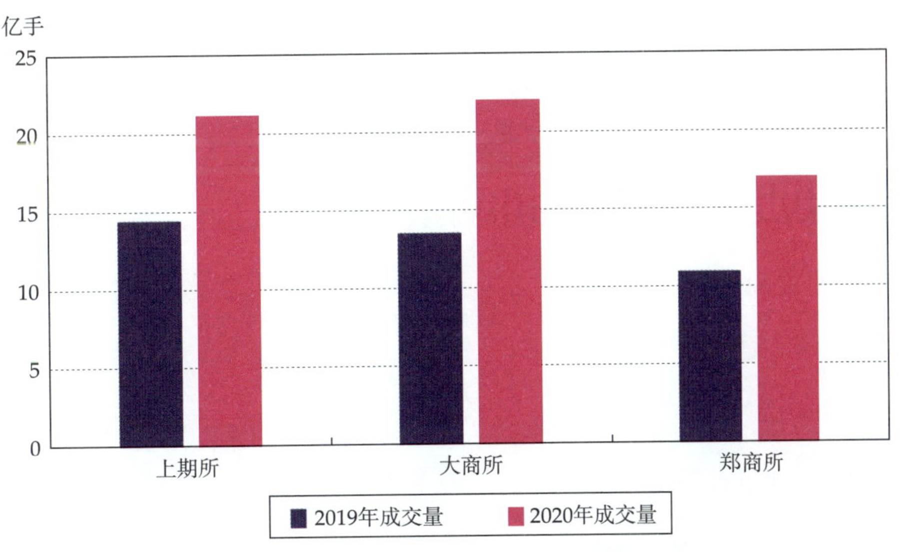

图9-1 2020年中国各期货交易所成交量

（资料来源：中国期货业协会）

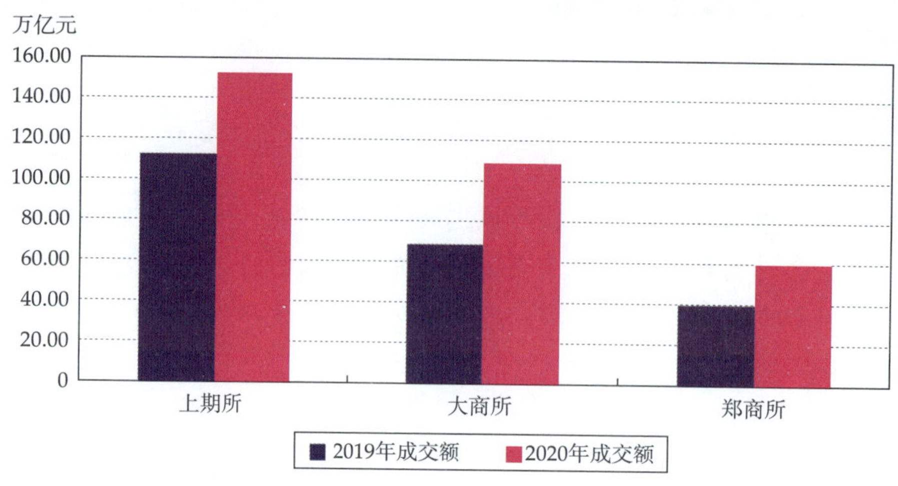

图9-2 2020年中国各期货交易所成交金额

（资料来源：中国期货业协会）

2020年，中国商品期货成交59.28亿手和321.98万亿元，同比分别增长53.78%和45.72%。分类来看，农产品类成交19.79亿手和99.93万亿元，占比分别为33.4%和31.0%；金属类成交16.05亿手和135.94万亿元，占比分别为27.1%和42.2%；能源化工类成交23.44亿手和86.11万亿元，占比分别为39.5%和26.7%。

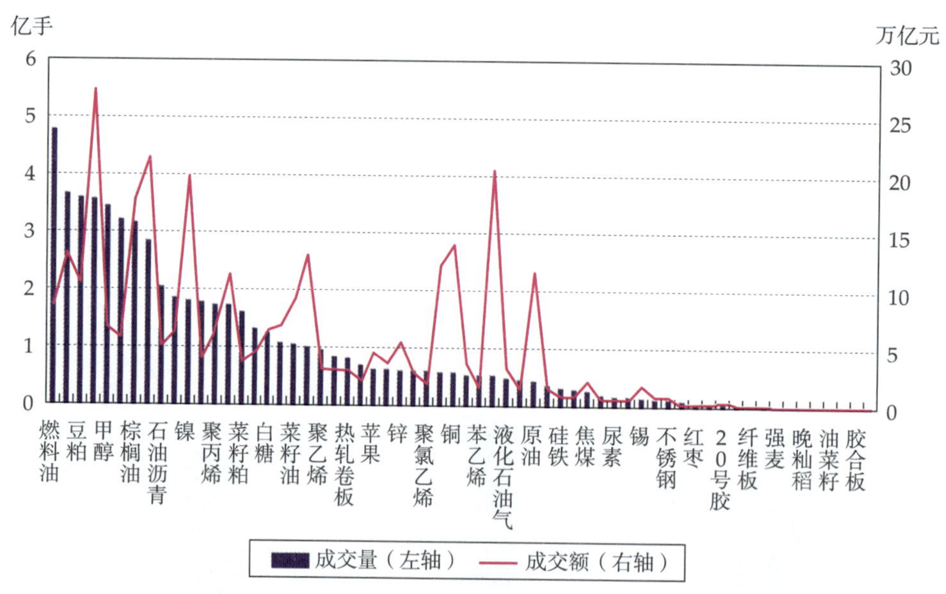

图9-3 2020年中国各商品期货品种累计成交量及成交额

（数据来源：中国期货业协会）

2020年，中国商品期货期权持续发展迅速，成交1.09亿手和0.11万亿元，同比分别增长168.44%和236.76%，成交量首次突破1亿手。截至2020年底，共有18个商品期货期权品种上市。

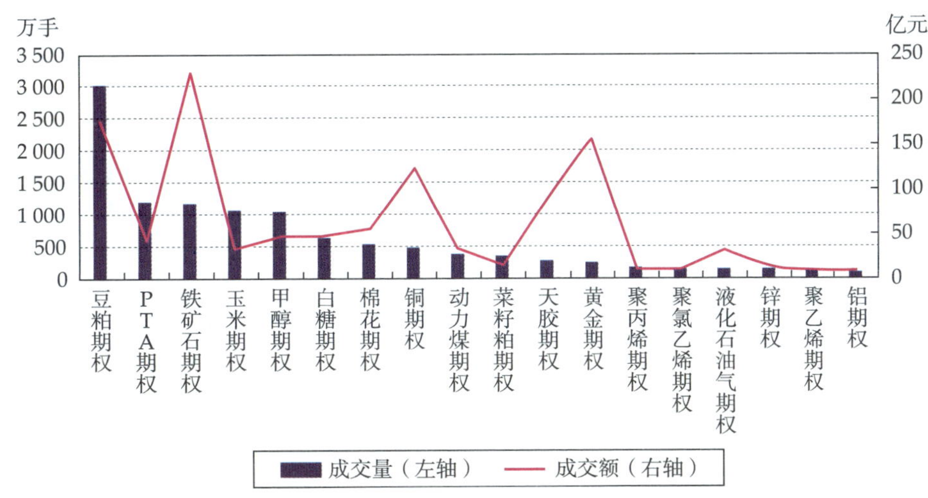

图9-4　2020年中国商品期货期权品种成交量与成交额

（数据来源：中国期货业协会）

2020年，全球排前五位的场内商品衍生品市场依次为中国、美国、俄罗斯、英国和印度，总市场份额为97.17%（见表9-1）。2009年以来，中国市场连续11年成为全球最大的场内商品衍生品市场。

表9-1　2020年全球前五位场内商品衍生品市场成交情况

2020年排名	2019年排名	国家或地区	成交量（亿手）	同比增减	市场份额
1	1	中国	60.38	54.98%	62.99%
2	2	美国	14.48	2.21%	15.11%
3	4	俄罗斯	8.60	29.53%	8.97%
4	3	英国	7.11	4.55%	7.42%
5	5	印度	2.58	-37.01%	2.69%

数据来源：Futures Industry Association。

（二）主要特点

1．能源化工类期货产品成交量增幅最高，农产品类期货产品成交金额涨幅最大

能源化工类成交23.44亿手和86.11万亿元，同比分别增长79.72%和33.10%；农产品类成交19.79亿手和99.93万亿元，同比分别增长65.39%和83.14%；金属类成交16.05亿手和135.94万亿元，同比分别增长18.55%和33.67%。

2．商品期货期权成交量增长迅速，主要品种成交分布更为均衡

2020年，中国商品期货期权成交量和成交金额同比分别增长168.44%和236.76%。成交量排名前三的品种为豆粕、PTA和铁矿石期权，全年成交量分别为3 012.09万手、1 178.83万手和1 159.91万手，成交量合计占比为49.10%，较上年的77.21%下降了28.11个百分点；成交金额排名前三的品种为铁矿石、豆粕和黄金期权，全年成交金额分别为231.24亿元、175.47亿元和156.26亿元，成交金额合计占比为50.16%，较上年的72.03%下降了21.87个百分点。

（三）市场创新与制度建设

1. 品种创新稳步推进

2020年，中国商品期货与期货期权市场继续保持品种创新力度，共上市12个品种，包括4个商品期货品种和8个商品期货期权品种。其中，上期所上市了4个品种，分别是低硫燃料油、国际铜期货和锌、铝期权；大商所上市了5个品种，分别是液化石油气期货和液化石油气、聚丙烯、聚氯乙烯、线型低密度聚乙烯期权；郑商所上市了3个品种，分别是短纤期货和菜籽粕、动力煤期权。截至2020年末，中国商品期货与期权市场上市品种数量达到80个。

2. 做市商制度加速推广，覆盖近七成期货品种

2020年，3家商品期货交易所大力推进做市商制度，共30个期货品种引入或增加了做市商。截至2020年底，实施做市商制度的期货品种总数46个，占中国期货市场期货品种总数的近70%，做市品种的流动性和活跃合约连续性显著提升。

3. 场外市场建设初见成效，服务实体经济空间不断扩展

2020年，3家商品期货交易所继续丰富场外衍生品业务，上线或拓展了仓单交易、基差贸易、商品互换等场外期现结合业务平台，有效拓展了服务实体经济的空间。场外衍生品交易报告库建设也取得突破。

4. 稳步推进组合保证金业务，持续提升运行质量

2020年，3家商品期货交易所相继上线了组合保证金仿真系统。组合保证金能够在防范风险的前提下，降低投资者成本，满足了会员对客户差异化的风险管理需求，有助于提高资金使用效率、提升市场运行质量。

5. 法律法规体系持续完善

2020年1月，中国证券监督管理委员会（以下简称证监会）公布《证券期货违法违规行为举报工作暂行规定》（修订），规范证券期货违法线索举报工作，加大对证券期货违法违规行为的打击力度。

（四）对外开放

1. 对外开放品种稳步扩容，价格影响力持续提升

2020年，中国期货市场对外开放品种稳步增加，由2019年的4个增加到2020年的7个，其中，新上市低硫燃料油、国际铜期货两个对外开放品种，棕榈油期货向境外投资者开放。同时，原油、铁矿石、PTA、20号胶期货等对外开放品种的影响力进一步增强。原油期货成交桶数稳居全球前三；境外投资者开户数稳步增加，截至2020年底，境外客户开户数已超330家，覆盖了五大洲23个国家和地区；在现货贸易中，原油期货价格得到了多家境内外知名涉油企业的使用，此外，推出结算价交易（TAS）指令并发布日中交易参考价，新增穆尔班原油交割标的，为实体企业精准套保提供便利。铁矿石期货已发展成为全球交易量最大、唯一采用单一实物交割的铁矿石衍生品，交易主体已扩大到21个国家和地区的约270家境外客户，包括英美资源集团、嘉能可、拓克等大型国际公司。PTA

期货已经成为全球聚酯产业的价格风向标。20号胶期货市场规模已位于世界同类品种首位，境外参与占比约为20%，价格使用度持续提升，被泰国联润橡胶等6家境内外企业作为贸易定价基准。

2. 稳步推进期货交易所境外展业和跨境监管合作，国际认可度不断提升

境外展业方面，2020年，上期所及上海期货交易所能源交易中心（以下简称上期能源）、大商所、郑商所均被纳入欧洲证券及市场管理局（ESMA）的第三国交易场所交易后透明度评估正面清单。10月，郑商所被ESMA列为第三国交易场所交易后限仓评估正面清单。12月，郑商所获得新加坡金融管理局批准，成为新加坡认可市场运营商（RMO）。至此，上期所、大商所、郑商所都已取得新加坡RMO资质。跨境监管合作方面，10月，郑商所与新加坡交易所续签谅解备忘录，进一步加强双方在期货及衍生品领域的交流与合作。

（五）发展展望

1. 促进金融和商品衍生品市场发展，丰富市场体系

稳步发展金融衍生品市场。不断丰富股指、利率、汇率、信用类期货期权等金融衍生品的工具和功能，满足市场参与者日益增加的风险管理需求。进一步发展商品衍生品场外市场。促进金融机构、贸易企业利用自身专业优势，开展场外衍生品风险管理服务，包括互换、远期、场外期权等业务的开展，满足实体企业风险管理的个性化需求。

2. 加大品种和工具创新，完善产品体系

加快推进成品油、天然气、花生等期货与期权品种上市工作，加快商品指数期货期权品种研发和上市，支持相关机构开发更多商品指数基金、商品指数ETF等投资产品，研究推出碳排放权期货。

3. 丰富市场参与者，培育机构体系

以风险管理和资产管理业务为抓手，支持期货公司加快转型发展。继续支持期货公司以多种方式增加资本金，为期货公司创新转型提供资本支撑。加快培育中国商品场外衍生品的机构间市场，支持风险管理公司发展成为专业交易商和做市商，逐步在场外衍生品市场发挥核心作用。进一步提高期货投资咨询业务、资产管理业务的专业能力，培养高水平的商品交易顾问（CTA）、商品投资基金（CPO）。不断丰富市场主体，进一步破除国有企业、金融机构参与期货市场交易的体制机制障碍，推动更多国企、上市公司等实体企业，以及商业银行、保险机构、养老基金、企业年金等长期资金利用期货市场管理风险，优化期货市场投资者结构。

4. 夯实期货市场法治基础，优化基础设施体系

全力做好配合期货上位法的立法工作，从法律层面对中国期货市场的改革开放做好顶层设计，明确各参与主休的法律地位，明确期货市场基础法律关系、民事权利义务和法律责任；对市场准入、投资者保护和对外开放等作出明确规定，为期货市场对外开放以及跨境监管提供法制保障。

二、金融期货与期权市场

（一）运行情况

1. 股指期货

2020年，沪深300、上证50、中证500三个股指期货产品总成交量为7 450.36万手，总成交金额为88.93万亿元，同比分别增长39.91%和62.27%；日均成交量、日均持仓量分别为30.66万手和43.97万手，同比分别增长40.49%和49.85%；日均成交持仓比为0.70，持续处于较低水平。股指期货三个产品期现货价格相关性高，沪深300、上证50和中证500股指期货主力合约收盘价和对应标的指数收盘价的价格相关系数分别为99.91%、99.83%和99.72%。

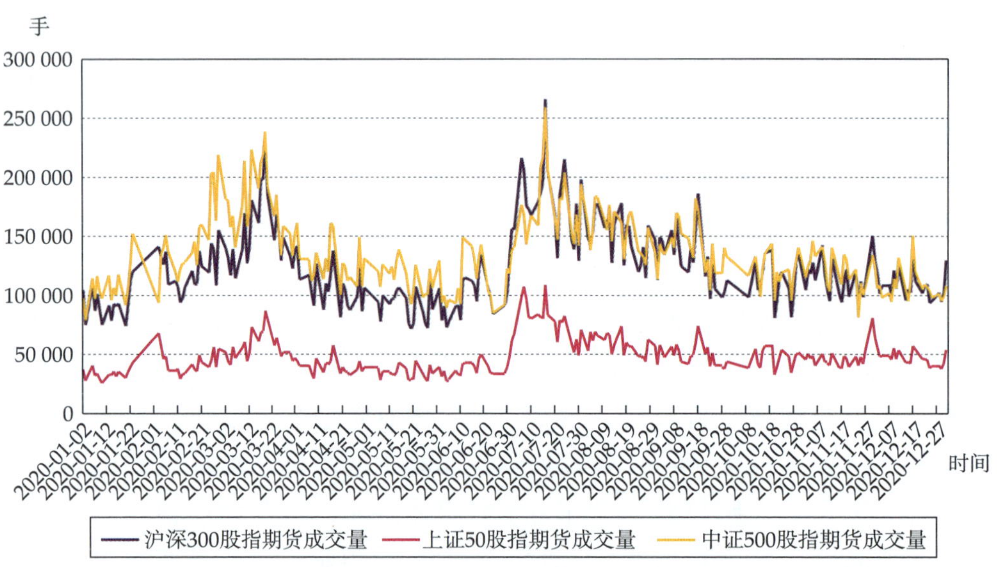

图9-5 2020年股指期货每日成交量

（数据来源：中国金融期货交易所）

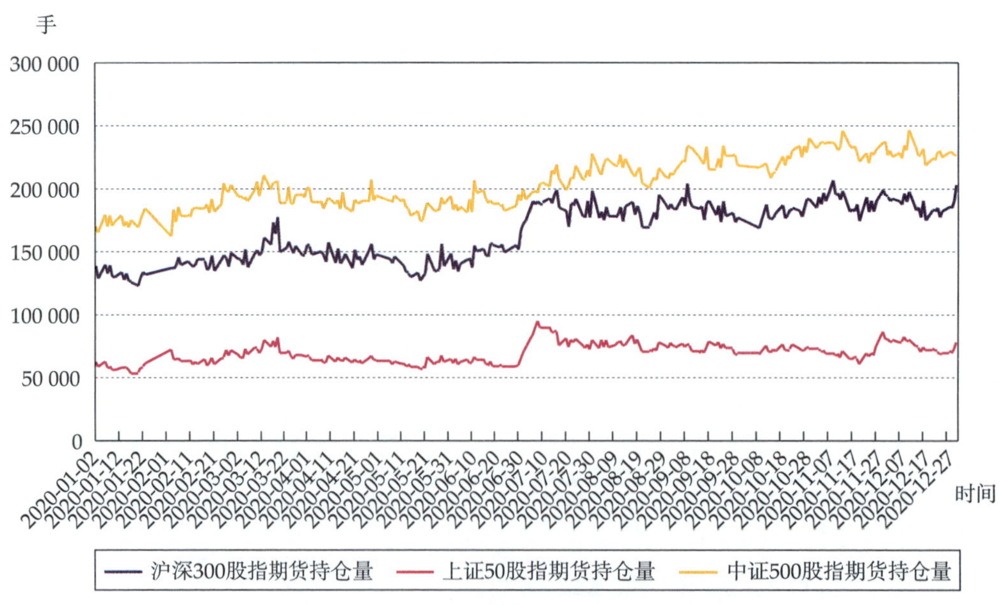

图9-6 2020年股指期货每日持仓量

（数据来源：中金所）

2. 国债期货

2020年，2年期、5年期和10年期三个国债期货产品总成交量为2 403.51万手，总成交金额为26.37万亿元，同比分别增长84.43%和77.98%；日均成交量、日均持仓量分别为9.89万手、16.47万手，同比分别增长85.19%和59.72%；日均成交持仓比为0.60，持续处于较低水平，国债期现货价格联动紧密，2年期、5年期、10年期国债期货主力合约与现货价格相关性分别达到98%、99%和99%以上。2020年，国债期货顺利完成12个合约的交割，共计交割15 718手，平均交割率为3.17%，交割平稳顺畅。

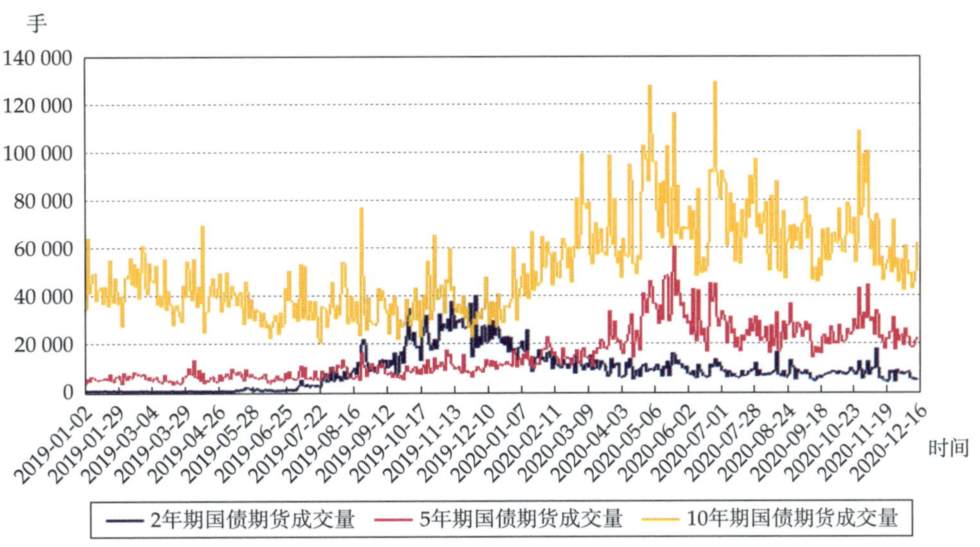

图9-7　2019—2020年国债期货每日成交量

（数据来源：中金所）

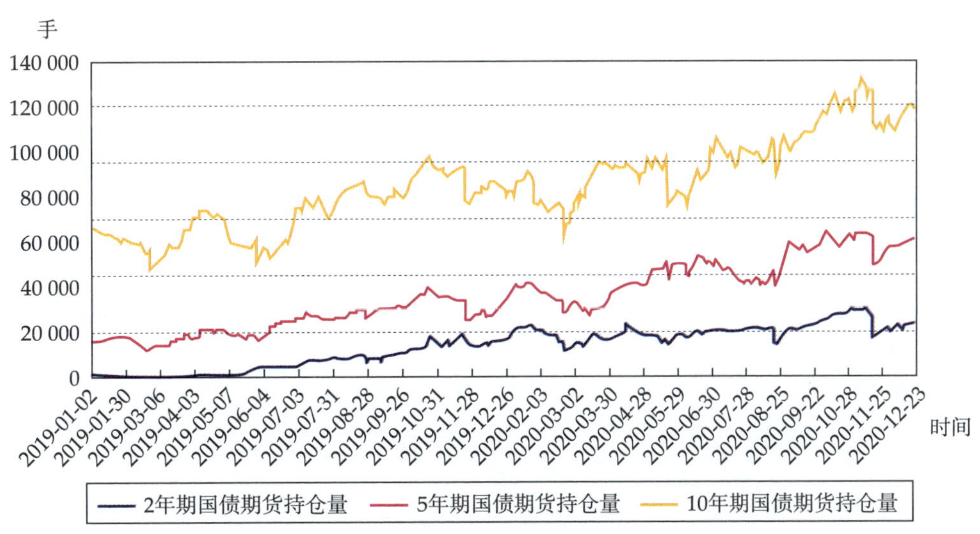

图9-8　2019—2020年国债期货每日持仓量

（数据来源：中金所）

3. 股指期权

2020年，沪深300股指期权产品总成交量为1 674.28万手，累计成交面值7.58万亿元，日均成交面值312.06亿元，权利金总成交金额为1 365.53亿元；日均成交量、日均持仓量分别为6.89万手、10.36万手；日均成交持仓比为0.65，持续处于较低水平。股指期权产品期现货价格相关性高，沪深300股指期权当月平值合约合成期货价格与沪深300指数收盘价的价格相关系数为99.93%，与沪深300股指期货当月合约收盘价的价格相关系数为99.99%。抗疫特别国债招标发行后，中金所及时将其纳入国债期货可交割券范围，促进了特别国债的平稳发行，有力支持了实体经济发展。优化国债期货合约持仓限额标准，调整国债期货开市时间，调整后的国债期货开盘时间与交易所债券市场和股指期货开盘时间一致。

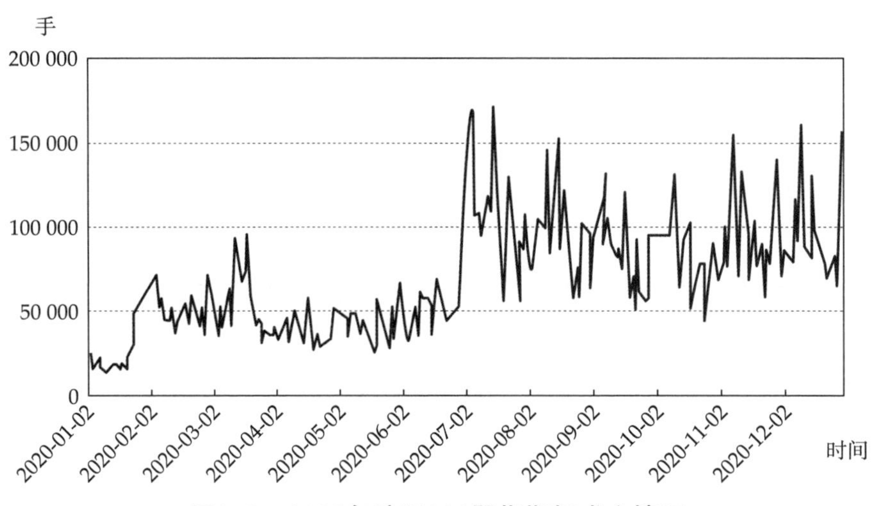

图9-9 2020年沪深300股指期权成交情况

（数据来源：中金所）

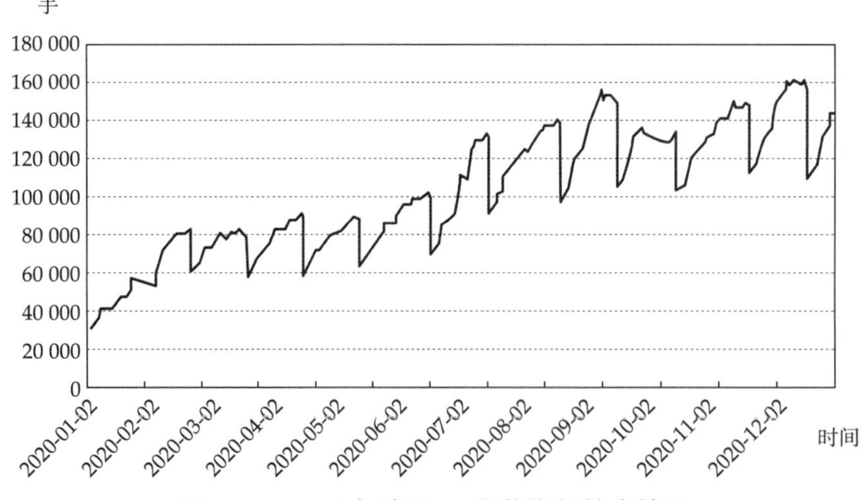

图9-10 2020年沪深300股指期权持仓情况

（数据来源：中金所）

4. 股票期权

2020年，上交所ETF期权合约累计成交9.82亿张，对应认购期权5.38亿张，认沽期权4.44亿张，日均成交404.32万张，日均持仓465.23万张。累计成交面值36.83万亿元，日均成交面值1 515.43亿元，累计权利金成交7 167.08亿元，日均权利金成交29.49亿元。其中，上证50ETF期权合约全年累计成交5.19亿张，对应认购期权2.89亿张，认沽期权2.29亿张，日均成交213.37万张。年末持仓245.42万张，日均持仓278.81万张。累计成交面值16.30万亿元，日均成交面值670.72亿元，累计权利金成交3 187.49亿元，日均权利金成交13.12亿元。沪深300ETF期权合约累计成交4.64亿张，其中认购期权2.49亿张，认沽期权2.15亿张，日均成交190.94万张。年末持仓162.12万张，日均持仓186.42万张。累计成交面值20.53万亿元，日均成交面值844.71亿元，累计权利金成交3 979.59亿元，日均权利金成交16.38亿元。

深交所沪深300ETF期权合约累计成交0.79亿张，其中认购期权0.43亿张，认沽期权0.36亿张，日均成交32.42万张。年末持仓30.84万张，日均持仓40.63万张。累计成交面值3.51万亿元，日均成交面值144.56亿元，累计权利金成交679.57亿元，日均权利金成交2.80亿元。

（二）主要特点

1. 股指期货持仓创新高，成交持仓比维持低位

2020年，股指期货市场日均成交量和持仓量同比有所增加，市场总持仓量于2020年12月11日达到最高值52.53万手，全年共22个交易日创新高；中证500股指期货持仓量于同日达到最高值24.69万手，全年共17个交易日创新高。日均成交持仓比为0.70，相对稳定且维持在较低水平。

2. 国债期货市场成熟度不断提升，结构不断优化

2020年，国债期货成交量和持仓量均创新高，单日成交量于2020年6月3日达到最高值19.26万手，总持仓量于2020年11月18日达到最高值22.51万手。2020年，商业银行、保险资金等现货市场重要参与者获准参与国债期货市场，机构投资者参与度稳步提升，日均持仓占比85.63%，较2019年提高1.59个百分点。

3. 股指期权市场发展平稳

2020年，为更好满足投资者风险管理需求，促进产品功能有效发挥，沪深300股指期权分别于3月、6月，循序渐进调整交易限额。调整后，成交持仓比、期现成交比等关键市场运行指标均维持在调整前的较低水平，市场总体呈现出交易热度适中、运行平稳有序的良好发展节奏。同时，产品持仓量全年保持稳步提升，随着持仓规模平稳增长，产品功能逐步发挥。其中作为下跌“保险”的看跌期权，其成交量占比为43%、持仓量占比为47%，股指期权合约对应股票现货日均受保市值近200亿元。

4. 股票期权市场总体风险可控，市场参与较为广泛，期权经济功能逐步发挥

2020年，上交所股票期权市场总体风险可控。期权市场日均成交持仓比为0.90，日均期现成交比为0.30。2020年，期权市场质量指数平均值为127（100以上代表流动性好、定价效率高），期权市场风险指数平均值为34（60以下代表风险较小），市场风险较小。

截至2020年末，上交所期权投资者账户

总数为48.97万户，共有90家证券公司和29家期货公司取得了上交所股票期权交易参与人资格并开通了期权经纪业务交易权限，其中有63家证券公司开通了期权自营业务交易权限。截至2020年底，上证50ETF期权共有16家做市商，其中，主做市商14家、一般做市商2家。沪深300ETF期权共有15家做市商，其中，主做市商13家、一般做市商2家。

随着上交所期权市场规模稳步扩大，越来越多的投资者使用期权进行保险和增强收益，保险和增强收益的交易占比分别达到了9.95%和51.17%。2020年，市场日均受保市值为308.96亿元，单日受保市值最高达到390.12亿元。

2020年，深交所股票期权实现“稳起步、开好头”预期目标。截至2020年末，深交所沪深300ETF期权投资者账户数为14.72万户，共有87家证券公司和24家期货公司取得了股票期权交易参与人资格，并开通了期权经纪业务交易权限，其中43家证券公司开通了期权自营业务交易权限，共有12家主做市商和3家一般做市商参与做市业务，期权市场运行平稳有序。深交所沪深300ETF期权日均成交持仓比为0.80，日均期现成交比为0.06，投资者交易行为理性。深交所沪深300ETF期权保险和增强收益占比分别为10.56%和42.41%，日均受保市值28.11亿元，经济功能逐步发挥。

（三）市场创新与制度建设

1. 优化业务规则，推进银行、保险等更多中长期资金入市

2020年2月，证监会、财政部、人民银行、银保监会联合发布公告，允许符合条件的试点商业银行和具备投资管理能力的保险机构，按照依法合规、风险可控、商业可持续的原则，参与中金所国债期货交易。3月，中金所发布《关于商业银行参与国债期货业务试点有关事项的通知》，修订《中国金融期货交易所会员管理办法》《中国金融期货交易所交易细则》等业务规则，积极推动商业银行、保险机构参与国债期货交易。4月，商业银行参与国债期货业务正式启动。7月，银保监会发布《保险资金参与国债期货交易规定》，修订了《保险资金参与金融衍生产品交易办法》和《保险资金参与股指期货交易规定》。12月，人社部发布《关于调整年金基金投资范围的通知》，将国债期货纳入年金基金、职业年金投资范围。

2. 落实国庆、中秋假期风险防控安排，实施首次节假日交易保证金调整

基于市场情况动态调整保证金是境内外期货市场的通行做法，也是《金融市场基础设施原则》（PFMI）对中央对手方风险管理的要求。2020年，中金所于国庆、中秋假期前后实施开业以来首次节假日交易保证金调整。

3. 优化股票期权交易机制

2020年，上交所调整行权指令合并申报时间为行权日全天，即从行权日15：00至15：30调整为9：15至9：25、9：30至11：30、13：00至15：30。优化行权指令合并申报合理扩展了申报时段，提高了行权指令合并申报参与率，提升了资金使用效率。

深交所在推出深市沪深300ETF期权时，同步上线了两项创新型交易机制。一是推出组合指令行权申报制度，允许投资者将持有到期的认购、认沽期权合约组合行权，降低投资者备资备券压力，提高股票期权市场行权效率。二是推出策略保证金制度，在风险可控的前提下，允许投资者构建风险相互冲抵的期权组合，减少期权保证金占用，提高资金使用效率，降低期权交易成本。

（四）对外开放

1. 进一步夯实对外开放制度体系

2020年9月，经国务院批准，证监会、人民银行、国家外汇管理局发布《合格境外机构投资者和人民币合格境外机构投资者境内证券期货投资管理办法》，证监会同步发布配套规则，并于11月1日起施行，允许合格境外机构投资者（QFII）、人民币合格境外机构投资者（RQFII）投资金融期货、商品期货、期权等。

2. 深入推进“一带一路”国际化项目发展

2020年，中金所立足于我国资本市场对外开放整体布局，协助参股的巴基斯坦证券交易所理清后续发展规划并克服新冠肺炎疫情影响，实现业务平稳发展；积极支持与上交所联合控股的中欧国际交易所业务发展和创新，推动落实第二次中德高级别财金对话政策成果。

（五）发展展望

2021年，金融期货与期权市场将继续丰富产品供给，完善市场机制，引导更多中长期资金入市，稳妥推进金融期货市场对外开放，不断提升金融期货市场和交易所的建设质量，服务国民经济发展大局。

三、人民币利率衍生品市场

（一）运行情况

2020年，银行间利率衍生品市场共计成交28.09万笔和20.1万亿元。利率互换市场共成交27.4万笔，同比增长15.3%；名义本金总额19.6万亿元，同比增长7.8%；年末，全市场利率互换存量合约余额合计26万亿元，较2019年末同比增长13%。债券远期市场（含标准债券远期）共成交6 369笔、4 532.6亿元，同比分别增加52.1%和3.8%。利率期权自

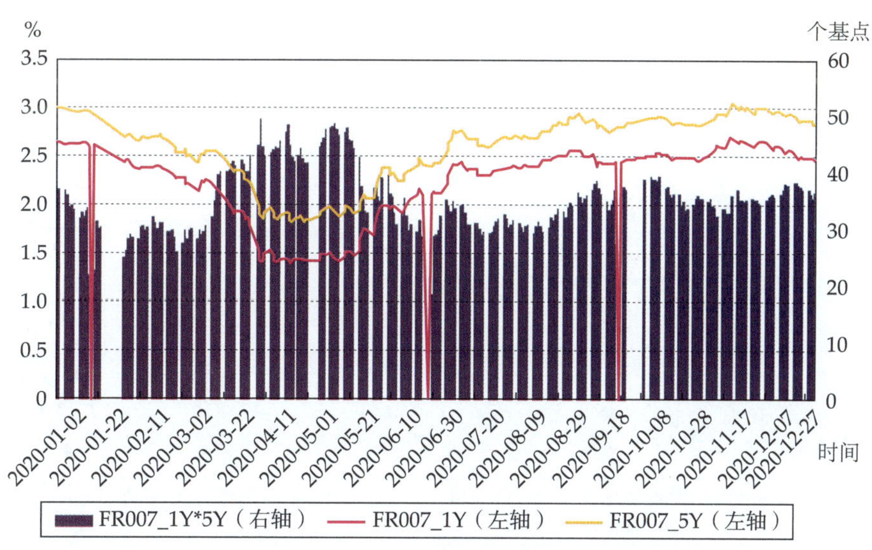

图9-11　FR007互换合约价格走势

（数据来源：中国外汇交易中心）

3月推出以来，累计成交484笔、907.5亿元，其中，LPR利率互换期权成交126笔、名义本金143.5亿元，占比15.8%；LPR利率上/下限期权成交358笔、名义本金764亿元，占比84.2%。

全年，利率互换合约价格呈现先下后上的“V”形走势。2020年末，FR007_1Y和FR007_5Y的价格分别较年初下降18个和17个基点，年内波幅分别为131个和123个基点，1年与5年的FR007互换的价差在第二季度迅速走阔，下半年稳定在35个基点附近。Shibor3M_1Y和Shibor3M_5Y的价格均较年初下降7个基点，年内波幅分别为177个和166个基点，1年与5年的Shibor3M互换同样在第二季度走阔至70个基点左右，下半年在50个基点附近宽幅震荡。

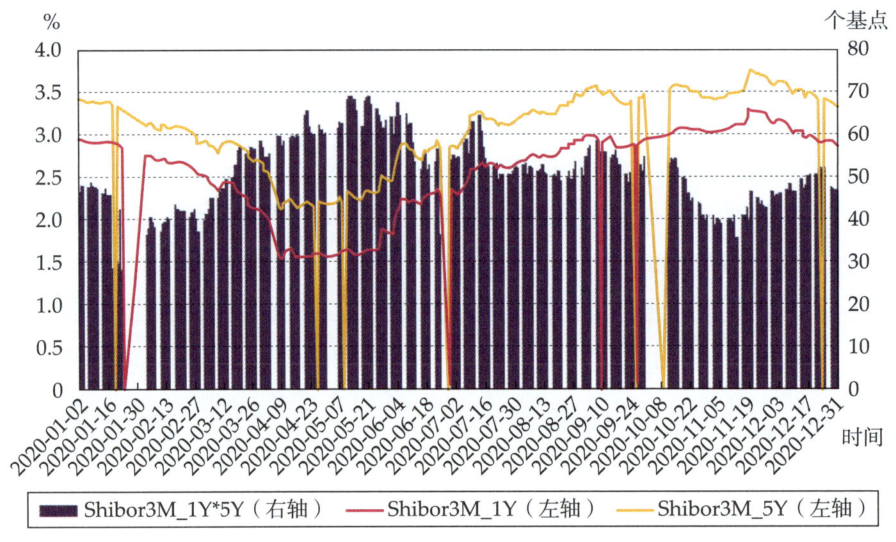

图9-12 Shibor3M互换合约价格走势

（数据来源：中国外汇交易中心）

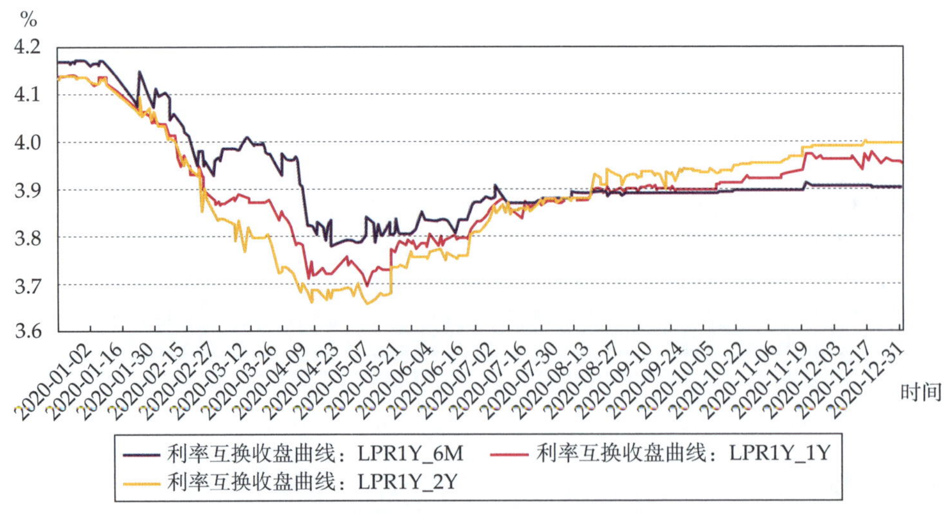

图9-13 LPR1Y利率互换价格走势

（数据来源：中国外汇交易中心）

2020年利率衍生品市场参与主体进一步丰富。截至2020年底，共有603家机构通过中国外汇交易中心系统进入利率互换市场，较去年底增加116家。其中，产品类参与者297家，占比49%；城市商业银行、农村商业银行和农村信用联社133家，占比22%。标准债券远期市场和利率期权市场分别有78家和121家入市机构，涵盖银行、证券公司和非法人产品等主要机构类型。全年共有121家机构申请利率期权业务，机构类型覆盖大型商业银行、股份制银行、城商行、农商行、外资行、证券公司、私募基金等。

（二）主要特点

1. 参考利率以FR007和Shibor为主

2020年，以FR007和Shibor为标的的利率互换交易量占比达97.6%。从期限结构看，1年及1年以下期限品种交易最为活跃，共成交12.5万亿元，占总量的63.8%；1~5年期（含5年）等中长期品种的占比有所回落，共成交7.1万亿元，占比36.2%。从参与者来看，主要参与机构类型为股份制商业银行、证券公司和外资银行，合计占比达75%。

2. 标准债券远期市场期限结构更加均匀，投资者结构更加丰富

2020年，3年期、5年期和10年期合约品种分别成交1 497亿元、1 771亿元和1 264亿元，占市场总量的33%、39%和28%。3年期和5年期合约品种的占比均有所上升，10年期合约品种的占比有所下降。2020年外资银行首次参与标准债券远期市场，进一步丰富了投资者结构。

3. 利率期权市场交易主要集中于短期限品种

从品种期限看，利率上/下限期权以6个月和9个月期限为主，合计成交595.94亿元，占比78%；利率互换期权以1个月和3个月期限为主，合计成交104亿元，占比72.5%。从挂钩标的看，交易主要集中于短期限的LPR1Y品种，互换期权中挂钩LPR1Y利率互换期权104笔、115.2亿元，占比80.3%；上/下限期权中，挂钩LPR1Y利率上/下限期权343笔、744.9亿元，占比97.5%。

（三）市场创新与制度建设

1. 新增挂钩FDR001利率互换合约交易

2020年11月，为落实中国人民银行关于“进一步培育以DR为代表的银行间基准利率体系”的要求，中国外汇交易中心推出挂钩FDR001的利率互换产品。FDR001利率互换既可以扩大DR应用范围，提高其市场认可度和影响力，还有利于为发行挂钩DR的浮息债提供配套支持，满足DR浮息债发行人和投资方管理利率风险的需要，便利市场主体开展利率风险管理和对冲。

2. 新增挂钩农发债标准债券远期合约

2020年，中国外汇交易中心推出农发债标准债券远期合约，上海清算所依托自身农发债托管业务，推出农发债标准债券远期业务，将债券远期标的债券由国开债进一步拓展至农发债，满足市场多元化需求。

3. 推出LPR利率期权业务，支持利率市场化改革

2020年3月，中国外汇交易中心推出挂钩LPR的利率期权产品，进一步丰富银行间利率衍生品市场产品序列。基于银行间衍生品市场管理框架，中国外汇交易中心制定了利率期权交易规则；自主研发利率期权交易系统功能，为机构提供了期权交易一站式服务，包括报价成交、模型定价、行权交割、风险管理、盯市估值、交割金额代理计算等，覆盖期权业务生命周期的全部环节；建立了利率期权双边报价制度，组织有能力、有意愿的机构通过交易系统对标准期权合约每日进行报价，并根据机构日终报价形成市场首个完整的LPR利率期权的波动率曲面，为市场提供流动性和定价基准。

专栏 LPR利率期权业务

LPR利率期权业务包括挂钩LPR1Y和LPR5Y的利率互换期权和利率上/下限期权。LPR利率期权推出了定制化和标准化交易服务，以对话报价方式满足一对一的要素定制化交易服务，以点击成交报价方式适应标准化合约的集中交易需求，满足多元化需求的同时提高市场流动性。同时，中国外汇交易中心充分发挥电子交易平台的优势，集中市场力量研发LPR利率期权定价模型和波动率曲面编制方法，自主研发利率期权交易系统功能，除基本的交易功能外，还增加了模型定价、行权交割、风险管理、盯市估值、波动率曲面发布等交易相关功能，便利市场参与者。

利率期权推出后，一是丰富了利率衍生品产品序列，为市场机构提供更多风险管理工具；二是帮助金融机构更好应对日趋复杂的市场环境，提高金融机构风险管理能力和金融服务能力；三是切实助力企业更好管理贷款成本，享受利率下行好处，服务“六稳”“六保”工作大局。

4. 完善利率衍生品交易机制，提供更全面交易服务

2020年5月，中国外汇交易中心上线新一代本币交易系统衍生品模块，X-Swap匿名点击系统功能进一步优化，新增聚合行情、隐含订单等功能，继续提升撮合效率和性能，提高交易效率，目前市场占比稳定保持在60%以上，成为市场成员利率风险管理的重要工具。2020年12月，中国外汇交易中心推出利率互换RFQ交易机制，支持同时向多家机构发送请求报价并获取回复并成交，进一步提升价格发现效率。2020年，中国外汇交易中心全面提升接口服务，新增对话报价、交谈、成交功能，实现X-Swap交易接口覆盖各品种授信、订单、行情全流程。接口交易显著提高衍生品交易自动化程度，目前X-Swap上API订单量占比近80%。

（四）对外开放

允许境外机构签署ISDA主协议进入境内衍生品市场。根据2020年2月发布的《关于进一步加快推进上海国际金融中心建设和金融支持长三角一体化发展的意见》，允许境外机构自主选择签署国际掉期与衍生工具协会（ISDA）、中国银行间市场交易商协会（NAFMII）、中国证券期货市场（SAC）衍生品主协议，进入境内衍生品市场，全年共有8家境外机构签署ISDA协议进入银行间衍生品市场。

（五）发展展望

一是继续优化衍生品市场机制和产品，发挥衍生品市场风险管理作用。拓展利率期权市场标的范围，研究增加回购基准利率等作为利率期权标的；继续推进LPR衍生品市场建设，增加LPR衍生品集中清算；完善标债远期交割机制；有序推动境外机构进入银行间衍生品市场开展风险管理。

二是加强投资者教育，推动衍生品服务实体经济。合理引入中小机构、资管机构开展衍生品业务，有针对性地加强培训教育工作；积极支持金融机构提供衍生品对客服务，推动衍生品市场发挥服务实体经济、降低融资成本作用。

四、人民币信用衍生品市场

（一）运行情况与特点

1. 银行间市场信用缓释工具运行情况及特点

2020年，CRM市场规模稳中有升，全年共达成交易104笔，名义本金总计183.5亿元，同比增长24.1%。

第一，凭证类产品平稳运行。2020年，共创设85只信用风险缓释凭证（CRMW）和信用联结票据（CLN），名义本金合计149.2亿元。一是CRMW平均创设期限较上年小幅增加，为1.3年。其中，期限1年以内的55只，名义本金合计85.4亿元，占比约57.6%。二是参考实体外部评级主要集中在AA+级和AA级，共68只，名义本金总计121.3亿元，占比约81.8%。三是信用保护卖方中商业银行积极性较高，共创设68只，名义本金合计120.8亿元，占比约81.5%。四是信用保护买方中资管产品一级认购较活跃，认购名义本金合计67.7亿元，占比约45.7%。

第二，合约类产品交易规模上升。2020年，信用风险缓释合约（CRMA）和信用违约互换（CDS）共达成交易19笔，名义本金合计34.3亿元，同比增长约270%。一是平均期限约1.2年。其中期限1年以内的共12笔，名义本金合计17.6亿元，占比约51.3%。二是参考实体评级分布中AAA级最多，共8笔。三是证券公司参与积极性较高，作为信用保护卖方参与交易13笔，名义本金合计24.2亿元，占比超过70%；作为信用保护买方参与交易7笔，名义本金合计17.8亿元，占比约51.9%。

第三，参与者数量进一步增加。2020年，新增CRM核心交易商3家，一般交易商14家，其中一般交易商包括11只资管产品和3家金融机构法人。此外还新增CRMW创设机构5家，CLN创设机构4家。截至2020年末，银行间市场累计共有CRM核心交易商60家，一般交易商98家，CRMW创设机构52家，CLN创设机构48家。

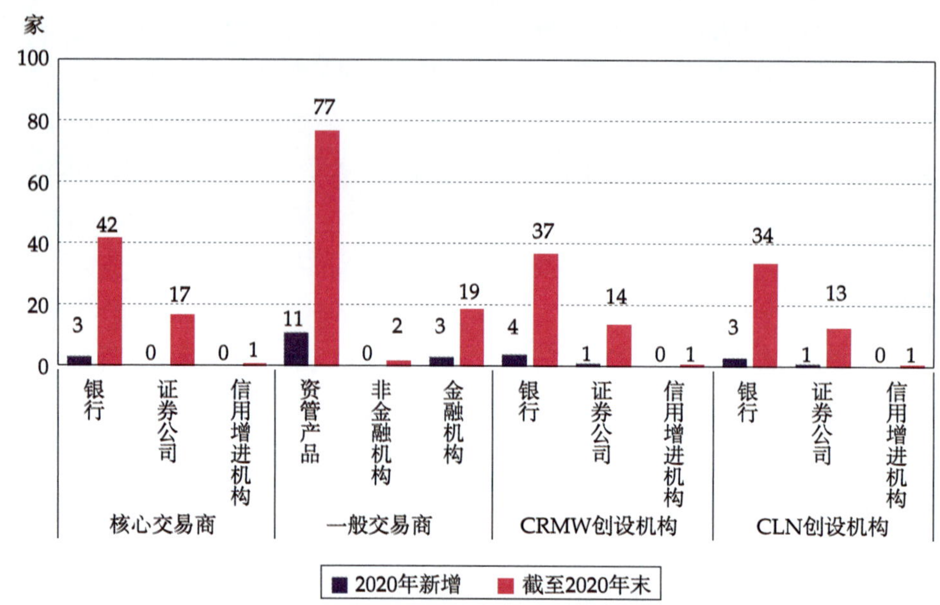

图9-14 2020年CRM市场参与者情况

（资料来源：中国银行间市场交易商协会）

2. 交易所信用保护凭证和信用保护合约运行情况和特点

上交所分别于2018年11月和2019年12月启动了信用保护合约和信用保护凭证试点工作。2020年，上交所市场共创设信用保护合约和信用保护凭证59单（只），合计名义本金21.30亿元，累计支持民营企业等市场主体实现债券融资242.3亿元。截至2020年末，已有24家机构成为上交所市场信用保护合约核心交易商，另有19家机构成为上交所市场信用保护凭证创设机构。

深交所分别于2018年11月和2020年10月推出信用保护合约和信用保护凭证业务试点。2020年，深交所共达成信用保护合约和信用保护凭证37单，名义本金合计21.6亿元，支持包括民营企业在内的债券融资157.8亿元。截至2020年末，已有19家机构备案成为深交所信用保护合约核心交易商，有7家机构备案成为深交所信用保护凭证创设机构。

（二）市场创新与制度建设

1. 优化CRM产品交易结算机制，提升市场流动性

2020年，为进一步提升信用衍生品市场流动性，交易商协会在坚持风险可控的原则下持续优化CRM产品交易结算机制，允许CRMW交易环节以及开展其他CRM产品交易时信用保护买方可单独持有保护，促进CRM与标的债务分离交易，提升参考实体债券和CRM市场流动性。同时配套进一步丰富现金结算、拍卖等结算方式的选择。

2. 丰富CRMW挂钩标的助力疫情防控和风险化解

2020年，CRMW挂钩标的债务范围进一步拓宽。全年共创设22只CRMW助力疫情防控债、不良资产支持证券和资产支持商业票据（ABCP）的顺利发行，名义本金合计35.1亿元，支持相关债券发行金额约120亿元。此举对保障疫情防控政策落实和企业复工复产，帮助商业银行盘活不良资产化解风险，助力兼具流动性和资产负债管理的新型工具的创新，推动衍生品市场与债券市场的协同发展，促进金融更好响应国家政策支持实体经济具有积极作用。

3. 创新CLN支持债券发行业务模式，有效支持民企融资

2020年12月，农业银行和中债信用增进公司落地首笔“民营企业债券融资支持工具”项下CLN与债券联动发行业务。为支持民企债券恒力集团有限公司2020年度第三期短期融资券（简称“20恒力CP003”）发行，农业银行同步创设挂钩该只债券的CRMW和CLN，支持5亿元债券发行。其中，CRMW实际创设名义本金为2亿元，CLN实际创设名义本金为1亿元，并由中债信用增进公司认购。农业银行通过创设CLN，将其创设的CRMW的风险敞口部分转移给CLN投资者，实现了风险转移与分担。该业务模式为主承销商创设CRMW提供风险缓释，切实发挥“几家抬”合力。

4. 建成CDS指数逐笔清算系统，CDS指数业务落地交易

2020年，上海清算所上线CDS指数逐笔清算系统，完成与交易系统直连对接等各项工作，为向不同品种的CDS指数提供交易清算结算、估值等服务做好充分准备。

上海清算所还通过对指数实体列表的测算和筛选，年内顺利完成高等级信用违约互换（CDS）指数滚动日实体列表滚入滚出和两个新版本指数的发布。每日基于市场机构报价测算并发布CDS指数曲线，为市场机构构建完善的CDS指数曲线提供重要数据支持。

5. 交易所信用保护合约和信用保护凭证加大对民营企业融资支持

受这两项工具保护的债务主体绝大部分为民营企业，对于提升投资者认购积极性、助力民企债券发行、降低民企融资成本起到了积极作用。

（三）发展展望

2021年，持续推动完善信用衍生品业务基础运行机制，结合市场需求进一步推动CDS指数等产品创新，提高市场流动性水平，促进信用风险准确定价，推广信用风险缓释工具产品应用，切实有效发挥信用风险分散分担功能，持续支持实体企业债券融资。

专栏 银行间市场推出现金要约收购业务

国际市场上，现金要约收购是发行人主动债务管理的方式之一，可满足企业管理负债、降低融资成本、提振市场信心等需求，同时可作为处于经营困境的企业债务重组的工具，助力其克服短期流动性困难。

2020年11月2日，交易商协会发布《关于试行非金融企业债务融资工具现金要约收购业务的通知》。当年，银行间市场完成首单现金要约收购试点项目。新郑新区发展投资有限责任公司基于主动债务管理需求，对“16郑新发展PPN001”开展现金要约收购，指定上海浦东发展银行承担交易管理职责，收购净价高于标的债券面值剩余本金，通过持有人会议形式为持有人提供集体行动安排，标的债券全部17家持有人均接受了要约，存续余额5亿元均被收购并注销。

银行间市场的现金要约收购业务机制，践行了市场化原则，延续银行间市场运行框架，同时，注重防范道德风险、保护投资者权益。第一，为提高透明度，要约人应在关键节点进行信息披露，减少信息不对称。要约人应在要约公告、要约届满、要约完成三个节点进行公告，尤其是在要约公告中应披露单一收购价格及其确定方式、依据和过程，充分说明定价机制的合理性，提示业务相关风险，保障投资者知情权。第二，着力加强投资者保护，引入持有人集体行动机制，防止发行人恶意低价收购。要约收购应面向标的债券全体持有人，保证同债同权。投资者自愿选择是否接受要约，而非强制性。针对易存在道德风险的低价收购，一是要约人应同步收购到期日在标的债券之前的债务融资工具，避免发行人利用要约收购恶意挑拣履行债务。二是要约人应在公告中明确约定投资者集体行动的机制安排，避免价格压迫导致持有人被动接受要约。此外，为明确与发行文件衔接，标的债券募集文件未明确约定现金要约收购安排时，发行人也应作出持有人集体行动机制安排。第三，明确第三方的交易管理职责。从国际经验看，发行人通常指定负债管理业务方面经验丰富的投资银行担任交易管理人（dealer manager），辅助其完成收购。试行期间由债务融资工具主承销商等专业机构承担交易管理人职责。

五、汇率衍生品市场

（一）运行情况

2020年，银行间汇率衍生品市场累计成交17.6万亿美元，同比增长1.3%。其中，人民币汇率衍生品成交17.0万亿美元，同比下降0.3%；外币对衍生品成交5 891亿美元，同比增长92.3%。分品种看，外币对掉期成交量增幅较大，其余汇率衍生品种成交量涨跌互现。

2020年，银行间汇率衍生品市场参与主体进一步扩大。截至年末，人民币外汇远期、掉期、货币掉期、期权会员分别为266家、259家、213家和163家，较上年末分别增加21家、20家、16家和17家；外币对市场会员225家，较上年末增加17家。

（二）主要特点

1. 人民币汇率衍生品交易总体稳定，外币对衍生品快速增长

2020年，人民币汇率衍生品市场总体交易量较上年基本持平。其中，主力品种掉期成交16.3万亿美元，同比减少0.2%；外币对衍生品交易活跃度大幅增长，主力品种外币对掉期日均成交量大幅增长95.3%。

2. 人民币外汇掉期点随中美利差震荡走高

2020年，境内人民币对美元掉期价格总体跟随中美利差水平波动呈现震荡走高。1—2月，中美利差走扩，1年期掉期点走高至1 000个基点附近。3月，中美利差明显收窄，人民币外汇掉期点回落，3M及以下期限掉期点一度转为贴水。4月之后，中美利差持续扩大，人民币外汇掉期点持续上移，截至11月底1年期掉期点最高触及1 820个基点水平。年底，中美利差回落，外汇掉期点有所回落。2020年末人民币对美元TN及1Y掉期点分别收于4.8个及1 431个基点，较年初分别上涨1.75个基点和973个基点。

（三）汇率衍生品市场创新与制度建设

1. 完善产品序列和业务功能，上线外币对掉期撮合业务

中国外汇交易中心于6月在外币对市场推出掉期撮合业务，初期支持EUR/USD、USD/JPY、USD/HKD三个货币对共9个期限掉期合约的交易。撮合模式提高了外币对市场的价格透明度，进一步聚集境内外币交易流动性。

2. 推出挂钩SOFR等新外币基准利率的外汇衍生品

中国外汇交易中心于4月推出挂钩新外币浮动利率相关产品的交易服务。在交易品种货币掉期、外币利率互换中的外币端增加美元担保隔夜融资利率（SOFR）、英镑隔夜指数平均值（SONIA）、欧元短期利率（ESTER）及东京隔夜平均利率（TONAR）等新的外币浮动基准利率。挂钩SOFR的美元利率互换交易和人民币对美元货币掉期交易、挂钩SOFR和SONIA的GBP/USD货币掉期、挂钩SOFR的美元基差交易陆续在交易系统中达成，为市场参与机构管理外币利率风险提供了有力支撑。

3. 完善汇率衍生品集中清算配套服务

上海清算所于2020年进一步拓展外汇中央对手清算业务的清算期限和清算品种，将T+1日交易以及外汇期权组合交易纳入中央对手清算范围，并推出支持外汇冲销等一揽子外汇清算业务拓展，提升了市场参与业务的灵活性、拓展了存续期管理渠道的多样性。

六、场外大宗商品衍生品市场

（一）运行情况与特点

2020年，上海清算所场外大宗商品衍生品中央对手清算业务覆盖航运、黑色、有色、能源、化工、碳排放六大行业17项产品，截至2020年末，上海清算所大宗商品衍生品中央对手清算合约数3.07万张，同比增长25.4%；全年清算金额累计达到84.33亿元，同比增长6.0%。从清算量分布看，全年清算的主要产品集中在化工类衍生品，占总清算量的93.9%，黑色类衍生品占比2.3%，其他占比3.8%。

截至2020年末，上海清算所大宗商品衍生品中央对手清算业务共有综合清算会员7家，普通清算会员6家。

（二）创新与机制建设

上海清算所通过构建场外大宗商品集中清算平台，为大宗商品现货及衍生品市场提供统一专业的清算服务和风险管理服务，实现交易、清算、结算环节的严格分离，在更好发挥市场资源配置作用的同时，及时防范和化解可能出现的区域性或系统性风险，助力市场持续、规范、稳健发展。

2020年，上海清算所推出大宗商品衍生品中央对手清算业务组合保证金业务。该业务基于预期损失（ES）框架，使用Copulas等方法捕捉不同协议之间的关联性，以市场参与者投资组合为单位，对于同一产品买卖方向不同、期限不同、数量相等的头寸，按照一定优先级建立跨期头寸组合，收取跨期组合保证金，剩余未组合头寸按照原有逻辑对买、卖持仓收取保证金。

（三）发展展望

2021年，场外大宗商品衍生品市场将继续推动产品创新和机制完善。深化和完善以人民币计价、清算、结算的中央对手清算业务，推出大宗商品清算通并拓展应用范围。不断丰富产品序列，上线纯苯掉期等大宗商品清算服务品种，提高市场流动性，促进业务可持续发展。服务绿色金融，探索基于清算通的碳配额跨境清算服务，适时推广碳配额远期中央对手清算模式，持续推动场外大宗商品衍生品市场创新发展。

专题八 国际化期货产品低硫燃料油期货和国际铜期货成功上市

（一）低硫燃料油期货上市

2020年，国际海事组织（IMO）低硫新规正式实施。我国是低硫燃料油的重要生产国之一，适时上市低硫燃料油期货，有助于满足境内外航运业、船用燃料油产业在新规要求下对金融避险工具的迫切需求。

2020年6月22日，低硫燃料油期货在上海期货交易所能源交易中心正式挂牌交易，是全球航运燃料行业目前唯一运行的实物交割期货合约，也是上期所第三个、我国第五个国际化期货品种。自上市以来，低硫燃料油期货交投活跃，产业客户及境外交易者参与度高，2020年累计成交976.23万手，累计成交金额2 377.31亿元，日均持仓14.40万手。机构客户成交占比超过五成，持仓占比超过八成；境外交易者日均成交、持仓占比均超过10%。

低硫燃料油期货推出了全球首创的“境内交割+境外提货”创新业务模式，在该模式下，期货市场依托跨国石油贸易公司雄厚力量，引入企业在境内外的储运贸易布点成为交割厂库和交收库，投资者通过交易获得厂库标准仓单后，履行一定程序即可实现境外提货，该模式进一步满足了实体企业联通境内外市场、开展全球化风险管理的需求。2020年12月，中国石油国际事业有限公司、浙江自贸区中石油国际事业有限公司已分别成为首个低硫燃料油期货集团交割中心和集团交割厂库。中国石油国际事业（新加坡）有限公司、中国石油国际事业（中东）有限公司也已成为首批集团交割境外交收库。

（二）国际铜期货上市

2020年11月19日，国际铜期货在上期能源正式挂牌交易。这是中国期货市场首次以“双合约”模式实现国际化的期货品种，也是在上期能源上市的第四个国际化期货品种，是全球首个铜产业链国际贸易人民币计价套保工具。

国际铜期货自上市以来，市场运行平稳，价格发现功能逐渐显现。从上市至2020年底，国际铜期货总成交量为55.60万手，成交金额为1 425.69亿元，日均成交1.79万手和45.99亿元，日均持仓量为1.41万手，年末持仓量2.08万手；与上海有色网上海保税区铜现货价格相关系数为0.98，期现联动良好。

国际铜期货上市后，一是国际铜期货与沪铜期货形成合力，以“双合约”有效增强期货市场服务实体经济的深度和广度。二是有助于深化境内外期货市场的互联互通，扩大高水平双向开放。三是借助我国强大的购买力，增强铜人民币报价在国际市场的影响力，拓展人民币在国际实物贸易和金融市场中的结算规模，助力人民币国际化战略。

另外，2020年11月，证监会确定2007年在大商所上市的棕榈油期货为境内特定品种，12月，大商所引入境外交易者参与棕榈油期货交易。

专题九 商业银行、保险机构参与中国金融期货交易所国债期货交易

2020年2月21日，证监会、财政部、人民银行、银保监会联合发布《关于商业银行、保险机构参与中国金融期货交易所国债期货交易的公告》，允许符合条件的试点商业银行和具备投资管理能力的保险机构，按照依法合规、风险可控、商业可持续的原则，参与中国金融期货交易所国债期货交易。2020年7月1日，银保监会发布《保险资金参与国债期货交易规定》，明确保险资金参与国债期货应以对冲风险为目的，不得用于投机目的；明确保险资金应以资产组合形式参与并开立交易账户，实行账户、资产、交易、核算等独立管理，严格进行风险隔离等。当日，银保监会同步修订了《保险资金参与金融衍生产品交易办法》和《保险资金参与股指期货交易规定》。

为保障商业银行、保险机构顺利参与国债期货市场，中金所对原有规则和制度进行了调整。2020年4月10日，工商银行、中国银行、交通银行成为中金所交易结算会员，商业银行参与国债期货业务正式启动；农业银行、建设银行分别于5月6日和7月31日成为中金所交易结算会员，首批试点商业银行参与国债期货业务全面落地。2020年12月，首批保险机构完成国债期货投资管理能力备案。

商业银行、保险机构稳步入市有助于提高机构利率风险管理水平，促进场内外市场互联互通。一是提高商业银行、保险机构利率风险管理水平，提升其服务实体经济能力。二是丰富国债期货投资者结构，提高国债期货市场流动性，进一步完善收益率曲线。三是促进交割券的跨市场流通，促进银行间和交易所债券市场的互联互通，推动各类金融要素市场协调发展。

专题十 构建大宗商品清算通业务体系

大宗商品现货交易交收环节长期以来存在安全性得不到保障、交收效率低下、交收成本高昂的痛点，特别是2020年疫情暴发以来，这些问题尤为突出。为贯彻落实金融服务实体经济的要求，上海清算所着力研发清算通，为产业链实体企业提供具有针对性的下沉式资金清算结算服务。

打造业务闭环，直通式服务实体企业。上海清算所对接符合条件的现货平台，采用统一的业务模式，使用标准的系统直联接入方式，会同现货清算成员（即商业银行）按照逐笔、全额的方式对实体企业的大宗商品现货交易进行资金清算结算处理。由上海清算所及商业银行保障资金清算和支付规范高效，由现货平台及其合作仓储机构保障货物的真实性、有效性及归属，实现货物交收便捷可靠，从而形成交易、清算、结算、交割的闭环体系，确保资金和货物安全交收。

创新金融服务，有效破解实体企业痛点和难点。在清算通模式下，上海清算所将充分发挥作为清算机构掌控资金流动、管理交收风险的专业化、集中化优势，与合规现货平台合作，与商业银行的支付结算、贸易融资等业务紧密对接，把大宗商品现货市场的交易流、资金流、货物流规范高效地整合，三流合一、三流并网，从而精准解决现货平台、实体企业、商业银行等各方痛点。同时，清算通可开放式地叠加债券融资、衍生品交易等金融服务，为构建完善场外大宗商品多层次服务体系夯实基础。

积极稳妥推进业务上线及功能拓展。上海清算所于2020年6月获得中国人民银行关于清算通的业务批复，稳妥扎实推进各项上线准备工作，于2021年第一季度上线试运行。工商银行、建设银行、交通银行、浦发银行、光大银行、华夏银行为首批合作银行，国资控股的江苏张家港保税科技化工交割平台为首批现货平台。在稳步推进上线的同时，上海清算所积极研究将运营时间延长至夜间，并探索在线融资、境内外联通、代理结算等优化功能，从而进一步提升服务质量和效率。

附录一　2020年中国金融市场发展大事记

1月6日，中国人民银行下调金融机构存款准备金率0.5个百分点（不含财务公司、金融租赁公司和汽车金融公司）。

1月13日，证监会发布《非上市公众公司信息披露内容与格式准则第3号——定向发行说明书和发行情况报告书》《非上市公众公司信息披露内容与格式准则第4号——定向发行申请文件》《非上市公众公司信息披露内容与格式准则第9号——创新层挂牌公司年度报告》《非上市公众公司信息披露内容与格式准则第10号——基础层挂牌公司年度报告》4项新三板改革配套规则。

1月15日，上海证券交易所、中国结算发布《关于银行参与上海证券交易所债券交易结算有关事项的通知》（上证发〔2020〕4号），明确了政策性银行、国家开发银行、国有大型商业银行、股份制商业银行、城市商业银行、在华外资银行及境内上市的其他银行，参与上海证券交易所债券和资产支持证券现券的竞价交易等相关业务的具体安排。

1月16日，票据信息披露平台上线试运行。

1月17日，证监会发布《非上市公众公司信息披露内容与格式准则第11号——向不特定合格投资者公开发行股票说明书》《非上市公众公司信息披露内容与格式准则第12号——向不特定合格投资者公开发行股票申请文件》2项新三板改革配套规则。

1月20日，中国人民银行正式批复上海黄金交易所为“合格中央对手”。

1月22日，中国外汇交易中心（全国银行间同业拆借中心）根据外汇局政策（汇发〔2020〕2号），发布《关于落实完善银行间债券市场境外投资者外汇风险管理有关安排的公告》，完善银行间债券市场直接入市渠道（CIBM Direct）下境外机构投资者参与外汇市场的业务安排。

2月7日，中国人民银行公开发布《中国人民银行金融市场司关于疫情防控期间金融机构发行债券有关事宜的通知》，简化部分流程，为疫情期间金融机构发行债券以及发行疫情防控主题金融债券提供支持。

2月13日，中国外汇交易中心（全国银行间同业拆借中心）发布《全国银行间同业拆借中心银行间市场到期违约债券转让规则》，规范银行间市场到期违约债券转让行为，保护投资者合法权益。

2月14日，证监会、财政部、中国人民银行、银保监会联合印发《关于商业银行、保险机构参与中国金融期货交易所国债期货交易的公告》（证监会公告〔2020〕12号），允许符合条件的试点商业银行和具备投资管理能力的保险机构，按照依法合规、风险可控、商业可持续的原则，参与中国金融期货交易所国债期货交易。

2月28日，中国国债正式纳入摩根大通全球新兴市场政府债券指数。

3月1日，上海证券交易所和深圳证券交易所分别发布《关于上海证券交易所公开发行公司债券实施注册制相关业务安排的通知》（上证发〔2020〕13号）与《关于公开发行公司债券实施注册制相关业务安排的通知》（深证发〔2020〕129号）。

3月3日，首单小微企业知识产权暨疫情防控资产证券化项目“浦东科创知识产权资产支持专项计划资产支持证券”在上海证券交易所成功发行，优先级发行利率3.59%。

3月5日，经中央全面深化改革委员会第十次会议审议通过，中国人民银行、发展改革委、财政部、银保监会、证监会、外汇局六部门联合印发了《统筹监管金融基础设施工作方案》。

3月16日，深圳证券交易所首只“注册制”公司债券成功簿记。

3月17日，首单置换公司债券在深圳证券交易所市场成功推出。

3月18日，境内首单可扩募、首单新零售基础设施REITs菜鸟中国智能骨干网仓储资产支持专项计划成功扩募，成为境内首单成功实现扩募机制的REITs产品。

3月23日，银行间市场正式推出利率期权业务，助力金融机构有效管理利率风险，完善利率风险定价机制，更好地发挥银行间利率衍生品市场对实体经济支持作用。

3月25日，银保监会发布《保险资产管理产品管理暂行办法》，明确保险资管产品可以投资于国债、地方政府债券、中央银行票据、政府机构债券、金融债券、银行存款、大额存单、同业存单、公司信用类债券，在银行间债券市场或者证券交易所市场等经国务院同意设立的交易市场发行的证券化产品，公募证券投资基金、其他债权类资产、权益类资产和银保监会认可的其他资产。

4月1日，证监会明确取消证券公司外资股比限制。

4月1日，国家开发银行通过深圳证券交易所金融债券发行系统首次在交易所市场发行贴现债券。

4月2日，深圳市地铁集团有限公司、上海陆家嘴（集团）有限公司、广西交通投资集团有限公司、苏州市三角咀生态园开发有限公司、常州滨江经济开发区投资发展集团有限公司和定西国有投资（控股）集团有限公司获得国家发展改革委企业债券注册通知书，标志着新《证券法》下首批注册制企业债券正式问世。

4月10日，商业银行参与国债期货业务启动。首批试点机构包括工商银行、农业银行、中国银行、建设银行、交通银行五大银行。

4月20日，配合境内外币利率市场与国际新基准利率衔接，银行间外汇市场推出挂钩SOFR等新基准利率的外币衍生品交易。同日，在外币对市场推出交易接口服务（LC API），支持自动化上传交易指令和下行交易数据。

4月24日，上海票据交易所供应链票据平台成功试运行。

4月27日，中央深改委审议通过《创业板改革并试点注册制总体实施方案》，创业板改革并试点注册制正式启动。

4月27日，中债估值数据新增“ISIN代码”字段，便利境外投资者使用境内估值产品。

4月30日，证监会与国家发展改革委联合发布了《关于推进基础设施领域不动产投资信托基金（REITs）试点相关工作的通知》，标志着境内基础设施领域公募REITs试点正式起步。

5月6日，上海期货交易所、大连商品交易所、郑州商品交易所恢复商品期货、期权合约夜盘交易。

5月7日，中国人民银行与外汇局共同发布《境外机构投资者境内证券期货投资资金管理规定》（中国人民银行 国家外汇管理局公告〔2020〕第2号），明确并简化境外机构投资者境内证券期货投资资金管理要求，进一步便利境外投资者参与我国金融市场。

5月14日，中国人民银行营业管理部发布公告，对美国惠誉评级公司（Fitch Ratings）在我国境内设立的独资公司——惠誉博华信用评级有限公司予以备案。同日，中国银行间市场交易商协会发布公告，接受外资评级机构惠誉博华开展银行间债券市场B类信用评级业务的注册。

5月22日，交易商协会完成首批9家受托管理人备案，涵盖商业银行、信托公司、律师事务所、金融资产管理公司等多种不同机构类型，有助于发挥受托管理人专业优势，解决债券持有人集体行动困难、与司法程序衔接不畅等问题，进一步增强投资者保护。

5月22日，十三届全国人大三次会议在京开幕，李克强总理代表国务院向大会作政府工作报告，提出将发行1万亿元抗疫特别国债。

6月5日，上交所发布了《关于红筹企业申报科创板发行上市有关事项的通知》，对红筹企业申报科创板发行上市中，涉及的对赌协议处理、股本总额计算、营业收入快速增长认定、退市指标适用等事项，作出了针对性安排。

6月8日，中国外汇交易中心（全国银行间同业拆借中心）通过银行间外汇市场标准化外汇产品交易模块（C-Trade）推出外币对掉期撮合业务。

6月11日，亚洲基础设施投资银行在中国银行间债券市场发行首笔30亿元人民币熊猫债。

6月12日，证监会发布了《创业板首次公开发行股票注册管理办法（试行）》《创业板上市公司证券发行注册管理办法（试行）》《创业板上市公司持续监管办法（试行）》《证券发行上市保荐业务管理办法》。

6月15日，《中国人民银行 发展改革委 证监会关于公司信用类债券违约处置有关事宜的通知》发布，加快完善规则统一的债券市场基础性制度，构建市场化、法制化的债券违约处置机制。

6月18日，财政部发行首批抗疫特别国债。其中，5年期、7年期品种各发行500亿元，中标利率分别为2.41%、2.71%。

6月18日，首批供应链票据贴现业务成功落地，9家企业通过供应链票据贴现融资10笔、506.81万元，贴现利率为2.85%~3.8%。

6月19日，中国金融期货交易所发布公告，将抗疫特别国债纳入国债期货可交割券范围。

6月22日，低硫燃料油在上海国际能源交易中心挂牌交易。

6月22日，深圳证券交易所通过发行上市审核业务系统，发出创业板试点注册制下首批33家申报企业的受理通知。

6月23日，银保监会发布《保险资金参与国债期货交易规定》《保险资金参与金融衍生产品交易办法》《保险资金参与股指期货交易规定》。

6月30日，动力煤期权在郑州商品交易所挂牌交易。

7月1日，国务院常务会议决定着眼增强金融服务中小微企业能力，允许地方政府专项债合理支持中小银行补充资本金。

7月3日，中国人民银行、银保监会、证监会、外汇局制定了《标准化债权类资产认定规则》，自2020年8月3日起施行。

7月6日，聚丙烯、聚氯乙烯和线型低密度聚乙烯期权在大连商品交易所挂牌交易。

7月10日，证监会和银保监会联合发布《证券投资基金托管业务管理办法》。

7月13日，银行间人民币外汇市场推出主经纪业务，适用银行间债券市场直接投资模式（CIBM Direct）的外汇风险管理，为外汇市场对外开放和人民币国际化提供有力支持。

7月15日，最高人民法院正式发布《全国法院审理债券纠纷案件座谈会纪要》。这是我国第一部审理债券纠纷案件的系统性司法文件，统一了债券纠纷司法审判的法律适用，进一步畅通了持有人司法维权渠道，对债券市场的法治化发展有着重要意义。

7月19日，《中国人民银行 中国证券监督管理委员会公告（〔2020〕第7号）》发布，决定同意银行间债券市场与交易所债券市场相关基础设施机构开展互联互通合作。

7月24日，中国证监会同意首批四家企业创业板首次公开发行股票注册，深圳证券交易所正式启动注册制下创业板企业发行承销工作。

7月25日，深圳证券交易所创业板改革并试点注册制相关技术系统正式上线启用。

7月28日，中国人民银行制定的《标准化票据管理办法》（中国人民银行公告〔2020〕第6号）正式实施。同日，上海票据交易所股份有限公司、全国银行间同业拆借中心、银行间市场清算所股份有限公司联合制定并发布了《标准化票据信息披露规则》。

7月29日，中国外汇交易中心（全国银行间同业拆借中心）支持首批标准化票据成功认购，标志着这一支持中小企业融资、契合金融机构资金交易特点和支持中小金融机构流动性管理的创新工具正式启航。

8月5日，首批上海金ETF上市交易。

8月10日，铝期权和锌期权在上海期货交易所挂牌交易。

8月11日，国家发展改革委办公厅印发《县城新型城镇化建设专项企业债券发行指引》，推出县城新型城镇化建设专项企业债券。

8月17日，中央国债登记结算有限责任公司与银行间市场清算所股份有限公司联合发布《全国银行间债券市场债券托管结算机构到期违约债券转让结算业务规则》。

8月24日，创业板改革并试点注册制首批18家企业在深圳证券交易所上市。

9月11日，银保监会发布《保险资产管理产品管理暂行办法》配套规则，包括《组合类保险资产管理产品实施细则》《债权投资计划实施细则》和《股权投资计划实施细则》。

9月14日，全国银行间同业拆借中心、中央国债登记结算有限责任公司、银行间市场清算所股份有限公司决定自2020年9月21日起延长银行间现券买卖交易时段至20：00。

9月15日，中央国债登记结算有限责任公司与国际掉期与衍生工具协会（ISDA）联合发布《使用人民币债券充抵场外衍生品交易保证金》白皮书。这是境内金融基础设施与国际权威行业协会的首次合作，共同探讨使用人民币债券作为国际场外衍生品交易保证金的可行性，为人民币债券资产的跨境应用打开了新思路。

9月22日，中国人民银行、工业和信息化部、司法部、商务部、国资委、市场监管总局、银保监会及外汇局联合发布《关于规范发展供应链金融 支持供应链产业链稳定循环和优化升级的意见》（银发〔2020〕226号）。

9月24日，中国外汇交易中心（全国银行间同业拆借中心）发布《关于落实完善债券通渠道资金汇兑和外汇风险管理有关安排的公告》（中汇交公告〔2020〕45号），完善银行间债券市场债券通渠道下境外机构投资者参与外汇市场的业务安排。

9月25日，富时罗素公司宣布中国国债将于2021年10月被纳入富时世界国债指数（WGBI）。

9月25日，为切实提高资本市场对外开放水平，经国务院批准，证监会、中国人民银行、国家外汇管理局发布《合格境外机构投资者和人民币合格境外机构投资者境内证券期货投资管理办法》，证监会同步发布配套规则《关于实施〈合格境外机构投资者和人民币合格境外机构投资者境内证券期货投资管理办法〉有关问题的规定》。

10月10日，银保监会发布《关于优化保险机构投资管理能力监管有关事项的通知》（银保监发〔2020〕45号）。

10月19日，银行间市场新一代本币交易平台新增现券匿名询价（X-Bargain），进一步提高债券市场流动性。

10月23日，深港ETF互通正式开通。首批互通产品中，嘉实恒生中国企业ETF、银华工银南方东英标普中国新经济行业ETF在深圳证券交易所挂牌上市，恒生嘉实沪深300指数ETF、南方东英银华中证5G通信主题ETF在香港交易所挂牌上市。

10月30日，中国金融期货交易所发布《关于合格境外机构投资者和人民币合格境外机构投资者参与股指期货交易有关事项的通知》。

10月30日，首单5亿元长三角科创民企集合短期融资券在银行间市场顺利推出，融资总额5亿元。

11月3日，上海票据交易所正式上线跨境人民币贸易融资转让服务平台。平台为境内外金融机构提供跨境人民币贸易融资相关服务，一期业务包括同业代付和福费廷转让。

11月6日，上期标准仓单交易平台上线线上质押业务，可质押的品种包括铜、铝、铅、锌、锡、镍、白银、天然橡胶、螺纹钢、线材、热轧卷板和不锈钢。

11月13日，中债金融估值中心有限公司发布中债-ESG优选信用债指数，是全球首只宽基人民币信用债ESG因子指数。

11月16日，中国外汇交易中心（全国银行间同业拆借中心）推出FDR001利率互换交易服务，为金融机构提供更多利率风险管理工具。

11月16日，中国外汇交易中心（全国银行间同业拆借中心）与上海清算所共同优化外币回购业务，券款对付（DVP）结算等多项新功能成功推出。21家机构参与首日交易，首日交易金额约10亿美元。

11月23日，银保监会发布《保险代理人监管规定》，自2021年1月1日起施行。

11月30日，上海清算所成功拓展人民币外汇交易中央对手清算业务的清算品种和期限，将银行间外汇市场T+1日交易以及外汇期权组合交易纳入中央对手清算范围。上线首日清算金额约5 688.72亿元。

12月8日，上海清算所与欧洲清算银行签约暨“玉兰债”业务启动仪式在沪成功举办。

12月9日，中央国债登记结算有限责任公司支持中国信托业保障基金有限责任公司与上海农村商业银行股份有限公司落地首单信托保障基金同业存款担保品管理业务，这是金融保障基金行业首次引入担保品管理机制。

12月9日起，上海期货交易所上线上期标准仓单交易平台天然橡胶延伸仓单交易。

12月14日，银保监会发布《互联网保险业务监管办法》，自2021年2月1日起施行。

12月15日，《关于开展2021年度企业债券本息兑付风险排查和存续期监管有关工作的通知》（发改办财金〔2020〕942号）发布，落实国务院金融稳定发展委员会第四十三次会议精神，加强风险隐患摸底排查，防范化解债券市场重大风险，牢牢守住不发生系统性金融风险的底线，进一步增强企业债券服务实体经济能力。

12月16日，江苏银行和南京银行开展全国首单供应链票据转贴现交易业务。

12月21日，招商银行落地全国首单供应链票据再贴现业务。

附录二 中国金融市场统计

附表1 2000—2020年主要宏观

项目	2000年	2001年	2002年	2003年	2004年	2005年	2006年	2007年	2008年
国内生产总值（GDP）/亿元	99 215	109 655	120 333	135 823	159 878	184 937	216 314	265 810	314 045
增长率/%	8.4	8.3	9.1	10	10.1	10.4	12.7	14.2	9.6
进出口总额/亿美元、亿元	4 743	5 097.7	6 208	8 512	11 547	14 221	17 607	21 738	25 616
增长率/%	31.5	7.5	21.8	37.1	35.7	23.2	23.8	23.5	17.8
出口/亿美元、亿元	2 492	2 661	3 256	4 384	5 934	7 620	9 690	12 205	14 307
进口/亿美元、亿元	2 251	2 436.1	2 952	4 128	5 614	6 601	7 915	9 561	11 326
外汇储备/亿美元	1 655.7	2 121.7	2 864	4 033	6 099	8 189	10 663	15 282	19 460
外商直接投资/亿美元	408	468.5	527	535	606	603	694.7	747.7	924
财政收入/亿元	13 380.1	16 371	18 914	21 691	26 355.9	31 628	38 760.2	51 304	61 330
财政支出/亿元	15 879.4	18 844	22 012	24 607	28 360.8	33 708.1	40 222.7	49 565.4	62 593
赤字或盈余/亿元	-2 499.3	-2 473	-3 098	-2 916	-2 004.9	-2 080.1	-1 462.5	1 738.6	-1 263
货币供应量（M2）/亿元	134 610.3	158 301.9	185 007	221 222.8	254 107	296 040.1	345 577.9	403 401.3	475 166.6
增长率/%	12.3	17.6	16.9	19.6	14.9	16.5	16.7	16.7	17.8
货币供应量（M1）/亿元	53 147.2	59 871.6	70 822	84 118.6	95 969.7	107 279.9	126 028.1	152 519.2	166 217.1
增长率/%	15.9	12.7	18.3	18.8	14.1	11.8	17.5	21	9
货币供应量（M0）/亿元	14 652.7	15 688.8	17 278	19 746	21 468.3	24 032.8	27 072.6	30 334.3	34 218.96
增长率/%	8.9	7.1	10.1	14.3	8.7	11.9	12.6	12	12.8
城镇居民人均可支配收入/元	6 280	6 859.6	7 703	8 500	9 422	10 493	11 759	13 786	15 781
实际增长率/%	6.4	8.5	13.4	9	7.7	9.6	10.4	12.2	8.4
农村居民人均纯收入/元	2 253	2 366	2 476	2 622	2 936	3 255	3 587	4 140	4 761
实际增长率/%	2.1	4.2	4.8	4.3	6.8	6.2	7.4	9.5	8
金融机构各项存款/亿元	123 804.4	143 617.2	170 917.4	208 055.6	241 424.3	300 208.6	348 015.6	401 051.4	478 444.2
增长率/%	13.8	16	19	21.7	16	24.3	15.9	15.2	19.3
金融机构各项贷款/亿元	99 371.1	112 314.7	131 293.9	158 996.2	178 197.8	206 838.5	238 279.8	277 746.5	320 048.7
增长率/%	6	13	16.9	21.1	12.1	16.1	15.2	16.6	15.2
居民消费价格指数（CPI）/%	0.4	0.7	-0.8	1.2	3.9	1.8	1.5	4.8	5.9

数据来源:国家统计局、中国人民银行、财政部。

注：1. 根据最新公布数据有所调整往年数据。

2. 2009年以后的进出口总额、进口、出口数据以人民币计。

经济金融指标（年末余额）

2009年	2010年	2011年	2012年	2013年	2014年	2015年	2016年	2017年	2018年	2019年	2020年
340 903	408 903	484 124	534 123	595 244	643 974	689 052	743 585	832 036	919 281	990 865	1 015 986
9.2	10.6	9.5	7.7	7.8	7.3	7	6.8	6.9	6.7	6.1	2.3
22 073	201 723	236 402	244 160	258 168	264 242	245 503	243 386	278 099	305 010	315 505	321 557
-13.9	34.7	17.2	3.2	5.7	2.39	-7	-0.9	14.2	9.7	3.4	1.9
12 016	107 023	123 241	129 359	137 131	143 884	141 167	138 419	153 309	164 129	172 342	179 326
10 059	94 700	113 161	114 801	121 037	120 358	104 336	104 967	124 790	140 881	143 162	142 231
23 992	28 473	31 811	33 116	38 213	38 430	33 304	30 105	31 399	30 727	31 079	32 165.22
900	1 057	1 160	1 117	1 176	1 196	1 263	1 260	1 310	1 350	1 381	1 444
68 518	83 102	103 874	117 254	129 210	140 370	152 269	159 605	172 593	183 360	190 382	182 895
76 300	89 874	109 248	125 953	140 213	151 662	175 768	188 793	203 330	220 906	238 874	245 588
-7 782	-6 772	-5 374	-8 699	-11 003	-11 312	-23 499	-29 188	-30 734	-37 546	-48 492	-62 693
606 223.6	725 851.79	851 590.9	974 148.8	1 106 524.98	1 228 374.81	1 392 278.11	1 550 066.67	1 676 768.54	1 826 744.22	1 986 488.82	2 186 795.89
27.6	19.7	13.5	14.4	13.6	11	13.3	11.4	8.2	8.1	8.7	10.1
220 004.5	266 621.5	289 847.7	308 664.2	337 291.05	348 056.41	400 953.44	486 557.24	543 790.15	551 685.91	576 009.15	625 580.99
32.4	21.2	7.9	6.5	9.3	3.2	15.2	21.4	11.8	1.5	4.4	8.6
38 245.97	44 628.17	50 748.46	54 659.77	58 574.44	60 259.53	63 216.58	68 303.87	70 645.60	73 208.40	77 819.47	84 314.53
11.8	16.7	13.8	7.7	7.1	2.9	4.9	8.1	3.4	3.6	5.4	9.2
17 175	19 109	21 810	24 565	26 955	28 844	31 195	33 616	36 396	39 251	42 359	43 834
9.8	7.8	8.4	12.6	9.7	6.8	6.6	5.6	8.3	7.8	5	3.5
5 153	5 919	6 977	7 917	8 896	9 892	11 422	12 363	13 432	14 617	16 021	17 131
8.5	10.9	11.4	13.5	9.3	11.2	7.5	6.2	7.3	8.8	9.6	6.9
612 005.1	733 382.03	826 701.35	943 102.27	1 070 587.72	1 173 734.59	1 397 752.11	1 555 247.07	1 692 727.15	1 825 158.24	1 981 642.58	2 183 744.07
27.9	19.8	12.7	14.1	13.5	9.6	19.1	11.3	8.8	7.8	8.6	10.2
425 622.6	509 225.95	581 892.5	672 874.61	766 326.64	867 867.89	993 459.69	1 120 551.79	1 256 073.74	1 417 516.44	1 586 020.56	1 784 033.85
33	19.6	14.3	15.6	13.9	13.3	14.5	12.8	12.1	12.9	11.9	12.5
-0.7	3.3	5.4	2.6	2.6	2	1.4	2	1.6	2.1	2.9	2.5

附表2　2000—2020年新增本外币

项目	2000年	2001年	2002年	2003年	2004年	2005年	2006年	2007年	2008年
金融机构各项存款	123 804	143 617.2	170 917.4	208 055.6	241 424.3	300 208.6	348 015.6	401 051.4	478 444.21
比上年年末增长	13.8	16	19	21.7	16	24.3	15.9	15.2	19.3
其中：城乡居民储蓄	64 332.4	73 762.4	86 910.7	103 617.7	119 555.4	147 053.7	166 616.2	176 213.3	221 503.47
比上年年末增长	7.9	14.7	17.8	19.2	15.4	23	13.3	5.8	25.7
企业存款	44 093.7	51 546.6	60 028.6	72 487.1	84 669.5	101 750.6	118 851.7	144 814.1	164 385.79
比上年年末增长	18.6	16.9	16.5	20.8	16.8	20.2	16.8	21.8	13.5
金融机构各项贷款	99 371.1	112 314.7	131 293.9	158 996.2	178 197.8	206 838.5	238 279.8	277 746.5	320 048.68
比上年年末增长	6	13	16.9	21.1	12.1	16.1	15.2	16.6	15.2
其中：短期贷款	65 748.1	67 327.2	76 822.4	87 397.9	90 808.3	91 157.5	101 698.2	118 898	128 571.47
比上年年末增长	2.9	2.4	14.1	13.8	3.9	0.4	11.6	16.9	8.1
中长期贷款	27 931.2	39 238.1	51 731.6	67 251.7	81 010.1	92 940.5	113 009.8	138 581	164 160.42
比上年年末增长	16.5	40.5	31.8	30	20.5	14.7	21.6	22.6	18.5

数据来源：中国人民银行。

存贷款构成及增长率（年末余额）

单位：亿元、%

2009年	2010年	2011年	2012年	2013年	2014年	2015年	2016年	2017年	2018年	2019年	2020年
612 005.1	733 382.03	826 701.35	943 102.27	1 070 587.72	1 173 734.59	1 397 752.11	1 555 247.07	1 692 727.15	1 825 158.24	1 981 642.58	2 183 744.07
27.9	19.8	12.7	14.1	13.5	9.6	19.1	11.3	8.8	7.8	8.6	10.2
264 756.9	307 166.39	357 901.58	415 549.87	471 090.18	512 790.14	551 928.92	606 522.23	651 983.38	724 438.51	821 296.39	934 383.14
19.5	16	16.5	16.1	13.4	8.9	7.6	9.9	7.5	11.1	13.4	13.8
224 360	252 960.27	423 086.61	478 730.2	541 793.87	591 069.28	455 208.83	530 895.41	571 640.83	589 104.74	621 147.01	688 218.21
36.5	12.7	67.3	13.2	13.2	9.1	-22.9	16.6	7.7	3.1	5.4	10.8
425 622.6	509 225.95	581 892.5	672 874.61	766 326.64	867 867.89	993 459.69	1 120 551.79	1 256 073.74	1 417 516.44	1 586 020.56	1 784 033.85
33	19.6	14.3	15.6	13.9	13.3	14.5	12.8	12.1	12.9	11.9	12.5
151 390.7	171 236.64	217 480.1	268 152.19	311 771.97	336 371.27	359 190.66	371 286.36	405 492.17	432 776.46	462 715.17	487 247.04
17.7	13.11	27	23.3	16.3	7.9	6.8	3.4	9.2	6.7	6.9	5.3
235 591.3	305 127.55	333 746.51	363 894.22	410 345.5	471 818.36	537 832.55	634 209.87	750 130.12	854 188.75	971 567.92	1 137 402.06
43.5	29.5	9.4	9	12.8	15	14	17.9	18.3	13.9	13.7	17.1

附表3 2006—2020年贷款余额、债券存量、股票市值与GDP的比例

单位：亿元、%

年份	GDP	贷款余额	贷款余额/GDP	债券存量	债券存量/GDP	股票总市值	股票总市值/GDP
2006	216 314	238 280	110.2	92 740	42.9	89 404	41.3
2007	265 810	277 747	104.5	124 470	46.8	327 140.9	123.1
2008	314 045	320 049	101.9	151 648	48.3	121 366.4	38.6
2009	340 903	425 623	124.9	176 430	51.8	243 939.12	71.6
2010	397 983	509 226	128	205 481	51.6	265 422.59	66.7
2011	471 564	581 893	123	223 786	47.5	214 758.1	45.5
2012	519 470	672 875	130	262 058	50.4	230 357.6	44.3
2013	568 845	766 327	135	296 165	52.1	239 077.2	42
2014	636 463	867 868	136	355 778	55.9	372 546.92	59
2015	676 708	993 460	147	478 978	70.8	531 304.2	78.5
2016	744 127	1 120 552	151	636 614	85.6	508 245.11	68.3
2017	827 122	1 256 074	152	740 098	89.5	567 475.37	68.6
2018	900 309	1 417 516	157	870 016	96.6	434 924	48.3
2019	990 865	1 586 021	160	991 043	100	483 461.26	48.8
2020	1 015 986	1 784 034	175	1 167 200	115	797 238	78.5

数据来源：中国人民银行、中国证监会。

注：1. 贷款余额指金融机构本外币各类贷款；

2. 债券存量包括银行间债券托管数和交易所债券托管数在内的总托管量。

附表4 2010—2020年社会融资增量结构

单位：万亿元

年份	融资增量总额	人民币贷款	外币贷款	委托贷款	信托贷款	未贴现银行承兑汇票	企业债券净融资	非金融企业境内股票融资	其他
2010	13.94	7.86	0.49	0.88	0.39	2.34	1.11	0.58	0.29
2011	12.83	7.47	0.57	1.3	0.2	1.03	1.37	0.44	0.45
2012	15.76	8.20	0.92	1.28	1.28	1.05	2.26	0.25	0
2013	17.29	8.89	0.58	2.54	1.84	0.78	1.8	0.22	0
2014	16.41	9.78	0.36	2.51	0.52	-0.13	2.43	0.44	0
2015	15.29	11.27	-0.64	1.59	0.04	-1.06	2.82	0.76	0
2016	17.8	12.4	-0.56	2.18	0.86	-1.95	3	1.24	0.6
2017	19.44	13.84	0.0018	0.77	2.26	0.54	0.45	0.87	0.71
2018	19.26	15.67	-0.4203	-1.61	-0.69	-0.63	2.49	0.36	4.1
2019	25.67	16.88	-0.1274	-0.9396	-0.3467	-0.4755	3.34	0.3478	6.18
2020	34.86	20.03	0.1450	-0.3954	-1.1	0.1746	4.45	0.8923	10.66

数据来源：中国人民银行。

附表5 1997—2020年银行间同业拆借与债券回购成交情况

单位：亿元

年份	拆借	质押式回购交易额	买断式回购交易额
1997	8 298	310	—
1998	1 978	1 021	—
1999	3 291	3 957	—
2000	6 728	15 785	—
2001	8 082	40 133	—
2002	12 107	101 885	—
2003	24 113	117 203	—
2004	14 556	93 105	1 263
2005	12 783	156 784	2 223
2006	21 503	263 021	2 892
2007	106 466	440 672	7 253
2008	150 492	563 830	17 376
2009	193 505	677 007	25 891
2010	278 684	846 533	29 402
2011	334 412	966 650	27 885
2012	467 044	1 366 174	50 966
2013	355 190	1 519 757	61 882
2014	376 626	2 124 191	120 035
2015	642 135	4 324 109	253 528
2016	959 131	5 682 693	330 335
2017	789 811	5 882 607	281 077
2018	1 392 987	7 086 726	140 036
2019	1 516 372	8 100 887	96 427
2020	1 471 425	9 527 158	70 357

数据来源：中国外汇交易中心。

附表6 银行间同业拆借成员变化情况

单位：家

年份	银行	证券公司	保险公司	信托公司	财务公司	租赁公司	农村信用联社	城市信用社	资产管理公司	汽车金融公司	消费金融公司	其他	总计
2000	232	14	—	—	20	—	148	—	—	—	—	3	417
2001	246	18	—	—	25	—	198	—	—	—	—	3	490
2002	261	41	—	—	25	—	202	4	—	—	—	3	536
2003	289	56	—	—	32	—	229	10	—	—	—	1	617
2004	309	64	—	—	35	—	236	11	—	—	—	1	656
2005	323	66	—	—	38	—	239	12	—	—	—	1	679
2006	339	53	—	—	46	—	250	15	—	—	—	0	703
2007	326	56	—	3	49	—	267	16	—	—	—	0	717
2008	340	58	—	16	55	4	298	13	2	2	—	0	788
2009	348	65	6	26	68	6	320	9	3	3	—	0	854
2010	347	68	6	30	72	11	338	8	3	5	—	0	888
2011	347	70	7	38	77	11	369	7	4	6	—	1	937
2012	359	77	7	39	81	16	422	7	5	8	—	1	1 022
2013	368	82	9	45	98	16	482	7	5	9	—	1	1 122
2014	349	87	10	54	129	17	547	7	5	13	—	1	1 219
2015	355	90	15	57	154	20	661	7	5	16	—	2	1 382
2016	390	95	31	62	180	24	916	0	8	17	—	2	1 725
2017	497	96	43	62	213	40	973	0	8	21	3	2	1 958
2018	573	97	52	62	226	54	1 017	0	8	23	8	3	2 123
2019	1 338	102	53	66	236	66	282	0	9	24	13	1	2 190
2020	1 432	102	53	66	238	66	266	0	9	24	20	2	2 278

数据来源：全国银行间同业拆借中心。

附表7　2000—2020年票据市场情况

单位：万亿元

年份	累计签发商业票据发生额	累计贴现发生额
2000	0.74	0.64
2001	1.28	1.55
2002	1.61	2.31
2003	2.77	4.44
2004	3.42	4.71
2005	4.45	6.75
2006	5.43	8.49
2007	5.87	10.11
2008	7.09	13.51
2009	10.27	23.16
2010	12.2	48.60
2011	15.1	25
2012	17.9	31.6
2013	20.3	45.7
2014	22.1	60.7
2015	22.4	102.1
2016	18.1	84.5
2017	17.0	40.3
2018	18.28	27.33
2019	20.4	34.3
2020	22.1	40.4

数据来源：中国人民银行。

附表8 2006—2020年债券市场现券与期货交易情况

单位：亿元、%

年份	银行间市场				交易所市场			
	现券交易额	同比增长	柜台交易额	同比增长	现券交易额	同比增长	国债期货交易额	同比增长
2006	102 558.6	70.55	42.8	-34.86	1 977.83	—	—	—
2007	156 038.21	52.15	35.7	-16.59	2 051.75	3.74	—	—
2008	371 082.7	137.82	30.4	-14.85	4 294.73	109.32	—	—
2009	472 646.43	27.37	62.8	106.58	4 659.86	8.5	—	—
2010	640 418.98	35.5	41.7	-33.6	5 832.26	25.16	—	—
2011	636 422.9	-0.62	27.89	-33.12	6 839.9	17.28	—	—
2012	751 952.83	18.15	14.99	-46.25	9 852.7	44.05	—	—
2013	416 106.44	-44.66	18.72	24.88	17 387.6	76.48	3 063.89	—
2014	403 565.2	-3	71.7	283.01	27 874.4	60.31	8 785.17	186.73
2015	867 370.1	114.9	109.3	52.4	33 994.6	22	60 106.8	584.18
2016	1 270 918.3	46.5	87.6	-19.8	51 269.9	50.8	89 013.6	48.09
2017	1 028 351.7	-19.1	245	179.7	55 597.0	8.4	140 849.1	58.23
2018	1 507 367.9	46.6	1 320.3	438.9	59 282.6	6.6	103 819.3	-26.77
2019	2 087 499.4	38.5	2 528.6	91.5	83 530.2	40.9	148 158.3	40.71
2020	2 328 245.2	11.5	3 237.6	28	201 785.8	141.6	263 689.3	77.98

数据来源：中国人民银行。

附表9 2020年债券市场现券交易情况

单位：亿元、%

时间	银行间债券市场					交易所债券市场		
	现券交易额	同比增长	银行间债券总指数	柜台市场交易额	同比增长	现券交易额	同比增长	上证企业债指数
2020年1月	145 446.7	-2.5	118.7	197.4	-38.1	6 572	-6	239.67
2020年2月	98 239.5	-9.3	119.74	251.9	10.7	7 943.2	68.8	241.21
2020年3月	244 347.5	39	120.25	493.3	78.4	19 347.9	160.8	242.65
2020年4月	254 526.8	44.7	121.58	593.1	186.5	19 995.8	166.3	244.33
2020年5月	217 099.2	17.1	120.13	291.5	101.8	13 211.6	88.4	245.42
2020年6月	234 933.2	50.9	118.9	292.3	1.9	13 769.6	116.7	246.08
2020年7月	263 739	38.5	118.07	125.2	-32.4	20 388.8	167	246.49
2020年8月	227 280.5	13.4	117.41	175.1	-21.2	19 163.2	155.1	247.16
2020年9月	235 132.2	23.3	117.01	208.5	17.3	15 512.5	127	247.69
2020年10月	105 441.7	-37.5	117.06	102.8	-26.1	21 345.3	274.8	248.41
2020年11月	141 789	-33.7	116.95	273.3	63.2	21 188.6	196.7	248.75
2020年12月	160 385.9	-28.3	117.45	269.3	53.4	23 347.3	167.7	249.44
合计	2 328 245.2	11.5	—	3 273.6	28	201 785.8	141.6	—

数据来源：中国人民银行、中央国债登记结算有限责任公司、上海证券交易所、中国外汇交易中心。

注：银行间债券总指数指中债银行间债券总净价指数（总值）月末收盘值，上证企业债指数指上证企业债全价月末收盘值。

附表10 债券市场发行基本情况

单位：亿元

年份	政府信用债			政府支持机构债	央行票据	金融债券				同业存单	公司信用类债券				资产支持证券	国际机构债券	标准化票据	总计
	国债	地方政府债	小计			国开行及政策性银行债	券商短融	其他金融债	小计		非金融企业债券融资工具	企业债券	公司债券	小计				
2004	7 318.8	0	7 318.8	0	17 037	4 348	0	748.8	5 096.8	—	0	326	209	535	—	—	—	29 988
2005	7 042	0	7 042	0	27 882	6 051.7	29	1 036.3	7 117	—	1 424	654	0	2 078	172.74	—	—	44 160.8
2006	8 883.3	0	8 883.3	0	36 574	8 980	0	525	9 505	—	2 919.5	995	142.9	4 057.4	280.01	—	—	59 135.3
2007	23 483.4	0	23 483.4	0	40 721	10 931.9	0	972.7	11 904.6	—	3 349.1	1 720	407.3	5 476.4	178.08	—	—	81 763.8
2008	8 546.3	0	8 546.3	0	42 960	10 809.3	0	974	11 783.3	—	6 075.5	2 367	976.5	9 419	302.01	—	—	73 010.6
2009	16 213.6	2 000	18 213.6	0	39 740	11 678.1	0	3 071	14 749.1	—	11 509.7	4 252	715	16 476.7	0	—	—	89 179.4
2010	17 778.2	2 000	19 778.2	1 090	46 608	13 192.7	0	979.5	14 172.2	—	11 863	3 627	1 320.3	16 810.3	0	—	—	98 458.6
2011	15 397.9	2 000	17 397.9	1 000	14 140	19 972.7	0	3 528.5	23 501.2	—	18 503.2	2 473.5	1 707.4	22 684.1	12.8	—	—	78 723.2
2012	14 360.4	2 500	16 860.4	1 500	0	21 399	561	4 233.7	26 193.7	—	26 547.2	6 499.3	2 722.8	35 769.3	224.42	—	—	80 515.9
2013	16 945	3 500	20 445	1 900	5 362	20 760.3	2 995.9	1 321	25 077.2	340	28 357.9	4 752.3	4 081.4	37 191.6	231.7	—	—	90 133.5
2014	17 047.3	4 000	21 047.3	2 100	0	22 900.5	4 246.9	5 459.5	32 606.9	8 985.6	41 217.6	6 952	3 483.8	51 653.4	3 220.63	—	—	110 201.1
2015	19 875.4	38 350.6	58 226	2 400	0	25 790.2	3 515.6	14 794.9	44 100.7	52 975.9	53 660.6	3 431	13 292.4	70 384.1	6 157.2	115	—	234 358.9
2016	29 457.7	60 428.4	89 886.1	2 250	0	33 529.7	1 178.6	12 717.9	47 426.2	129 931	50 297.9	5 917.7	25 770	81 985.5	8 647	1 330.4	—	361 456.2
2017	38 661.8	43 580.9	82 242.7	2 860	0	32 814.8	392	16 961	50 167.8	201 872.4	39 813.5	3 731	11 460.2	55 004.7	15 398.4	666	—	408 212
2018	35 411	41 651.7	77 062.6	2 530	0	33 681.8	1 425	18 302.2	53 409	210 832.4	57 915.9	2 404.8	16 336.7	76 657	18 187.5	898.6	—	439 577.6
2019	40 091	43 624.3	83 715.3	3 720	0	37 401	4 491	26 693.4	68 585.4	179 712.7	67 975.7	3 606.2	25 704.9	97 286.8	19 668.3	538.4	13.8	453 240.7
2020	70 173.3	64 438.1	134 611.4	3 580	0	51 257.2	7 983	33 318	92 558.2	189 719.8	91 060.9	3 908.7	34 480.3	129 449.9	22 526.1	606.5	61.2	573 113.1

数据来源:中国人民银行。

注：1.国债包括记账式国债、电子式储蓄国债。

2.其他金融债从2015年起包括银行间市场金融债券、交易所市场金融债券，资产支持证券包括银行间信贷资产支持证券、交易所资产支持证券。

3.国际机构债券指境外机构法人在境内发行的债券，发行主体包含主权机构、准主权机构、境外金融和非金融机构。

附表11 债券市场债券托管情况

单位：亿元

年份	政府信用债			政府支持机构债及其他	央行票据	金融债券				同业存单	公司信用类债券				信贷资产支持证券	国际机构债券	标准化票据	银行间托管总量	交易所托管总量	总托管量
	国债	地方政府债	小计			国开行及政策性银行债	券商短融	其他金融债	小计		非金融企业债券融资工具	企业债券	公司债券	小计						
2006	29 048	0	29 048	30	32 300	22 836	0	2 552	25 388	0	2 667	2 832	288	5 786	188	—	—	88 910	3 830	92 740
2007	46 503	0	46 503	30	36 587	28 784	0	3 486	32 270	0	3 203	4 422	1 131	8 756	324	—	—	120 102	4 368	124 470
2008	48 753	0	48 753	30	48 121	36 720	0	4 255	40 975	0	5 875	6 803	539	13 218	551	—	—	148 100	3 548	151 648
2009	55 411	2 000	57 411	40	42 326	44 498	0	6 454	50 952	0	13 196	10 971	1 135	25 301	399	—	—	172 476	3 954	176 430
2010	62 628	4 000	66 628	1 130	40 909	51 604	0	6 662	58 266	0	20 271	14 511	3 584	38 366	182	—	—	199 019	6 462	205 481
2011	67 839	6 000	73 839	2 130	21 290	64 778	0	9 785	74 563	0	29 047	16 799	6 023	51 869	95	—	—	214 260	9 526	223 786
2012	74 236	6 500	80 736	8 532	13 440	78 582	295	13 126	92 003	0	40 327	19 310	7 441	67 078	269	—	—	250 014	12 044	262 058
2013	83 165	8 615	91 780	10 067	5 522	88 720	810	13 535	103 064	340	51 483	23 359	10 553	85 394	354	—	—	277 128	19 377	296 505
2014	91 450	11 624	103 073	11 706	4 282	99 874	1 134	17 213	118 221	5 995	67 901	29 513	12 335	109 749	2 751	—	—	329 803	25 975	355 778
2015	101 503	48 255	149 757	13 275	4 282	110 069	436	32 174	142 678	30 274	85 910	31 632	15 582	133 123	5 463	125	—	440 640	38 337	478 978
2016	114 663	106 250	220 913	14 605	60	124 070	82	42 026	166 178	62 761	87 771	35 305	42 312	165 387	6 174	531	—	563 292	73 316	636 608
2017	129 028	147 419	276 447	16 045	60	135 437	152	52 300	187 889	80 051	83 741	35 067	50 652	169 460	9 132	1 013	—	654 324	85 774	740 098
2018	143 616	180 669	324 285	17 195	60	144 706	460	62 447	306 472	98 859	101 968	31 133	58 437	191 538	28 917	1 550	—	763 015	107 000	870 016
2019	161 041	211 153	372 193	19 445	280	156 927	1 745	75 937	234 609	107 239	117 064	29 840	70 570	217 474	38 142	1 659	1	864 460	126 583	991 043
2020	201 781	254 494	456 274	20 975	210	182 762	1 429	93 486	277 677	111 537	135 051	29 359	91 750	256 161	45 332	1 588	29	100 7 172	162 611	1 169 783

数据来源:中国人民银行。

注：1.国债包括记账式国债、电子式储蓄国债。

2.其他金融债券包括银行间市场金融债券、交易所市场金融债券。

附表12　银行间债券市场参与机构数

单位：家

年份			2014	2015	2016	2017	2018	2019	2020
境内参与机构	法人类	存款类金融机构	1 088	1 302	1 560	1 745	1 859	2 068	2 261
		其他银行业金融机构	158	182	242	278	324	349	370
		证券类金融机构	169	171	179	185	189	194	199
		保险类金融机构	148	152	154	163	173	183	184
		非金融机构	278	280	274	274	274	265	86
		其他	7	7	21	20	23	23	23
		合计	1 848	2 094	2 430	2 665	2 842	3 082	3 123
	非法人类	证券投资基金	1 556	2 151	3 137	3 919	4 212	4 796	5 659
		企业年金	1 275	1 431	1 528	1 625	1 684	2 748	3 270
		社保基金	105	105	106	163	197	206	211
		保险产品	145	311	641	976	1 087	1 164	1 511
		信托产品	569	666	684	869	949	1 032	1 038
		基金公司特定客户资管组合	176	1 140	3 061	3 425	3 315	3 395	3 610
		证券公司资管计划	560	1 388	2 743	3 586	3 965	4 832	5 501
		银行理财产品	48	48	445	679	1 006	1 611	2 581
		其他	0	0	114	216	320	412	549
		合计	4 434	7 240	12 459	15 458	16 735	20 196	23 930
境外参与机构			180	302	407	617	1 186	2 610	3 417
合计			6 462	9 636	15 296	18 740	20 763	25 888	27 958

数据来源：中国人民银行。

附表13　银行间债券市场结算代理人名单

序号	机构名称	序号	机构名称
1	中国工商银行	27	青岛银行
2	中国农业银行	28	成都银行
3	中国银行	29	重庆银行
4	中国建设银行	30	河北银行
5	交通银行	31	厦门银行
6	招商银行	32	富滇银行
7	中国民生银行	33	晋商银行
8	中国光大银行	34	福建海峡银行
9	中信银行	35	贵阳银行
10	华夏银行	36	西安银行
11	兴业银行	37	东莞银行
12	上海浦东发展银行	38	哈尔滨银行
13	广发银行	39	广东顺德农村商业银行
14	北京银行	40	宁波银行
15	恒丰银行	41	常熟农村商业银行
16	南京银行	42	蒙商银行
17	上海银行	43	汉口银行
18	杭州银行	44	汇丰银行（中国）有限公司
19	上海市农村商业银行	45	渣打银行（中国）有限公司
20	天津银行	46	法国巴黎银行（中国）有限公司
21	齐商银行	47	德意志银行（中国）有限公司
22	平安银行	48	花旗银行（中国）有限公司
23	齐鲁银行	49	摩根大通银行（中国）有限公司
24	乌鲁木齐市商业银行	50	三菱东京日联银行（中国）有限公司
25	长沙银行	51	星展银行（中国）有限公司
26	大连银行		

资料来源：中国外汇交易中心。

附表14　2020年度公开市场业务一级交易商名单

序号	机构	序号	机构
1	中国工商银行股份有限公司	26	徽商银行股份有限公司
2	中国农业银行股份有限公司	27	南京银行股份有限公司
3	中国银行股份有限公司	28	广州银行股份有限公司
4	中国建设银行股份有限公司	29	洛阳银行股份有限公司
5	交通银行股份有限公司	30	郑州银行股份有限公司
6	中国邮政储蓄银行股份有限公司	31	长沙银行股份有限公司
7	国家开发银行	32	中原银行股份有限公司
8	中国进出口银行	33	青岛银行股份有限公司
9	招商银行股份有限公司	34	厦门银行股份有限公司
10	兴业银行股份有限公司	35	贵阳银行股份有限公司
11	上海浦东发展银行股份有限公司	36	西安银行股份有限公司
12	浙商银行股份有限公司	37	齐鲁银行股份有限公司
13	中国光大银行股份有限公司	38	北京农村商业银行股份有限公司
14	华夏银行股份有限公司	39	上海农村商业银行股份有限公司
15	中信银行股份有限公司	40	广州农村商业银行股份有限公司
16	中国民生银行股份有限公司	41	重庆农村商业银行股份有限公司
17	平安银行股份有限公司	42	广东顺德农村商业银行股份有限公司
18	恒丰银行股份有限公司	43	渣打银行（中国）有限公司
19	广发银行股份有限公司	44	汇丰银行（中国）有限公司
20	渤海银行股份有限公司	45	花旗银行（中国）有限公司
21	北京银行股份有限公司	46	三菱日联银行（中国）有限公司
22	宁波银行股份有限公司	47	中信证券股份有限公司
23	杭州银行股份有限公司	48	中国国际金融股份有限公司
24	江苏银行股份有限公司	49	中债信用增进投资股份有限公司
25	上海银行股份有限公司		

资料来源：中国人民银行。

附表15　股票市场统计

年份	上市公司数/家	上市总股本/亿股	市价总值/亿元	流通市值/亿元	筹资总额/亿元	成交金额/亿元	平均换手率/%		平均市盈率/%		投资者账户/万户
							上海	深圳	上海	深圳	
2000	1 088	3 791.7	48 090.9	16 087.5	1 415.17	60 826.6	492.9	509.1	58.2	56	6 123.2
2001	1 160	5 218	43 522.2	15 228.8	1 277.33	38 305.2	269.3	227.9	37.7	39.8	6 898.7
2002	1 224	5 875.5	38 329.1	12 484.6	738.14	27 990.5	214	198.8	34.4	37	6 841.8
2003	1 287	6 428.5	42 457.7	13 178.5	806.24	32 115.3	250.8	214.2	36.5	36.2	6 981.2
2004	1 377	7 149.4	37 055.6	11 688.6	715.53	42 333.9	288.7	288.3	24.2	24.6	7 215.7
2005	1 381	7 629.5	32 430.3	10 630.5	344.13	31 663.1	274.4	320.6	16.3	16.4	7 336.1
2006	1 434	14 897.6	89 403.9	25 003.6	2 305.86	90 468.7	541.1	671.3	33.4	33.6	7 854
2007	1 550	22 416.9	327 140.9	93 064.4	8 303.34	460 556.2	927.2	1 062.1	59.2	72.1	9 280.6
2008	1 625	24 522.85	121 366.44	45 213.9	3 429.29	267 113	392.5	—	14.86	17.13	10 449.7
2009	1 718	26 162.85	243 939.12	151 258.7	4 816.07	535 986.7	—	—	28.73	46.01	12 037.7
2010	2 063	33 184.35	265 422.59	193 110.41	10 424.74	545 633.54	—	—	21.61	44.69	13 391.04
2011	2 342	36 095.52	214 758.1	164 921.3	7 312.2	421 649.72	—	—	13.4	23.11	14 050.37
2012	2 494	38 295	230 357.62	181 658.26	4 558.23	314 667.41	—	—	12.3	22.01	14 054.91
2013	2 489	40 569.08	239 077.19	199 579.54	4 674.98	468 728.6	—	—	10.99	27.76	13 247.15
2014	2 613	43 610.13	372 546.96	315 624.31	8 914.31	743 912.98	—	—	15.99	34.05	14 214.68
2015	2 827	49 997.26	531 304.2	417 925.4	16 064.7	2 550 538.29	—	—	17.63	52.75	21 477.57
2016	3 052	55 820.5	508 245.11	393 266.27	21 028.16	1 267 262.64	—	—	18.94	62.36	—
2017	3 482	60 919.15	567 475.37	449 105.31	17 223.86	1 124 625.07	—	—	19.67	39.53	—
2018	3 584	57 581.02	434 924.02	353 794.19	12 107.35	901 103.17	—	—	12.45	20	—
2019	3 777	61 719.92	592 934.57	483 461.26	15 413.25	1 366 232.67	—	—	14.55	26.15	—
2020	4 154	65 455.93	797 238.16	643 605.29	16 676.54	2 068 252.52	—	—	16.76	34.51	—

数据来源：Wind。

附表16 股票市场成交量和股票指数变化情况

单位：亿元

年份	成交金额	日均成交	上证综指				深证综指			
			开盘	最高	最低	收盘	开盘	最高	最低	收盘
2000	60 826.6	254.5	1 368.69	2 125.72	1 361.21	2 073.48	402.71	654.37	414.69	635.73
2001	38 305.2	159.6	2 077.08	2 245	1 515	1 645.97	636.62	664.85	439.36	475.94
2002	27 990.5	118.1	1 643.49	1 748.89	1 339.2	1 357.65	475.14	512.38	371.79	388.76
2003	32 115.3	133.25	1 347.43	1 649.6	1 307.4	1 497.04	386.61	449.42	350.74	378.63
2004	42 333.9	174.21	1 492.72	1 783.01	1 259.43	1 266.5	377.93	470.55	315.17	315.81
2005	31 663.1	130.84	1 260.78	1 328.53	998.23	1 161.06	313.81	333.27	237.18	278.75
2006	90 468.7	375.39	1 163.88	2 698.9	1 161.91	2 675.47	278.99	710.14	278.99	706.01
2007	460 556.2	1 903.12	2 728.19	6 092.06	2 612.54	5 261.56	555.26	1 567.74	547.89	1 447.02
2008	267 113	1 085.82	5 265	5 497.9	1 706.7	1 820.81	1 450.33	1 584.39	452.33	553.08
2009	535 986.7	2 196.67	1 849.02	3 478.01	1 844.09	3 277.14	560.09	1 234.12	560.1	1 201.34
2010	545 633.54	2 254.68	3 289.75	3 306.75	2 319.74	2 808.08	1 207.33	1 412.64	890.24	1 290.87
2011	421 649.72	1 728.06	2 825.33	3 067.46	2 134.02	2 199.42	1 298.59	1 316.19	828.83	866.65
2012	314 667.41	1 294.93	2 212	2 460.69	1 959.77	2 269.13	871.93	1 020.29	724.97	881.17
2013	468 728.6	1 969.45	2 289.51	2 434.48	1 950.01	2 115.98	887.37	1 106.27	815.89	1 057.67
2014	743 913	3 036.38	2 112.13	3 239.36	1 974.38	3 234.68	1 055.88	1 504.48	1 004.93	1 415.19
2015	2 550 538.29	10 453	3 258.63	5 178.19	2 850.71	3 539.18	1 419.44	3 156.96	1 408.99	2 308.91
2016	1 267 262.64	5 193.7	3 536.59	3 538.69	2 638.3	3 103.64	2 304.48	2 304.49	1 618.12	1 969.11
2017	1 124 625.07	4 609.1	3 105.31	3 450.5	3 016.53	3 307.17	1 972.55	2 054.02	1 753.53	1 899.34
2018	901 103.17	3 708.24	3 314.03	3 587.03	2 449.2	2 493.9	1 903.49	1 966.15	1 212.23	1 267.87
2019	1 273 572.04	5 219.56	2 497.88	3 288.45	2 440.91	3 050.12	1 270.5	1 799.1	1 231.83	1 722.95
2020	2 068 252.52	8 511.33	3 066.34	3 474.92	2 646.81	3 473.07	1 734.63	2 333.46	1 552.96	2 329.37

数据来源：中国证监会、上海证券交易所、深圳证券交易所。

附表17 银行间市场人民币外汇即期交易做市商名单

序号	机构	序号	机构
1	中国工商银行股份有限公司	2	中国农业银行股份有限公司
3	中国银行股份有限公司	4	中国建设银行股份有限公司
5	交通银行股份有限公司	6	中信银行股份有限公司
7	招商银行股份有限公司	8	中国光大银行股份有限公司
9	华夏银行股份有限公司	10	广发银行股份有限公司
11	平安银行股份有限公司	12	兴业银行股份有限公司
13	中国民生银行股份有限公司	14	国家开发银行
15	中国邮政储蓄银行股份有限公司	16	上海银行股份有限公司
17	南京银行股份有限公司	18	宁波银行股份有限公司
19	法国巴黎银行(中国)有限公司	20	上海浦东发展银行
21	星展银行（中国）有限公司	22	汇丰银行（中国）有限公司
23	蒙特利尔银行(中国)有限公司	24	花旗银行(中国)有限公司
25	渣打银行(中国)有限公司	26	摩根大通银行（中国）有限公司
27	三井住友银行（中国）有限公司	28	德意志银行（中国）有限公司
29	瑞穗银行(中国)有限公司	30	三菱日联银行（中国）有限公司

资料来源：中国外汇交易中心。

附表18 人民币兑外币中间价

年份	美元	欧元	日元	港元	英镑	林吉特	卢布	兰特	韩元	迪拉姆	里亚尔	福林	兹罗提	丹麦克朗	瑞典克朗	挪威克朗	里拉	比索	澳大利亚元	加拿大元	新西兰元	新加坡元	瑞士法郎
1994	844.91	—	7.78	112.66	—	—	—	—	—	—	—	—	—	—	—	—	—	—	—	—	—	—	—
1995	831.79	—	8.0703	107.6	—	—	—	—	—	—	—	—	—	—	—	—	—	—	—	—	—	—	—
1996	829.92	—	7.1613	107.19	—	—	—	—	—	—	—	—	—	—	—	—	—	—	—	—	—	—	—
1997	827.98	—	6.3627	106.81	—	—	—	—	—	—	—	—	—	—	—	—	—	—	—	—	—	—	—
1998	827.87	—	7.1719	106.78	—	—	—	—	—	—	—	—	—	—	—	—	—	—	—	—	—	—	—
1999	827.93	—	8.0933	106.51	—	—	—	—	—	—	—	—	—	—	—	—	—	—	—	—	—	—	—
2000	827.81	—	7.2422	106.06	—	—	—	—	—	—	—	—	—	—	—	—	—	—	—	—	—	—	—
2001	827.66	—	6.3005	106.06	—	—	—	—	—	—	—	—	—	—	—	—	—	—	—	—	—	—	—
2002	827.73	863.6	6.9035	106.11	—	—	—	—	—	—	—	—	—	—	—	—	—	—	—	—	—	—	—
2003	827.69	1 033.8	7.7263	106.57	—	—	—	—	—	—	—	—	—	—	—	—	—	—	—	—	—	—	—
2004	827.65	1 126.3	7.9701	106.37	—	—	—	—	—	—	—	—	—	—	—	—	—	—	—	—	—	—	—
2005	807.02	957.97	6.8716	104.03	—	—	—	—	—	—	—	—	—	—	—	—	—	—	—	—	—	—	—
2006	780.87	1 026.7	6.563	100.47	1 532.3	—	—	—	—	—	—	—	—	—	—	—	—	—	—	—	—	—	—
2007	730.46	1 066.7	6.4064	93.638	1 458.1	—	—	—	—	—	—	—	—	—	—	—	—	—	—	—	—	—	—
2008	683.46	965.9	7.565	88.189	987.98	—	—	—	—	—	—	—	—	—	—	—	—	—	—	—	—	—	—
2009	682.82	979.71	7.3782	88.048	1 097.8	—	—	—	—	—	—	—	—	—	—	—	—	—	—	—	—	—	—
2010	662.27	880.65	8.126	85.093	1 021.8	46.649	462.05	—	—	—	—	—	—	—	—	—	—	—	—	—	—	—	—
2011	630.09	816.25	8.1103	81.07	971.16	50.279	508.6	—	—	—	—	—	—	—	—	—	—	—	640.93	617.77	—	—	—
2012	628.55	831.76	7.3049	81.085	1 016.1	48.865	485.28	—	—	—	—	—	—	—	—	—	—	—	653.63	631.84	—	—	—
2013	609.69	841.89	5.7771	78.623	1 005.6	54.141	539.85	—	—	—	—	—	—	—	—	—	—	—	543.01	572.59	—	—	—
2014	611.9	745.56	5.1371	78.887	954.37	56.737	905.36	—	—	—	—	—	—	—	—	—	—	—	501.74	527.55	480.34	463.96	—
2015	649.36	709.52	5.3875	83.778	961.5	66.051	1 131	—	—	—	—	—	—	—	—	—	—	—	472.76	468.14	444.26	458.75	640.18
2016	693.7	730.68	5.9591	89.451	850.94	64.406	869.06	196.75	17 371	52.938	54.062	4 247.68	60.355	101.71	131.16	124.27	50.757	298.64	501.57	514.06	483.08	479.95	679.89
2017	653.42	780.23	5.7883	83.591	877.92	62.224	881.4	189.5	16 369	56.212	57.397	3 973	53.576	95.43	126.24	126.24	57.834	301.65	509.28	520.09	463.27	488.31	667.79
2018	686.32	784.73	6.1887	87.62	867.62	60.683	1 013.83	211.19	16 327	53.537	54.685	4 091.61	54.732	95.17	131.34	127.74	77.151	287.02	482.5	503.81	459.54	500.62	694.94
2019	689.01	774.7	6.3828	89.608	905.74	59.236	885.06	202.69	16 618	52.612	53.758	4 285.15	54.983	96.47	134.65	127.7	85.049	271.62	483.34	530.69	463.88	515.4	712.67
2020	652.49	802.5	6.3236	84.164	899.03	61.833	1 140.11	224.33	16 675	56.302	57.505	4 542.9	57.079	92.71	125.59	130.77	113.161	304.86	501.63	511.61	470.5	493.14	740.06

数据来源：国家外汇管理局。

注：1.外币兑人民币中间价取当年最后一个交易日的中间价。

2.人民币对马来西亚林吉特、俄罗斯卢布、南非兰特、韩元、阿联酋迪拉姆、沙特里亚尔、匈牙利福林、波兰兹罗提、丹麦克朗、瑞典克朗、挪威克朗、土耳其里拉、墨西哥比索汇率中间价采取间接标价法；人民币对其他10种货币汇率中间价仍采取直接标价法。

附表19 期货市场成交情况

单位：亿元、万手

年份	商品期货市场		金融期货市场	
	成交额	成交量	成交额	成交量
1993	5 521.99	890.69	—	—
1994	31 601.41	12 110.72	—	—
1995	100 565.3	63 612.07	—	—
1996	84 119.16	34 256.77	—	—
1997	61 170.66	15 876.32	—	—
1998	36 967.24	10 445.57	—	—
1999	22 343.01	7 363.91	—	—
2000	16 082.29	5 461.07	—	—
2001	30 144.98	12 046.35	—	—
2002	39 490.16	13 943.26	—	—
2003	108 389.03	27 986.42	—	—
2004	146 935.31	30 569.76	—	—
2005	134 448.38	32 284.75	—	—
2006	210 046.34	44 947.41	—	—
2007	409 722.43	72 842.68	—	—
2008	719 141.94	136 388.71	—	—
2009	1 305 107.2	215 742.98	—	—
2010	2 269 852.69	304 194.19	821 397.94	9 147.66
2011	937 503.93	100 372.53	437 659.55	5 041.62
2012	952 862.59	134 546.42	758 406.78	10 506.18
2013	1 264 695.8	186 827.38	1 410 066.21	19 354.93
2014	1 279 712.5	228 343.25	1 640 169.73	21 758.1
2015	1 356 307.36	323 715.31	4 173 852.33	34 052.95
2016	1 774 124.99	411 943.24	182 191.1	1 833.59
2017	1 633 042.09	305 155.38	245 922.02	2 459.59
2018	1 846 960.97	300 165.53	261 222.97	2 721.01
2019	2 209 875.26	389 566.73	696 210.17	6 641.04
2020	3 220 907.56	603 734.46	1 154 350.96	11 528.14

数据来源：中国期货业协会。

注：自2011年起成交量以单边计算；表中数据均不含期转现交易。

附表20　黄金市场成交情况

单位：亿元、吨

年份	成交金额	成交量
2003	459.2	470.7
2004	731.0	665.3
2005	1 069.8	906.4
2006	1 947.5	1 249.6
2007	3 164.9	1 828.1
2008	8 683.9	4 457.6
2009	10 288.8	4 710.8
2010	16 157.8	6 051.5
2011	24 772.2	7 438.5
2012	21 506.3	6 350.2
2013	32 133.8	11 614.5
2014	45 891.6	18 486.7
2015	80 083.9	34 067.3
2016	130 240.6	48 676.6
2017	149 751.9	54 292.0
2018	183 046.4	67 510.3
2019	214 944.8	68 574.4
2020	225 507.8	58 671.5

数据来源：上海黄金交易所。

附表21 2007—2020年商业银行OTC黄金业务统计

年份	成交情况	账户金		实物金			其他业务									
		美元账户金/万盎司、亿美元	人民币账户金/吨、亿元	自营/吨、亿元	代理/吨、亿元	黄金积存、定投/吨、亿元	黄金租赁/吨、亿元	黄金拆借/吨、亿元	黄金质押/吨、亿元	境内美元报价黄金远期/万盎司、亿美元	境内美元报价黄金期权/万盎司、亿美元	境内美元报价黄金掉期/万盎司、亿美元	境内人民币报价黄金远期/吨、亿元	境内人民币报价黄金掉期/吨、亿元	境内人民币报价黄金期权/吨、亿元
2007	成交量	157.68	352.71	6.09	3.96	—	33.11	1.2	—	204.93	8.48	—	—	—	—
	成交金额	11.08	607.05	11.2	7.16	—	56.4	2.31	—	11.84	0.6	—	—	—	—
2008	成交量	293.09	1 332.55	33.12	4.13	—	73.99	11.4	—	574.85	6.28	—	—	—	—
	成交金额	25.37	2 546.3	66.68	8.18	—	141.5	20.16	—	54.44	0.58	—	—	—	—
2009	成交量	579.96	1 381.16	40.73	3.43	0.54	91.29	7.56	—	162.06	2.29	—	—	—	—
	成交金额	57.34	2 923.48	89.9	7.64	1.3	191.98	15.09	—	15.98	0.22	—	—	—	—
2010	成交量	418.67	1 205.15	80.4	3.06	12.27	155.8	10.63	0.27	257.82	1.74	—	3.09	—	—
	成交金额	51.47	3 227.49	222.9	8.53	35.29	413.25	28.85	—	32.75	0.21	—	8.78	—	—
2011	成交量	447.2	1 864.4	129.5	6.16	30.3	301.3	31.99	4.56	407.04	6.06	17.99	5.09	—	—
	成交金额	72.21	6 271.71	428.5	21.49	102.18	970.55	104.92	—	64.69	0.9	2.74	17.59	—	—
2012	成交量	424.35	1 458.89	126.2	10.55	59.85	465.01	54.8	7.43	1 331.5	61.46	49.93	20.95	—	—
	成交金额	70.71	4 947.18	443.7	41.2	205.82	1 583.7	187.23	—	222.01	10.17	8.35	70.91	—	—
2013	成交量	497.26	1 864.54	198.63	24.89	298.24	947.65	407.23	39.85	991.99	146.88	524.56	29.76	18.63	—
	成交金额	70.39	5 159.69	618.25	87.76	838.09	2 656.29	1 094.43	78.96	136.48	20.39	75.63	79.86	60.86	—
2014	成交量	250.37	910.78	91.36	25.16	594.24	1 370.69	474.8	17.14	1 735.95	40.87	341.08	197.29	10.35	0.03
	成交金额	31.59	2 289.79	250.76	94.19	1 483.77	3 438.19	1 180.97	32.83	218.64	5.18	43.68	496.33	26.01	0.07
2015	成交量	377.34	1 109.83	128.18	27.54	535.02	1 582.71	849.22	27.47	2 414.39	28.74	1 314.93	737.86	309.82	0.31
	成交金额	43.95	2 609.08	321.01	100.54	1 252.41	3 739.06	2 009.87	74.63	281.36	3.37	151.75	1 767.57	7 101.86	0.74
2016	成交量	685.04	1 889.54	143.47	34.4	463.96	1 827.78	1 242.59	3.42	1 359.40	50.53	1 814.90	799.26	32.01	0.08
	成交金额	86.47	5 064.28	396.04	135.83	1 239.66	4 855.6	3 319.76	6	168.84	6.34	217.35	2 134.97	85.47	0.21
2017	成交量	577.48	1 951.19	101.47	27.97	378.72	1 778.05	1 216.6	0.83	707.64	73.92	3 280.59	1 074.17	98.92	1.16
	成交金额	72.87	5 344.52	288.74	117.22	1 044.04	4 901.43	3 367.16	1.66	89.45	9.28	414.87	2 982.79	277.73	3.34
2018	成交量	593.63	2 984.04	95.66	36.04	257.61	968.16	790.58	0.17	960.18	51.45	7 792.08	856.98	31.5	144.62
	成交金额	76.39	8 035.55	269	146.13	700.93	2 633.05	2 149.29	0.3	122.19	6.57	996.77	2 365.06	86.78	426.96
2019	成交量	758.14	3 277.63	116.05	39.05	246.94	740.19	1 448.03	0.04	472.26	40.25	9 129.24	404.93	113.42	19.2
	成交金额	107.11	10 391.2	372.13	152.9	771.85	2 268.43	4 431.75	0.07	65.9	5.63	1 258.21	1 251.49	359.56	66.6
2020	成交量	946.63	4 185.73	155.45	32.26	298.02	602.89	1 410.12	0.78	480.39	45.82	7410	360.92	248.93	76.34
	成交金额	164.28	15 952.76	621.53	142.24	1 154.44	2 304.64	5 340.85	2.2	83.2	7.8	1253.18	1 377.40	941.83	302.42

数据来源：中国人民银行上海总部黄金市场监测分析系统。

注：自营、代理品牌金的成交量统计销售量和回购量；黄金积存（黄金定投）成交量统计销售量和赎回量；2007—2013年黄金租赁业务成交量统计黄金租出量和归还量，自2014年起仅统计黄金租出量；2007—2013年黄金拆借业务统计黄金拆出量和黄金拆入量，自2014年起，仅统计黄金拆出量；黄金质押统计接收质押黄金的重量。

附表22　利率衍生产品交易情况

单位：笔、亿元

年份	普通利率互换		标准利率互换		债券远期		标准债券远期		远期利率协议	
	交易笔数	名义本金额	交易笔数	名义本金额	交易笔数	交易量	交易笔数	交易量	交易笔数	名义本金额
2006	103	355.7	—	—	398	664.5	—	—	—	—
2007	1 978	2 186.9	—	—	1 238	2 518.1	—	—	14	10.5
2008	4 040	4 121.5	—	—	1 327	5 005.5	—	—	137	113.6
2009	4 044	4 616.4	—	—	1 599	6 556.4	—	—	27	60
2010	11 643	15 003.4	—	—	967	3 183.4	—	—	20	33.5
2011	20 202	26 759.6	—	—	436	1 030.1	—	—	3	3
2012	20 945	29 021.4	—	—	56	166.1	—	—	3	2
2013	24 409	27 277.8	—	—	1	1.0	—	—	1	0.5
2014	43 071	40 384.5	207	393	—	—	—	—	—	—
2015	64 812	82 587.3	996	5 024	83	19.6	59	17.2	—	—
2016	87 882	99 307.0	8	8	7	14.9	8	1	1	1
2017	138 404	144 057.6	0	0	15	12.0	0	0	0	0
2018	188 461	214 906.6	0	0	5	3.9	2 859	796.2	0	0
2019	237 654	181 394	—	—	—	—	3 891	4 368	—	—
2020	274 029	195 564.6	—	—	—	—	6 366	4 532.3	—	—

数据来源：中国外汇交易中心。